应用文写作

⊙ 主　编　王永春
⊙ 副主编　吴　芳　江　红

华中科技大学出版社
http://www.hustp.com
中国·武汉

图书在版编目(CIP)数据

应用文写作/王永春主编. —武汉:华中科技大学出版社,2021.6
ISBN 978-7-5680-7309-7

Ⅰ.①应… Ⅱ.①王… Ⅲ.①汉语-应用文-写作 Ⅳ.①H152.3

中国版本图书馆 CIP 数据核字(2021)第 122162 号

应用文写作 　　　　　　　　　　　　　　　　　　　　　　　王永春　主编
Yingyongwen Xiezuo

策划编辑：袁　冲
责任编辑：史永霞
封面设计：孢　子
责任监印：朱　玢
出版发行：华中科技大学出版社(中国·武汉)　　　电话：(027)81321913
　　　　　武汉市东湖新技术开发区华工科技园　　　邮编：430223
录　　排：武汉创易图文工作室
印　　刷：武汉市籍缘印刷厂
开　　本：787mm×1092mm　1/16
印　　张：19.25
字　　数：514 千字
版　　次：2021 年 6 月第 1 版第 1 次印刷
定　　价：48.00 元

本书若有印装质量问题,请向出版社营销中心调换
全国免费服务热线：400-6679-118　　竭诚为您服务
版权所有　侵权必究

前　言

当前社会,在经济、政治、文化、教育、外交等领域,应用文在传递信息和处理公私事务方面都起到了极为重要的作用。兹事体大,偶有差池,就会贻误大事。"笔下有是非曲直,笔下有毁誉忠奸,笔下有财产万千,笔下有人命关天",就是这个道理。

应用文写作是高职院校文秘、人力资源管理等人事行政类专业的专业基础课程,属于理论实践一体化的课程。在明确高职院校人事行政类专业培养目标的基础上,编者经过多方调研,采取"基于反映人事行政类专业岗位办文工作过程"的项目式教学,实行教学一体化,对学生进行职业素质方面的教育,使学生具备良好的职业素质和职业道德水准,具有较强的办文能力,为其就业与今后的提升和发展奠定良好的写作基础。

同时,应用文写作是其他管理类、文化教育类、艺术设计类专业的公共基础课程,通过对这门课程的学习,可以培养具有突出的专业技能与应用写作技能的技术技能型人才,从而满足各类相关技术领域职业岗位对应用文写作技能的要求。

本教材基于"能力本位、项目导向、任务引领"的教学理念,采用"任务引入—任务分析—相关知识—案例分析—任务实施"的编写模式,所有内容的安排均源于文秘及现代文职工作实际,具有明显的岗位针对性和实用性,又强调课程思政在应用文写作中的具体应用。不同门类的应用文,既有相似之处,又有相对独立的特殊性。应用文写作课程及本教材分为如下几个模块:①走进应用文写作;②党政公文的写作;③日常办公文书的写作;④会议管理文书的写作;⑤人力资源管理文书的写作;⑥企业经营管理文书的写作;⑦日常礼仪文书的写作;⑧求职文书的写作。每个模块均针对各自的特殊性分别进行了分析和讲解。在本教材的附录中,列出了《党政机关公文处理工作条例》的相关内容作为辅助性阅读。

应用文写作课程与本教材具有如下特点。

(1)专业与职业相结合,确保教材开发的有效性和实用性。从企业、教师、学生的需要出发,充分考虑学生现有的认知水平,结合企业对人事行政岗位人才的需要,同时着眼于教师教学实施与学生自主学习的可行性。

(2)理论与实践相结合,充分体现教材与课程的教学一体化。根据人事行政岗位构建课程体系,每个工作项目的学习与实训都按以岗位基本业务操作技能为载体设计的活动来进行,以工作任务为中心整合理论与实践。

(3)线上与线下相结合,充分发挥网络资源的交流作用。课程利用现代化的教育信息技术手段来实现教育资源广泛共享。通过教学平台上的交互学习与在线辅导,为学生提供实时答疑等服务,随时解答他们在学习、实习中遇到的实际问题。

(4)课内与课外相结合,充分发挥学生写作训练的时空性。组织朗诵比赛、演讲比赛、读书报告、PPT制作和讲解等与课程密切联系的趣味性活动,结合大学生实践创新训练项目与创业实训课程,进行嵌入式教学改革。

（5）过程性评价与终结性评价相结合，注重课程考核的公平、合理。

徐中玉先生说过："应用文字的写作，要写得适合不同的需要，固然要有文字功夫，但归根到底主要还靠熟悉世事、练达人情、对有关专业以及涉及问题的深入了解、对各种条件的敏锐观察。文字功夫、专业知识、负责精神与协调努力，都不可或缺。这就需要各自的经常关心，不断积累之功了。"（引自《应用文写作（修订版）》前言，高等教育出版社2000年出版）诚哉如是，应用文写作讲求"功夫在诗外"，也就是这个道理。

本教材是集体智慧的结晶，由江苏信息职业技术学院王永春担任主编，由江苏信息职业技术学院吴芳、江红担任副主编。近年来，应用文写作课程改革与实践取得了一定的成果，于2014年获得江苏信息职业技术学院教学成果二等奖；同年，应用文写作课程立项为江苏信息职业技术学院精品资源共享课程；2018年，获得江苏省信息化教学比赛二等奖。

在编写过程中，本教材吸收和借鉴了不少专家和学者的研究成果，参考了相关专著和教材的精华之处，在此，谨向各位专家和学者表示感谢。

由于时间和水平有限，本教材疏漏之处在所难免，恳请各相关高等院校的专家、同仁与读者批评指正，并将意见反馈给我们，以便做出修订与完善。

编　者

2021年3月18日

目　录

模块一　走进应用文写作 ·· (1)
　　任务一　了解应用文的概念与历史 ·· (1)
　　任务二　应用文写作基础知识 ··· (7)
　　任务三　应用文的写作过程和写作要求 ·· (24)

模块二　党政公文的写作 ·· (28)
　　任务一　走进党政公文 ··· (28)
　　任务二　党政公文的格式与排版 ·· (34)
　　任务三　指挥决策类公文的写作 ·· (41)
　　任务四　公布知照类公文的写作 ·· (55)
　　任务五　报请商洽类公文的写作 ·· (76)

模块三　日常办公文书的写作 ·· (93)
　　任务一　工作计划的写作 ·· (93)
　　任务二　工作日志的写作 ·· (101)
　　任务三　工作总结的写作 ·· (104)
　　任务四　工作简报的写作 ·· (111)

模块四　会议管理文书的写作 ·· (117)
　　任务一　会议筹备方案的写作 ·· (117)
　　任务二　会议通知的写作 ·· (124)
　　任务三　会议记录与会议纪要的写作 ·· (127)

模块五　人力资源管理文书的写作 ·· (136)
　　任务一　职位分析说明书的写作 ··· (136)
　　任务二　招聘启事的写作 ·· (140)
　　任务三　员工培训方案的写作 ·· (145)
　　任务四　规章制度的写作 ·· (151)
　　任务五　劳动合同的写作 ·· (173)

模块六　企业经营管理文书的写作 ·· (181)
　　任务一　市场调查报告的写作 ·· (181)

任务二　可行性分析报告的写作……………………………………（189）
　任务三　决策方案报告的写作……………………………………（195）
　任务四　招标书、投标书的写作…………………………………（199）
　任务五　创业计划书的写作………………………………………（204）
　任务六　财经消息的写作…………………………………………（211）
　任务七　广告文案的写作…………………………………………（217）
　任务八　新媒体文案的写作………………………………………（223）

模块七　日常礼仪文书的写作…………………………………（238）

　任务一　书信的写作………………………………………………（238）
　任务二　专用书信的写作…………………………………………（243）
　任务三　演讲稿的写作……………………………………………（261）
　任务四　条据的写作………………………………………………（275）

模块八　求职文书的写作…………………………………………（279）

　任务一　求职信的写作……………………………………………（279）
　任务二　求职简历的写作…………………………………………（284）
　任务三　求职面试自我介绍的写作………………………………（290）

附录……………………………………………………………………（294）

参考文献………………………………………………………………（300）

模块一　走进应用文写作

任务一　了解应用文的概念与历史

知识目标
◆了解应用文的产生与发展；
◆理解应用文写作的性质，掌握应用文的基本特征与类型；
◆重点掌握应用文的概念，厘清应用文、公文、文书、文件等相关概念之间的关系。

能力目标
◆指导学生建立应用文写作的基本理念。

素质目标
◆培养学生的概念、判断、推理与理解能力。

课程思政点
◆应用文写作在处理党政公务与私人事务中的重要作用；
◆我国历代公文名篇所体现的治国理政思想及其意义。

任务引入

江苏厚生机电有限公司是一家中外合资企业，主要生产机电产品，资产雄厚，员工近3 000人。为了拓展业务，促进企业的良性发展，公司拟表彰业务部及先进员工，并将其典型经验向全公司推广。总经理办公室张主任责令秘书李亮负责此项工作。李亮拿到先进工作者名单后，首先制订好采访提纲，选择时间进行细致的采访，然后加上自己的主观情感，拟写了一篇文采飞扬的人物通讯。李亮第一时间把初稿拿给张主任审核，张主任却不满意，李亮几次修改也不得要领。他的问题出在哪里？又应该如何拟写此篇关于先进人物的应用文呢？

任务分析

应用文写作是现代社会人们在工作、生活和学习中所需要的一项基本技能，也是现代文职人员必须具备的专业技能。平时，人们通常会忽视应用文写作，到使用时才发现其重要性。通过传统的检索设备或网络搜索引擎，可以很快获得应用文的格式规范与写作要求,但拿起笔来却不得要领。

端正态度,准确认识与理解应用文写作的重要意义,显得尤为必要。江苏厚生机电有限公司对先进人物的典型经验进行推广,公文起草者要明确人物通讯并非文学创作,要注意其实用性,要明白何为"典型",要注意其中的"理想性"与"代表性"的有机统一。

相关知识

应用文是人们用来进行信息传递、交流与沟通的一种工具。它的产生和发展经历了漫长的历史演进过程,可以说是历史悠久、源远流长。诸如乐毅的《报燕王书》、李斯的《谏逐客书》、贾谊的《过秦论》、曹操的《让县自明本志令》、诸葛亮的《出师表》、魏征的《谏太宗十思疏》、王安石的《本朝百年无事札子》等著名的古代公文在中国文化史上占据重要的位置,彪炳青史,脍炙人口。

自进入 21 世纪以来,全球一体化程度逐渐提高,社会主义市场经济体制逐步完善,知识的更新与传递速度逐渐加快。作为信息传递、交流与沟通的媒介,应用文日益为人们所重视,应用文写作成为人们在处理行政公务或私人事务时的一项重要的应用技能。

一、我国应用文的产生与发展

1. 先秦时期

在文字产生之前,人们运用自己的智慧,通过很多表意方式进行信息的传递与交流,比如结绳、刻契、绘画、烽火等。随着社会的发展,生产劳动促进了人的思维发展,人际交往逐渐增多,口耳相传及表意符号已无法满足交流与沟通的需要,客观上促进了文字符号系统的出现。

据考古资料显示,甲骨文是迄今为止在中国发现的最古老的文字。甲骨文以龟甲和兽骨为载体,记录了殷商王朝治国、征讨、农事、祭祀、天文、地理等方面的信息,形成了我国历史上可考的最早的公务文书——甲骨卜辞。在进行上述活动时,殷商统治者多通过巫祝向上天占卜,来寻找其活动的合法依据。一篇结构完整的甲骨卜辞,通常包括前辞、命辞、占辞、验辞四部分,但并不一定需要全部具有此四部分。

春秋战国时期,公文拟制的程序逐渐规范,需要经过起草、讨论、修改、润色四个环节,最后才能定稿。尤其是修改、润色环节的建立,不但保证了应用文写作的准确性,还使文字风格大有改进,出现了不少文字精练、语言丰富、逻辑严密的经典文书。

2. 秦汉时期

秦汉时期,适应集权专制国家统治的施政手段逐渐完善,公文在国家行政管理中发挥了巨大作用,国家庞杂的行政事务又促进了公文制度的发展,二者相辅相成,使公文制度日臻成熟,不仅对国家行政管理产生了深刻影响,而且奠定了中国古代公文制度的基础。秦汉时期,应用文的分类和格式已经基本成形。秦代的公文文体主要有制、诏、奏、议。两汉时期的上行文主要有章、表、奏、议、疏等,下行文主要有制、诏、策、敕等。

3. 魏晋南北朝时期

魏晋南北朝时期,随着文体之分,文书工作有了重大发展。这一时期的公文文体基本沿袭两汉时期的文体,同时也孕育了其他文体,如贱命、赦文、启、牒状、贺表、列辞等,多为委任官职、诉讼告狱类。不少学者开始对公文进行理论研究与总结,如曹丕的《典论·论文》、陆机的《文赋》、刘勰的《文心雕龙》、任昉的《文章缘起》,都是研究公文的著作,对公文的文体源流、演变、适用范围、写作技巧、要求、语言风格和作用等方面进行了论述。

曹丕的《典论·论文》在历史上第一次正式提出文体分类的思想,即"四科八体"的文体论。曹丕对文章的价值给予了前所未有的崇高评价,他指出,文章甚至比立德、立功有更重要的地位。

刘勰的《文心雕龙》是中国文学理论批评史上第一部有严密体系的文学理论专著,论述了颂赞、祝盟、铭箴、诔碑、哀吊、诏策、檄移、封禅、章表、奏启、议对等公文文体,对其起源与演变、适用范围、拟制要领、语言色彩和作用等进行了论述,对公文对国家政治生活和社会事务管理的作用与意义,给予了充分的肯定。

4. 唐宋时期

唐宋时期,除了五代十国的短暂分裂,国家基本上处于稳定、统一的状态,经济、政治、文化等各方面均呈上升的趋势。应用文写作在社会作用、适用范围、文体规范与表现形式等方面均达到了较高程度,名篇佳作层出不穷。

唐代的公文文体,在分类上更加细致。两宋时期,在公文的格式、用语、用字、用纸、避讳、一文一事、催办、封装、保密等方面,出现了较为严格、规范的文书工作制度。

5. 元明清时期

元代重武功轻文治,应用文体式、章法基本沿袭前朝,变化不大。明清时期,公文制度趋于繁杂化,公文表现出文种全面稳定、格式严谨统一、处置细致严肃等特点。明代公文深受八股文的影响,清承明制,公文平直呆板,创新较少,佳作不多。

6. 民国时期

民国时期,应用文逐渐由古体变化为新体,废除了几千年来封建王朝沿用的公文体式,确立了新的公文体式。这一阶段是近、现代党政公文的种类和体式逐步规范化的阶段,并取得了一定的成绩。此时,公文写作仍是文白间杂或文言语体,标点符号的使用也不够规范。

7. 中国共产党成立以来

1921年中国共产党成立之后,很快创立了自己的公文体式。中国共产党早期重要领导人之一瞿秋白于1931年起草了主要用于党的机关的《文件处理办法》。1942年,发布了主要用于行政机关的《陕甘宁边区新公文程式》。这些都为现代党政公文体式的创立奠定了初步的基础。

新中国成立后,是现代党政公文的种类和体式日趋规范化和科学化的阶段。1951年9月,中央人民政府政务院颁布了《公文处理暂行办法》,将我国行政机关公文分为7类12种。1981年2月,国务院办公厅颁布了《国家行政机关公文处理暂行办法》,将行政机关公文重新分为9类15种。1987年2月,国务院办公厅颁发了《国家行政机关公文处理办法》,将行政机关公文分为10类15种。2000年8月,国务院颁发了《国家行政机关公文处理办法》,规定行政机关公文的文种为13种。2012年,为了适应中国共产党的机关和国家行政机关的工作需要,推进党政机关公文处理工作的科学化、制度化、规范化,中共中央办公厅与国务院办公厅联合颁发了《党政机关公文处理工作条例》,规定党政机关公文的文种为15种,加强了对公文处理工作的管理。

近年来,随着现代办公设备的普及与发展,传统的应用文写作也随之发生改变。Office办公软件等互联网共享资源,无疑为应用文写作提供了便利,但也随之带来了一些问题。在"互联网+"背景下,如何运用现代信息资源进行应用文写作,是一个需要认真面对与研究的课题。

二、应用文的含义

对于应用文的内涵与外延,不同学者的定义与解释不尽相同,不过,总体上都指出了应用文的基本特征。

中国香港陈耀南教授在《应用文概说》中提到:应用文,就是"应"付生活、"用"于实务的"文"章,凡个人、团体机关相互之间,公私往来,用约定俗成的体裁和术语写作,以资交际和信守的文字,都叫应用文。

中国台湾张仁青教授在《应用文》中提到:凡个人与个人之间,或机关团体与机关团体之间,或个人与机关团体之间,互相往来所使用之特定形式之文字,而为社会大众所遵循、共同使用者,谓之应用文。

目前比较一致的看法是:应用文是党政机关、企事业单位、社会团体、人民群众等社会组织与个体,在日常生活、学习与工作中,处理行政公务与私人事务时,所使用的具有规范格式和实用价值的文书。

要准确理解"应用文"这一概念,还需要厘清以下几个相关概念。

文书,是社会组织或个人在处理公私事务时用来记录和传递信息的书面文字,包括公务文书和私人文书。"文书"一词,最早见于"禁文书而酷刑法"(《过秦论》,西汉),此处主要讲述文书在信息传播方面的重要作用,秦代统治者通过焚书坑儒等措施来加强对人民的控制。王充《论衡·别通》载:"萧何入秦,收拾文书,汉所以能制九州者,文书之力也",此处主要强调文书的制作与处理对于治理国家的重要意义。汉代以后,文书作为公文和案卷的含义逐步确立下来。

公文,即党政公文,是党政机关、企事业单位、社会团体等社会组织在处理公务活动时所形成的具有法定效力和规范格式的文书。"公文"一词,最早出现于东汉末年,"州郡忌讳,不欲闻之,但更相告语,莫肯公文"(《后汉书·刘陶传》),此处主要意在表明公文的机密性,因东汉末年张角势力强大,州郡行政官员不肯用公文传递信息。

文件,指组织或个人在各种活动中使用文字、图像、数据、信号等方式在各种媒介上形成的信息记录材料。文件,作为党政公文标识时,主要指公文。"文件"一词,最早出现于清末,当时的外交文书中常有"寻常往来文件""对外交涉文件"。

应用文、文书、公文、文件都是人类记录和传递信息的重要工具,在历史上出现的时间不同,其内涵和外延也不完全一样,却经常被混用。在这些概念的使用中,应掌握其准确内涵,区分其具体适用场合,并注意其习惯用法与写作要求。

三、应用文的特点

1. 价值的实用性

应用文的写作目的就是为了在现实工作与生活中记录和传递信息,解决实际问题,因此它的实用价值是非常直接的。而文学作品等对现实的效用则是间接的,不能一蹴而就,需要通过长时间的潜移默化才能实现。

2. 内容的真实性

应用文要记录和传递信息,必须坚持实事求是的原则,其政治观点、思想认识和事件的情况都必须是客观存在的事实,不能有半点虚构。而文学作品讲究艺术真实,来源于生活并高于生活,不是对社会现实的完全复制与照搬,在艺术真实的前提下,可以做适当的虚构、夸张等。

3. 格式的规范性

文学作品的魅力在于其丰富多彩的变幻,虽然不同的文体具有相对固定的格式要求,但更注重作者与作品的个性色彩。应用文在格式上则有严格的规范性,人们在使用时必须严格遵循,不能随意更改。从某种程度上说,应用文写作就是戴着脚镣跳舞,需要采用模式化的思维方式,进行格式化的写作。

4. 强烈的时效性

应用文具有强烈的时效性。一方面,应用文的写作与处理应当快速、及时,一则财经消息的写作周期过长,就会失去新闻价值;另一方面,应用文的效力并不会天然具有并永远持续下去,而是有效力终止的时候。而文学作品要成为经典,必然要经过大浪淘沙,经过长时间的考验。

5. 作者与读者的确定性

在具备一定知识构成与阅读、写作能力的基础上,任何人都可能成为文学作品的作者或读者。而应用文的作者与读者则是相对确定的,对于某份公文,法定读者必须阅读承办,否则即为失职;而其他人则无须去看,也不一定能够看到。

四、应用文的类别

应用文可以分为以下八类。

(1)党政公文,主要包括《党政机关公文处理工作条例》中所列的15种,主要有决议、决定、命令(令)、公报、公告、通告、意见、通知、通报、报告、请示、批复、议案、函、纪要。

(2)日常办公文书,即处理日常事务的文书,主要包括工作计划、工作总结、工作日志、工作简报、调查报告、述职报告、规章制度等。

(3)会议管理文书,指在会议管理活动中所运用到的文书,如会议筹备方案、会议通知、会议记录、会议纪要、会议总结等。

(4)人力资源管理文书,指在人力资源管理活动中所运用到的文书,主要包括职位分析说明书、招聘启事、公示、培训方案、绩效管理制度、薪酬管理制度、劳动合同等。

（5）企业经营管理文书，指在社会经济活动中所使用的文书，主要包括市场调查与预测报告、项目意向书、项目建议书、商务策划书、经济活动分析报告、可行性分析报告、经济决策方案、创业计划书、招（投）标书、经济合同等。

（6）礼仪文书，指日常生活中有关礼仪的文书，主要包括书信、演讲稿、条据等。

（7）法律文书，主要包括起诉状、上诉状、答辩状、辩护词、申诉状、行政复议申请书、仲裁文书、公证书等。

（8）科技文书，主要包括学术论文、毕业论文、实验报告等。

任务实施

1. 代替江苏厚生机电有限公司办公室主任秘书李亮完成一篇关于业务部先进人物表彰的通讯，注意要写出"典型环境中的典型人物"，充分发掘先进人物身上的"理想性"与"代表性"。

2. 请查阅相关文献资料，对应用文的历史发展与沿革形成基本的认识。

3. 从"应用文""公文""文书"与"文件"等几个概念的异同中，掌握应用文的准确含义。

4. 请分析应用文与文学作品等其他文章类型的区别与联系，从而把握应用文的基本特点。

任务二　应用文写作基础知识

知识目标
◆理解应用文主题的含义与特点，掌握确定主题的原则与方法；
◆理解应用文材料的收集、整理、选择与使用；
◆理解应用文结构的含义、类型；
◆理解应用文的语体特征、语言要求、表达方式与专门用语。

能力目标
◆具备应用文写作在主题、材料、结构与语言等方面的基本能力；
◆建构应用文写作思维模式，掌握应用文写作的方法与技巧。

素质目标
◆培养学生应用文写作所需要的学习力、执行力等职业素养。

课程思政点
◆应用文写作主题的正确性；
◆应用文写作选材的真实性与典型性；
◆应用文写作语言的准确性。

任务引入

江苏厚生机电有限公司研发部主管张华工作尽心尽责，刻苦钻研，获得了若干专利，为提高公司经济效益做出了重大贡献。经研究，公司决定授予张华"先进工作者"的荣誉称号，并通报表彰。办公室主任秘书李亮接到公文的起草任务后，立即进行公文写作。他的表彰通报的先进事迹介绍部分是这样写的："张华在科学研究上走的是一条不平凡的路，他全心扑在科研上，而忘记了个人的事。有一次孩子病了，他妻子打电话到他单位叫他赶回家把孩子送往医院治疗。张华接了电话答应后，电话一放他又埋进了实验。他妻子在家中左等右等等不到他回家，急得像热锅上的蚂蚁，又往张华单位打电话，这时张华正潜心做实验，电话铃声都没听见。他妻子又急又气，只好打120急救中心的电话，才把孩子送往医院治疗。小孩高烧退后，还在问妈妈：'爸爸又出差了吗？或者还没下班……'"

该公文介绍张华的先进事迹时，没有以最简洁的文字陈述特定时空的信息、概述事实的主干，而是用记叙文慢叙的方法表述事实，结果摆脱不了耗时费字的情节纠缠，内容冗长，失去了公文的简约品味，违背了文约事丰的基本要求。

任务分析

应用文写作是一门与社会同步发展的学科,它来源于社会,服务于社会。它以应用文为学习和研究的对象,是各种应用文写作实践的理论总结,是指导应用文写作实践的理论依据。学好应用文写作对于不同行业、企业的工作者适应日常的工作、学习以及现代社会的需求十分必要。要认真学习、努力掌握应用文写作的基础知识,建构应用文写作的思维模式与写作模式,为应用文写作打下坚实的基础。

相关知识

一、应用文的主题

(一)应用文主题的含义

主题,也称为主旨、立意等,是作者通过文章的内容和形式所表达出来的基本观点,体现着作者写作的主要意图,包含着作者对文章中所反映的客观事物的基本认识、理解和评价。

(二)应用文主题的特点

1. 正确性

正确性是应用文主题的基本要求,包括以下几个方面。

(1)讲政治。应用文,尤其是党政公文,在主题方面决不能犯政治性错误,一定要讲政治。应用文主题要坚持以邓小平理论、"三个代表"重要思想、科学发展观为指导,深入贯彻落实"四个全面"重要思想,要符合党和政府的执政纲领、路线、方针和政策,并要做到与时俱进。

(2)讲规律。应用文主题要符合一般事物的发展规律和业务规律。如《国家中长期教育改革和发展规划纲要(2010—2020年)》必须要遵循教育的发展规律。

(3)讲实际。要注意与本地区、本单位的实际相符合,要准确领会领导的精神。如中国共产党第十六届中央委员会第六次全体会议通过的《中共中央关于构建社会主义和谐社会若干重大问题的决定》,其主题就是符合上述重要思想,适应中国现阶段实际情况的。

2. 集中性

应用文主题的集中性,即单一性,是指进行应用文写作时要做到"立主脑""减头绪""目标集中如一,方寸一丝不乱"。其基本表现为"一文一事",即一篇应用文只能有一个主题,讲述一件事情,这样有利于行政事务的顺利完成。

要想使主题集中,就要意在笔先、主题先行,动笔前就要确定好阐述什么思想、解决什么问题。

3. 鲜明性

应用文主题的鲜明性,主要有两层意思:一是指明确,说一不二,不能含糊不清,不能给读者丰富的想象空间;二是指新鲜,即立意要新,要符合经济社会的发展规律。

要使主题鲜明,可以采用"开宗明义""卒章显志""篇名点题"等方式;态度要明朗,支持或反对什么,提倡或禁止什么,都要说清楚;要透过现象反映问题的本质和规律。

(三)确立主题的原则

确立应用文主题时,应遵循以下原则。

(1)依照法律法规确立主题。确立应用文主题要合理合法、言之有据,与党和政府现行的路线、纲领、方针、政策与法律法规等保持一致。

(2)依据客观实际确立主题,可以从三个方面把关:一是引证的事实、情况、情节、数据、引语等要准确无误;二是要对客观事实做全面、整体的分析,防止以点带面、以偏概全;三是对事实的叙述、说明、议论一定要合乎事物本身的逻辑,表达上更要恰如其分。

(3)依照单位实际和领导意图确立主题。拟写应用文,公文起草者一般应从本单位的实际出发,领会领导精神,"受领导之命,代单位立言",不能随心所欲按照个人想法来写。

(4)确立的主题要有可行性,应当符合当前现实工作的需要。

(四)应用文主题的表现形式

1. 标题揭示

标题揭示也叫篇名点题,即用文章的标题直接概括主题,使读者一目了然。如《售后服务是企业的命根子——万宝技术服务中心 1993 年工作总结》,抓住"售后服务"这一关键性要素,讲述它的重要意义,将其作为年度总结的主题。

2. 开宗明义

开宗明义,即在文章的开头明确主题,提纲挈领。如"本学期,基础部在学院的稳定和发展中发挥了应有的作用,所开展的各项工作正朝着良好的方向发展,并取得了一定的成绩。"这是某学院基础部的学期工作总结的开头部分,揭示主题,纲举目张,后面从主要工作、不足、体会几方面进行总结。

3. 卒章显志

卒章显志也叫篇末点题,即在文章的结尾,总结全文,揭示主题。文章开头只是提出问题,或者设置悬念,或者交代背景等,层层铺叙,篇末点题。如"总的来看,经过各地、各有关部门的共同努力,今年上半年全省再就业和社会保险工作继续保持了较好的发展态势,各项目标实现了时间过半、任务过半。各地、各有关部门要以'三个代表'重要思想为指导,继续坚持'就业优先'发展战略,狠抓各项再就业优惠政策的落实,进一步完善社会保障体系建设,切实做好 2005 年下半年扩大就业和社会保险工作,确保全年工作目标的完成。"这是《江西省人民政府办公厅关于 2005 上半年全省扩大就业和社会保险责任目标完成情况的通报》的结尾,篇末总结全文,提炼中心论点,指导各地、各有关部门的工作。

二、应用文的材料

材料,就是作者为了写作目的而收集、积累的能够表现文章主题的事实或论据。应用文的材料是体现文章主旨的理论、事实和数据,是应用文写作的物质基础,是形成主题的基础和根据,是表现观点的支柱,是文章的"血肉"。所谓"七分材料三分写",从中就可以看出材料质量对于应用文写作的重要作用和影响。

（一）材料的收集

收集材料，是"加法"，讲"穷尽"，要尽可能收集全部的材料，这样才能有选择的余地，并获得最可靠、最有价值的材料支撑；否则，就是"巧妇"也难为"无米之炊"，即使确定了应用文的主题，也注定是虚幻的海市蜃楼。

根据材料的内容，可将材料分为事实材料和理论材料。事实材料，指实际发生的事实、情况，它是在对现实情况做深入调查研究后收集并用于应用文中的材料。理论材料，包括政策材料和一般理论材料。政策材料，指党和国家领导人的讲话与指示，党和国家的路线、方针、政策、法令、法规和有关文件，本地区、单位制定与颁发的规章制度及文件等。一般理论材料，指在各种不同的生产、工作或学习活动中所需要遵循的客观规律和基本理论。

根据材料的获取方式，可将材料分为直接材料和间接材料。应用文的材料，大部分是间接材料，即研究者通过阅读文献、浏览报纸杂志、关注学术研究动态等获得的他人实践和研究的成果资料。材料的收集，常常是指间接材料的收集，这项工作也叫"文献检索"。

获取材料的途径和方法主要有如下几种。

(1)感受与观察。感受就是人们通过各种感官得到的关于客观外界事物的感触、认识，它是人们认识客观事物的初级阶段，是人们对客观事物进行思考、分析，并进入高级认识阶段（思维）的前提和基础。观察是一种主要运用视觉和听觉对客观事物所进行的审视和思考，它是一种有意识的行为，是一种目的性很强的行为。观察事物的方法一般有多角度观察、比较观察和动态跟踪观察三种。

(2)调查与采访。调查是指为摸清情况、总结经验或解决问题而进行的有目的的，并按一定的方法和步骤对某一事物进行了解的行为方式。采访就是寻访有关的人物，收集社会生活事件。

(3)检索与阅读。一是利用图书馆、资料室、档案室与数据库等传统或现代的检索方式查阅有关资料；二是阅读各种文件，博览群书，从书籍、报刊和各种机关实用文书中获取写作资料。

（二）材料的整理与选择

当材料积累到一定数量，作者就要建立自己的资料库、数据库，并进行整理，分门别类，做好标记，使之系统化、条理化。这是写作前的必要准备。

选择材料，是"减法"，讲"扬弃"，要紧扣主题选择具有真实性、典型性、新颖性的材料，要"慧眼识珠"。选择材料要把握如下几个原则。

1. 要选择真实的材料

选用的材料必须是客观存在的、真实可靠的。在选择材料时，要注意做到"去粗取精""去伪存真""由此及彼""由表及里""透过现象看清本质"，不能有丝毫马虎和虚假，不能有"合理的想象"，必须用心去甄别。

小思考

注意"艺术真实""历史真实""新闻真实"等几个概念的差异。

艺术真实是对生活真实的净化、深化和美化，是艺术家主观思想和客观生活真实辩证统一的结晶。它源于生活真实，又高于生活真实。它可以以生活中的真人真事为基础，也可以以生活中可能有的人和事为基础进行艺术创造，达到艺术的真实。艺术真实并不要求照搬生活现象，并不排斥艺术想象和艺术虚构。

历史真实，是指忠于历史原貌，尽可能地还原历史真相。但即如克罗齐所说，"一切历史都是当代史"，历史叙述永远有一个话语权的问题，叙述者尽可能有选择地叙述历史，以维护自己的利益。从某种层面上讲，历史真实并不能等同于已发生的社会真实。

新闻是对新近发生的事实的报道。真实是新闻的根本要求和生命线，新闻必须是以客观事实为根据的真实的信息，要用事实说话，这正是新闻的力量和价值所在。

2. 要选择典型的材料

选用的材料要能够揭示事物的本质特征，要具有代表性和说服力。作者只有从纷繁芜杂、良莠不齐的材料中"大浪淘沙"，选取有典型意义的材料，才能深刻有力地表现现实生活。

小思考

何谓典型？

含义：①具有代表性的人或事，如"焦裕禄是优秀干部的典型"；②有代表性的，如"很典型"；③"典型人物""典型形象"或"典型性格"。典型人物指作者用典型化方法创造出来的具有独特个性、能反映一定社会本质的某些方面的艺术形象。典型人物形成于一定的典型环境，即具体的现实关系中，并对它发生作用，但典型人物又往往超越时代的局限而具有某种永恒的性质。

恩格斯对"典型"的定义："现实主义的意思是，除细节的真实外，还要真实地再现典型环境中的典型人物。"

3. 要选择新鲜的材料

要尽量选用新鲜的材料，这样才能真正反映时代与社会的发展变化，否则，难以有效说明经济社会中丰富多彩的现实问题。

（三）材料的使用

在使用材料的过程中，应注意以下几点。

（1）正确处理材料和主题的关系。没有材料，主题就没有表达的依据；没有主题，一大堆材料只能是没有"统帅"的"乌合之众"，不能成为文章。

（2）合理组织、安排材料。确定叙述的顺序，使材料条理化。可以按以下五种方法来安排材料：按时间顺序安排、按空间位置的变换安排、按材料的内容分类安排、由浅入深地安排、用对比的方法安排。

（3）妥善安排、剪裁材料，使其疏密、详略得当。

（4）对材料进行加工、润色，显示不同的情调和色彩。

三、应用文的结构

(一)应用文结构的含义与原则

文章的结构,是文章的内部构造和组织、安排材料的方式。文章的结构,包括层次、段落的安排,也包括开头、主体和结尾,过渡和照应,疏密和详略等方面的安排。这些都应当为表现主题服务,要切合不同文章内容和格式的要求。应用文的结构,主要指对应用文内容进行的组织和安排。

应用文写作的结构安排应遵循如下原则。

(1)要正确反映客观事物的发展规律与内在联系。应用文写作是为了处理行政公务或私人事务,不能随心所欲地以自我为中心进行写作,而要遵循客观事物的发展规律和内在联系。

(2)要服从主题的需要。结构必须服从主题的需要,为表现主题、突出主题服务。

(3)要适应不同类型的应用文的特点。应用文是有特定格式和规范要求的文体,不同类型的文体有不同的结构要求。

(4)要符合人们一般的思维规律。应用文是人们逻辑思维的产物,其结构要符合认识的规律和逻辑要求。

(5)要符合应用文的结构美学要求。应用文的结构与文学作品的不一样,应用文的结构以严谨自然、完整匀称、统一合理、清晰醒目为基本要求。

(二)应用文的结构类型

应用文的结构有以下几种类型。

(1)篇段合一式,即全部文章只有一段,简明扼要,一目了然,多用于发布令、公告、介绍信、启事等文种。

(2)总分式,主要有总—分—总式、总—分式、分—总式三种。这是应用文写作中最常见的结构类型。

(3)并列式,即文章各部分之间并列平行,这种结构也称为横式结构。如对财务状况进行分析,可从资产、负债、利润、成本、费用等方面展开具体分析。

(4)递进式,或以时间的先后顺序,或由浅入深,或以"由现象到本质""从因到果"等逻辑关系为顺序,逐层深入展开结构,这种结构也称为纵式结构。如调查报告,时间性比较突出,可以按照时间顺序展开,以突出调查的发展性。

(5)条文式,多用于规章制度类文书,以"章""条""目"为单位,主要有章断条连式、一条到底式、总述条款式几种,排列有序,条理清晰。

(三)开头和结尾

1. 开头

开头是一篇文章的开始,是人们阅读的起点。人们经常用"起句如爆竹""凤头"等形象的说法来形容文章的精彩开头,但不管是响亮的"爆竹"还是华丽的"凤头"撰写应用文时都讲求开宗明义,力戒"穿靴戴帽",杜绝"下笔千言,离题万里"。

撰写应用文的开头,基本要求如下:第一,要适应主旨要求,自然而然地引发全文;第二,自然和谐、凝练明快;第三,力求新颖。

应用文常见的开头方式主要有如下几种。

(1)导语式,揭示主旨,提出要点,引起读者注意,适用于较长的文种,如调查报告。

(2)概述式,交代原因、目的、依据以及有关的基本情况,帮助读者理解,适用于党政公文、事务文书等诸多应用文类型。说明依据式指开头引用上级指示精神或有关法律,常以"根据""按照""遵照"等词语领起下文。如《关于粮食政策性财务挂账停息的报告》的开头:"根据中共中央、国务院关于妥善解决粮食财务挂账问题的一系列文件精神,结合各地清理粮食财务挂账的实际情况,经过反复研究,对粮食财务挂账实行停息的有关政策提出如下意见。"这种方式常在通知、批复、通告、规章等文种的开头使用。陈述目的式指开头以简明的语言,直接说明写作的目的和意义,常用介词"为""为了"领起下文。如中国证券监督管理委员会《关于上市公司股权分置改革试点有关问题的通知》的开头:"为了落实国务院《关于推进资本市场改革开放和稳定发展的若干意见》,积极稳妥解决股权分置问题,经研究决定,启动上市公司股权分置改革试点工作。"说明原因式指开头用"由于""鉴于""因为"等词领起下文,或者先简述发文的原因,再引出写作目的。交代背景式指开头简述事件发生的基本情况,常用于事件比较复杂的应用文。

(3)提问式,将文中要回答的问题,在开头提出,引导读者深入阅读。

(4)结论式,在开头阐明观点,表明态度。

(5)致意式,在开头表示客气与谢意,适用于公关礼仪类文书,如贺信、欢迎词。

当然,有的应用文的开头并不只是采用单一的上述某种形式,而是采用几种形式的结合。如《国家药品监督管理局关于国家药品监督管理局药品审评中心调整增加事业编制的请示》的开头:"为规范和加强我国药品技术监督管理工作,根据国务院赋予国家药品监督管理局的职能,国家药品监督管理局药品审评中心(以下简称'审评中心')在原有工作职能的基础上,增加了进口药品技术审评和仿制药品技术审评工作职能。"就是由陈述目的、说明依据结合而成的,以引出公文的主体。

2. 结尾

所谓"编筐编篓,全在收口",好的结尾可以起到"画龙点睛"的作用,也可以达到深化主题的效果;而不好的结尾则可能变成"画蛇添足"。又曰"结句如撞钟",指余音绕梁,三日不绝,令人回味深思。"豹尾"指收束有力,戛然而止。

应用文常用的结尾方式主要有如下几种。

(1)总结全文式,依据正文的中心内容,进行概括总结,得出结论,点明主旨,以加深人们对文章的印象,多用于总结、调查报告、通报等文种。

(2)希望号召式,在结尾处提出希望,发出号召,鼓动人们行动起来去落实文中所提出的要求和任务,多用于总结、决定、会议纪要等。如《山东省教育厅关于莱西市违规招生行为及处理情况的通报》的结尾:"希望各地、各普通高中以此为戒,认真学习贯彻国家和省关于教育工作的政策法规,严格规范办学行为,严格招生秩序,全面实施素质教育,促进我省基础教育健康发展。"

(3)表示决心式,在结尾处表示决心,说明完成任务的态度。如《中共中央 国务院关于推进社会主义新农村建设的若干意见》的结尾:"做好2006年和'十一五'时期的农业和农村工作,任务艰巨,意义重大。我们要紧密团结在以胡锦涛同志为总书记的党中央周围,高举邓小平理论和'三个代表'重要思想伟大旗帜,全面贯彻落实科学发展观,解放思想,振奋精神,开拓进取,扎实工作,为建设社会主义新农村而努力奋斗。"

(4)提出要求式,主要是向下级单位提出原则性的执行要求,多用于决定、通知、通报等文种。如《中国人民银行 中国银行业监督管理委员会关于加强商业性房地产信贷管理的补充通知》的结尾:"请中国人民银行上海总部,各分行、营业管理部、省会(首府)城市中心支行,各省(自治区、直辖市)银监局将本通知联合转发至辖区内城市商业银行、农村商业银行、农村合作银行、城乡信用社及外资银行。"

(5)习惯用语式,即在公文结尾处采用约定俗成的习惯用语。其中包括上行文中的祈请式用语,如"妥否,请审查批示""以上意见,如无不妥,请批转各地执行"等带有祈请意思的惯用语句;还包括下行文中的期望式用语,如"希遵照执行""希参照执行"等带有期望意思的惯用语句。

(四)层次与段落

1. 层次

层次,就是应用文中思想观点或情节的次序和地位,也就是文稿逻辑思维顺序的反映。安排好应用文的层次,要注意分清主次、详略得当。详写,当"泼墨如云""密不透风",写足,写饱;略写,当"惜墨如金""疏可走马",轻轻点染,一笔带过。

应用文层次的展开方式包括递进式、并列式、因果式、纵横交叉式。

2. 段落

段落,又称自然段,是文章的思想内容出现转折、停顿、强调、间歇等情况时所造成的文字的停顿,具有换行空两格的明显标志。不同的段落表达相对独立的意义。

意义段,又称结构段,即段落层次,一个意义段表达一个完整的语段意义。一个意义段一般由几个自然段组成,也可能一个自然段就是一个意义段。

3. 层次与段落的关系

段落和层次既有区别,又有联系。层次是文章中表现思想内容的基本单位,而段落是文章中表达完整意思的最小单位;层次着眼于整篇文章内容先后次序的划分,而段落着眼于在表达某个相对完整的意思时的间歇、停顿、强调或转折。多数情况下,段落小于层次,几个段落表达思想内容上的一个层次;有时段落正好与层次的划分相一致,段落等于层次;个别情况下,段落大于层次,如篇段合一式的段落就是如此。

(五)过渡和照应

1. 过渡

过渡是指上下文之间的衔接、转换,具有承上启下的作用,是连接不同段落、层次间的纽带。所谓"天衣无缝""话不接而意接",乃过渡的精妙所在。应用文中常用的过渡方法有以下三种。

(1)使用过渡词语,如"由此可见""综上所述""为此""但是"。

(2)使用过渡句。如温家宝总理2009年3月5日在第十一届全国人民代表大会第二次会议上所做的政府工作报告中指出,"在肯定成绩的同时,也要清醒地看到,我们正面临前所未有的困难和挑战。"既上承"成绩",又下启"困难和挑战"。

(3)使用过渡段。在较长的应用文中,当需要层次转换时,可用段落进行过渡。

2. 照应

照应,是指前后内容的对照、呼应。前面写的后面要有着落,后面写的前面要有伏笔。行文前有因,后有果,先有源,后有流,如长蛇阵,击首则尾应,击尾则首应,攻其腹则首尾俱应。应用文中常用的照应方法有以下几种。

(1)开头与标题相照应。文章开头,对主题加以强调、提示,多用于党政公文。

(2)开头与结尾相照应。文章结尾,把开头提出的问题或交代的事项,再次提起,加以补充、概括、归纳,多用于调查报告、工作总结、科技论文等。

(3)前后照应。文章内容前后照应,如不断提起某些问题或细节,以加深读者的印象,从而更好地表达作者的意图。

四、应用文的语体特征和语言要求

(一)应用文的语体特征

语体,就是在一定的语言环境中形成的,具有特定的表达风格、色彩和语感的语言体系。根据语言传播方式的差异,语体分为口头语体和书面语体两大类。

口头语体可分为谈话语体和演说语体:用于日常交谈的口语体系,为谈话语体;用于宣讲、演说的口语体系,为演说语体。口头语体依声音而存在,是说的语言、听的语言,可以借助于动作、表情、手势、语调等帮助表达,一经说出,随音而逝,说的人难以慢慢组织、修改,听的人也较难慢慢分析、揣摩。语句较短,用词较平易,通俗易懂。

书面语体,依文字而存在,是写的语言、看的语言,不能借助于动作、表情、手势、语调等帮助表达,而是用一些能够代替这些内容的字、词、句以及修辞、表达方式等来表达。借助于文字,书面语体可以长久保存,写的人可以慢慢组织、修改,看的人也可以慢慢分析、揣摩。

不同语体的对应文体、目的及语言特征如表1-1所示。

表1-1　不同语体的对应文体、目的及语言特征

语体名称	对应文体	目　　的	语言特征
文学语体	文学创作	感人以形,动人以情	以形象性为本,追求形象的生动性和语言的艺术性
政论语体	政论文	晓人以理,导人以行	以逻辑性为本,要求逻辑的严谨与议论的气势
科技语体	科技论说文	给人以知,教人以用	以科学性为本,使用精确、严密的专业性语言
事务语体	应用文	应付生活,用于实务	以实用性为本,少文饰,求明晰,重程式
新闻语体	消息通讯	传播交流,宣传服务	以真实性为本,强调以真实的语言反映确凿的事实

(二)应用文的语言要求

1. 准确

应用文的语言在表达上注重准确、严密。表达不当,存在歧义,会影响信息的传递,造成读者接收的障碍。叶圣陶讲述公文语言时说过:公文必须写得一清二楚,十分明确,句稳词妥,让人家不折不扣地了解你说的是什么。

第一,准确反映发文意图和客观实际。据《冷庐杂识》载,北通州州吏封翁承办盗案,见卷宗上有"盗供纠众自大门入"字样,并已初定死罪。封翁知道这些人都是贫苦百姓,而且只是偶尔作案,并不是什么巨盗、惯盗,于是他向州长官建议说:"如果照这些人的供词定罪,肯定死罪无疑。不如在'大'字上加一点,则可减轻他们的罪行。"这位州长官的心地也比较善良,于是"一举笔间而拯十余条人命"。在法律文书上把"大"字改为"犬"字,案犯也就从明火执仗地入室抢劫的巨盗变为从狗洞里爬进去做贼的小偷了,其性质自然也就发生了变化。

第二,严格遵循逻辑要求。使用概念要做到内涵准确无误,外延限制得当,做出判断要符合时机。如一份处理决定,其中这样写道:"李明光在1998年9月间收受顺风工程公司的50万元的巨款。案发后李明光还和顺风工程公司张经理及李会计订立攻守同盟,妄图掩盖其过错"。文中"过错"一词有失严谨,表述与事实不符,李明光的行为已不是"过错",而是"犯罪"。

第三,恰当地使用修辞方法。应用文写作以消极修辞为主,适当运用积极修辞。简明、连贯、得体,属于消极修辞的范畴;常见的修辞方法,属于积极修辞的范畴,要求达到形象、生动。

第四,用语要准确,切忌语言模糊。撰写合同,关于支付期限的规定应明确,如"货到后付款"就存在支付期限不明确的问题。

2. 简洁

应用文是为处理公私事务而写的,不需要华丽的辞藻,过多的修辞,可能贻误时机,造成事务处理的耽搁。

叙述时,要用最简短的语言陈述特定时空的信息,概述事实的主干,而不应纠缠于耗时费事的具体情节之中。"博士买驴"的笑话,讲的就是古时一位博士买驴,拟写的合同洋洋洒洒数千言,却没有一个"驴"字,反映出冗长拖沓、不着要点的不良语言毛病。

很多习惯用语中多余的成分也易造成语言的啰唆,如"悬殊很大""全部都""目的是为了"等。

小思考

撰写经济合同时,在支付期限这一条款中写"货到后付款",会有什么后果?

3. 庄重

应用文的语言崇尚庄重、沉稳,力戒浮华、造作。党政公文用语特别强调庄重、平实,这是由其特殊性质决定的。公文是党和国家用以传递命令、指挥工作、沟通信息、完成公务的重要工具和手段,具有较强的政策性和实用性,务求庄重、平实。

第一,使用规范的书面语言,不用或少用口语、俗语和晦涩难懂的行业语言。如"唾沫星子淹死人"可换作"人言可畏"。

第二,使用标准术语。不同行业有不同的标准术语,使用标准术语,不仅可以保证语言的准确性,也可以显示行文的庄重性。

第三,忌滥用文学语言。应用文的语言要求准确无误、朴实无华、简洁有力,提倡朴素美、简洁美。如"2000年某天深夜,乌云密布,雷声隆隆,大雨倾盆而下,刹那间,美丽富饶的鱼米之乡被一片汪洋吞没。接连几天如注的暴雨,淹没了田野,冲毁了村庄和工厂,交通、电力、通信一度中断。这百年不遇的特大洪涝灾害,给我乡造成了不可估量的损失。……"这段应用文违反了应用文的写作要求,带有浓厚的文学色彩,不够朴实、简洁,也有失真实。

第四,语言实在,言之有物。介绍事物或提出要求时,尽量使用具体、标准的语言,以使用语实实在在,具有可接受性。事实证明,公文在表述事物,特别是在提出一项政策主张时,一定要言之有理、言之有物。

4. 得体

应用文的语言要适合交际的题旨和语境,适合不同的写作主体、对象与文种。

第一,要适合发文者的身份,注意发文机关与主送机关的隶属关系。

第二,要适合题旨,也就是语言的色彩要体现出文章的题旨。

第三,要适合对象。对上谦恭诚挚,对下肯定平和,对同级真诚温和,对内简洁直言,对外庄重清晰。

第四,要适合文种。同属于公布知照类公文,公告、通告、通知、通报等在语言的要求上是不一样的。

(三)应用文的表达方式

表达方式,指行文时对有关内容进行表达时所采用的表述角度与方法。应用文中常用的表达方式通常有:叙述、议论和说明。

1. 应用文中的叙述

叙述,就是对人物的经历和事物发展变化的过程进行介绍和交代。这里介绍几种常用的叙述方法。

(1)按照叙述的详略可以分为概述和详述。概述就是概略叙述某一状况或某一过程,使读者能够了解事物的概要。应用文写作的叙述方式基本以概述为主,不求详细铺陈,只求简明扼要,如表彰性通报对先进事迹的介绍。详述就是详细叙述某一事物的基本面貌或某一事件的具体过程,使读者可以细致地了解。产品说明书、调查报告中会经常用到详述。

(2)按照叙述的顺序可以分为顺叙、倒叙、插叙和分叙。顺叙是按照时间先后顺序或事情发生、发展的过程来安排段落层次的一种写法。采用顺叙,可以清晰地讲述事物的发展脉络。如情况通报、工作总结等,大体上采用这种写法。倒叙是先写事情的结局或事件的某一重要情节,然后再按事件发生、发展的过程进行叙述。采用倒叙,可以强调结局,突出重点。如调查报告等,常常是先叙述结果,再回头叙述工作进展、过程及经验。插叙是指在叙述主要事件的过程中,有时需要暂时把叙述的线索中断一下,以插进必要的相关事件的叙述,插叙部分完结后,再接着原来的线索继续进行叙述。插叙,有时是为了补充主要事件,有时是为了突出人物性格,有时是为了对某些问题做补充说明。如调查报告或某些叙述性的公文,在叙述某一内容时,常插入对另一内容的叙述。插叙,可以补充材料,丰富内容,使文章更加充实。分叙,是对围绕同一个主题,在不同时间、不同地点发生的事情分别进行叙述。应用文中的分叙,多数是将并列的几件事或者几个部门、几个单位、几个人的事情分别叙述出来。

叙述是一种易学难工的表达方式。应用文中的叙述应满足如下几个要求。

一是条理清楚。应用文不是完整的记叙文,多数只是叙述一个情节、一个片段或一个过程,所以,线索不能繁杂,主线必须清楚、鲜明。叙述时也要注意人称。

二是要素完备。事件的发生离不开时间、地点、人物、起因、过程、结果六要素,它们构成了一个合乎事实发展逻辑的完整事件。要素错漏,会导致读者难以了解事件的全貌,难以给事件定性或提供合理依据。

三是详略得当。叙述要抓住重点,分清主次。凡是对表现主旨起重要作用的,就必须详写;凡是与主旨关系不大的,就应略写。只有详略得当,文章的重点才会突出,主旨才能鲜明。

2. 应用文中的说明

说明,就是简明、扼要地把事物的形状、性质、特征、成因、关系、功能等解说清楚,或把人物的经历、特点等表述明白。应用文中常用的说明方法有如下几种。

(1)定义说明,是指采用下定义的方法,用简洁、明确的语言把事物的本质属性揭示出来。定义说明既能使人们对被说明的事物有一个明确的了解,又能使人们将该事物与其他事物区别开来。定义说明虽然能够比较科学地揭示事物的本质属性,但是由于它的概括性太强,比较抽象,对事物、现象的特点难以说得具体、详尽,所以常常需要用解释说明来补充。下定义的方法主要有如下几种:性质定义、发生定义、功用定义、关系定义、操作定义等。解释说明,是对概念进行详细解说,它是对定义的补充说明,通常位于定义之后。各类科研文书和专用文书常用到定义说明和解释说明。

(2)分类说明,是将说明的对象,根据其性质、形状、成因、关系、功用等的不同,划分成不同的类型,然后逐类说明。

(3)举例说明,是通过列举有代表性和说服力的典型实例来说明比较抽象的概念或事物。它是通过个别认识一般,给人以实感,使抽象的概念具体化。应用文中的论文、总结、报告、通报等常用举例说明的方法。

(4)引用说明,是指说明事物或事理时,引用一些有关的权威性资料来加以说明。一般可以引用有关文件、政策、法规、指示精神、名言警句、典型材料等文献材料。引文必须贴切,有针对性。引用资料要认真核实,注明出处。毛泽东在《为人民服务》中引用司马迁的话,"人固有一死,或重于泰山,或轻于鸿毛。"从而说明"为人民利益而死,就比泰山还重;替法西斯卖力,替剥削人民和压迫人民的人去死,就比鸿毛还轻"的极大区别。

(5)比较说明,是将不同的事物加以比较或将某事物本身的不同情况相比较的一种说明方法。比较包括类比和对比。比较时突出事物之间相似的地方,就是类比;突出事物之间差异的地方,就是对比。在市场调查报告、经济活动分析报告、决策方案报告、科技论文中,常采用比较说明的方法。

(6)数字说明,是用数字来说明事物和事理,包括约数、倍数、百分比等。运用数字说明,必须认真核实数字,做到来源可靠、准确无误。即使是估计数字,也要有根据,力求切近。

(7)图表说明,指借助于插图、表格、照片来说明事物的本质和特征。图表说明能使说明对象由抽象变得具体,便于读者理解和掌握,但使用图表说明时,要注意配以适当的文字加以说明。

上述几种说明方法,在应用文中经常交替使用。写作时要从实际出发,根据说明的内容、读者和写作目的的不同,灵活运用。但不管使用何种说明方法,都要求做到表述简明扼要、语言朴实无华。

3. 应用文中的议论

议论是通过摆事实、讲道理来阐明观点的一种表达方法。议论,一般说来是由论点、论据、论证三个要素构成的。论点,是作者对所论述的问题提出的主张、看法和表示的态度,它常常是议论的主旨,或称中心论点;论据,是用来证明论点的理由和依据,它主要是议论中的事实材料,它是议论的基础;论证,是以论据证明论点的过程和方法。应用文中适当运用议论,可以深化主旨,点明事情的实质。有时运用议论,还可以超越所要议论的事物本身,让读者发挥联想。

常用的论证方法有如下几种。

(1)举例论证法,即用典型事例或统计数据作为论据,直接证明论点的议论方法。用作论据的事实,既要典型,且量要适度。列举的事实过少,显得单薄;过多又会淹没、冲淡论点。

米糠和麸皮中含有大量维生素。这个问题,我国古代著名的医学家孙思邈早就注意到了。他曾经用米糠和麸皮治疗那些患有维生素缺乏症的病人。现代科学也证明了这一问题:经化学分析,米糠和麸皮中含有较高的维生素 C、B 和 E。

(2)对比论证法,即将性质相反或有差异的两种或几种事物作比较,证明论点的论证方法。有比较才有鉴别,这种方法可使论点更加鲜明突出,使文章更有说服力。

我们党执政以后,特别是在新的历史条件下,能不能成功地解决党内监督问题,尤其是对高中级干部的监督问题,是加强党的建设需要解决的一个重要问题。从党的建设的实践看,这方面既有经验也有教训。哪个地方、部门什么时候党内监督工作抓得比较紧,民主集中制执行得比较好,个人专断、滥用职权和"有令不行、有禁不止"的情况就比较少,消极腐败现象也会受到抑制,出了问题一般也能得到及时解决。反之,监督工作薄弱,民主集中制受到破坏,权力被滥用而又得不到制止,往往就会出问题,甚至出大问题。

(3)引证法,即引用经典作家的言论、党和政府的文件、科学的定义、公理、名人名言、格言、谚语来直接证明论点的论证方法。引用不能断章取义,更不能随意增删、妄加修改。若是引用原文,语句、标点都要绝对正确。

列宁曾经说过:"忘记过去,就意味着背叛。"因此我们不能忘记先烈们为解放全中国的浴血奋战,不能忘记为探索社会主义建设规律所走过的曲折道路,不能忘记改革开放以来的奋斗历程。

(4)因果论证法,即分析事物的前因后果,并以此证明论点的论证方法。可由因及果,也可由果溯因。

我们系统内的大多数老企业,多年来负担很重,有的厂福利性开支竟占年收入的20%;有些老厂,离退休人员工资占全厂年收入的30%以上,这些企业的亏损是体制造成的。有些企业没有市场意识,产品几年不变,质量低劣,大量库存积压,造成投资无法回收,从根本上说,这些企业的亏损也是体制造成的。因此我们要走出困境,就必须要深化体制的改革。

这里用因果分析的方法,分析了国企亏损的原因,从而证明了"必须深化体制改革"这一论点。

(5)喻证法,即通过打比方、讲道理来证明论点的论证方法。

我们曾经说过,房子是应该经常打扫的,不打扫就会积满灰尘;脸是应该经常洗的,不洗也就会灰尘满面。

这里用比喻的方法形象地说明我们同志的思想要不断地更新,否则会落后于形势,这就是用喻证法来证明论点。

(6)归谬法,即将错误的论点进行合乎逻辑的推理,引出荒谬的结论,从而证明该论点错误的论证方法。

朱镕基总理于2000年10月14日与日本市民举行电视讨论会,与日本市民进行直接的公开对话。有人问:"为什么中国只允许每个家庭要一个孩子?"朱总理回答:"如果十二亿五千万人口的国家无限制地生下去的话,那全球就都是中国人了!"

朱总理在这里运用的就是归谬法,让对方明白十二亿五千万人口的中国无限制地生下去的后果,使对方意识到自己的想法是荒谬的。

应用文中的论证不同于一般议论文,它重在就事论理,要始终结合文章中的叙述方式和说明方式来展开议论。在展开议论时,切忌主观臆断,要做到"文中无我",切实为组织或个人处理事务提供支撑和服务。

(四)应用文的专门用语

1. 称谓词

称谓词即表示称谓关系的词,包括以下几种。

(1)第一人称,"本"或"我"后面加上所代表的单位简称,如:部、委、办、厅、局、厂或所等。

(2)第二人称,"贵"或"你"后面加上所代表的单位简称,一般用于平行文或涉外公文。

(3)第三人称,"该"在应用文中使用广泛,可用于指代人、单位或事物,如:该厂、该部、该同志、该产品等。"该"字在文件中正确使用,可以使应用文简明、语气庄重。

2. 领叙词

领叙词是用以引出应用文撰写的根据、理由或应用文的具体内容的词,多用于文章开头,引出法律、法规、政策、指示的根据或事实根据,也有的用于文章中间,起前后过渡、衔接的作用。常用的有:根据、按照、为了、遵照、敬悉、惊悉等。

3. 追叙词

追叙词是用以引出被追叙事实的词,如:业经、前经、均经。在使用时,要注意上述词语在表述次数和时态方面的差异,以便有选择地准确使用。

4. 承转词

承转词又称过渡用语,即承接上文转入下文时使用的关联、过渡词语,如:为此、据此、故此、鉴此、综上所述、总而言之、总之。

5. 祈请词

祈请词又称期请词、请示词,用于向收文者表示请求与希望。使用祈请词的目的在于创造机关之间相互敬重、和谐与协作的气氛,从而建立正常的工作联系。祈请词主要有:希、敬希、请、望、敬请、烦请、恳请、希望、要求。

6. 商洽词

商洽词又称询问词,用于征询对方的意见,具有探询语气。商洽词一般在上行文、平行文中使用。使用时要注意实际的针对性,即在确实需要征询对方的意见时使用。常用的有:是否可行、妥否、当否、是否妥当、是否可以、是否同意、意见如何。

7. 受事词

受事词即向对方表示感激、感谢时使用的词语,属于客套语,一般用于平行文或涉外公文,如:蒙、承蒙。

8. 命令词

命令词即表示命令或告诫语气的词语,用以引起收文者的高度注意。表示命令语气的语词有:着令、特命、责成、令其、着即;表示告诫语气的词语有:切切、毋违、切实执行、不得有误、严格办理。

9. 目的词

目的词即直接交代行文目的的词语,以便收文者正确理解并加速办理。用于上行文、平行文的目的词,还须加上祈请词,如:请批复、请转发。用于下行文的目的词有:查照办理、遵照办理、参照执行。用于知照性文件的目的词有:周知、知照、备案、审阅。

10. 表态词

表态词又称回复用语,即针对对方的请示,表示明确意见时使用的词语,如:应、应当、同意、不同意、准予备案、特此批准、请即试行、可行、不可行、迅即办理。在使用上述词语时应对公文中的下行文和平行文严加区别。

11. 结尾词

结尾词即置于正文最后,表示正文结束的词语。使用这些词语,可以使文章表述简练、严谨,并富有节奏感,从而赋予庄重、严肃的色彩,如:此布、特此报告、特予公布、特批、致以谢意。

任务实施

1. 下面语段中有语病,请分析指出并加以改正。

爱因斯坦是最杰出的20世纪科学家。他生于德国,后迁居美国。作为一位足以同牛顿相媲美的科学巨匠,他在物理学的许多领域内做出了重大贡献,其中最重要的是发现了"相对论"。英国大物理学家汤姆生激动地宣称:爱因斯坦是"人类思想史上最伟大的成就之一"。1921年,爱因斯坦荣获了诺贝尔物理学奖的荣誉。

2. 请指出下面一段文字的主题、层次与使用的表达方式。

鉴于目前我区卫生系统卫技队伍总体素质偏低,高学历人员、业务骨干、农村实用中级卫技人员奇缺,药剂人员、检验人员、放射人员缺乏,队伍中出现青黄不接的现象,学科带头人短缺,在人才层面上制约着我区医疗卫生事业的进一步发展。为加快我区卫生系统人才引进,推动卫生系统人事制度改革,现就区卫生系统单位编制问题请示如下。

3. 请阅读下面的文章,回答问题。

风筝中的科学

窦光宇

①古老的风筝,已经不仅仅是娱乐玩具,在科学技术高度发达的今天,风筝同样在为人类做贡献!

②风筝又名纸鸢(yuān,一种凶猛的鸟)、纸鹞(yào,雀鹰),最早发源于中国,至今已有2000多年历史。据说巧匠鲁班就曾"削竹为鹊,成而飞之",应当说这是风筝的前身。五代时期的李邺,曾在宫中以线放纸鸢为游戏,又别出心裁地在纸鸢的头部安装竹笛,风入竹笛,发出像古筝一样的响声,因此得名"风筝"。英国著名学者李约瑟把风筝列为中华民族的重大科学发明之一。美国华盛顿国家航空和空间博物馆中有一块说明牌上也醒目地写着:"最早的飞行器是中国的风筝和火箭。"

③风筝的发明,对科学技术的发展产生了深刻的启示。1749年,美国一位名叫威尔逊的天文学家,研制成世界上第一台空中试验仪。他用六只风筝将天文仪器吊到700多米的高空中进行科学试验,第一次测到了大气的温度,并取得了一些重要的理论数据,推动了天文学的发展。1752年,美国科学家富兰克林曾用风筝挂上一只铁钥匙,在雷电交加时,把风筝送上天,引来雷电,从而证明了雷电也是一种放电现象,避雷针也由此发明。1804年,英国的乔治格雷爵士用两只风筝做机翼,研制出了一架5英尺(1英尺=0.304 8米)的滑翔机。1894年,英国科学家设计了一只供战场观察的军用风筝,其作用犹如当今的卫星电视转播……

④最近,科学家提出了利用风筝发电的新方法。据估计,风筝风力发电机获得每千度电的成本仅为1.5欧元,而欧洲国家每千度电的发电成本平均为43欧元,风筝风力发电机的成本约为后者的三十分之一。

⑤据报道,俄罗斯物理学家在这方面做过探索。他们将50只巨大的风筝放到空中从上至下排成一串,看上去就像一架通天的梯子(A)。每个风筝伸展开来足有足球场那么大(B)。而牵扯这些风筝的绳索约有6 000米长,路灯杆那么粗(C)。假如风筝所在高度的风力不足的话,人们还可以放松绳索使风筝升高。意大利科研人员计划建造发电能力

在几兆千瓦范围的大型设备,并在计算机上成功地进行了模拟计算。设想的风筝发电装置,在风力作用下能够带动固定在地面上的旋转木马式的转盘,转盘在磁场中旋转而产生电能。这种风筝重量轻,抵抗力超强,可升至2 000米的高空。一个直径1 000米的巨轮便可以提供250兆瓦的发电能力。这将是第一台发电能力和常规电站不相上下的可再生能源发电设备。

⑥此外,科学家还设计建造家用式的高空风力发电设备。房主可以把这样的设备安装在自家房顶上,或许还可以替代太阳能电池。这些小型风筝梯子只需100米或者200米高,就可以足够为一户人家提供几千瓦的电力。

⑦当今,风筝在科学试验和工农业生产上的应用更为广泛。利用风筝作海洋救生工具;利用风筝牵引船只;利用风筝传递信件;在风筝上安装无线控制照相机,进行空中摄影;在风筝上安装喷水器,喷洒悬崖上的植物……这些应用极大地方便了人类的生活。

(选自《百科知识》2007年第1期,有删改)

(1)第②段文字主要采用的说明方法有(　　)。

A. 列数字　　　作诠释　　　举例子　　　作比较
B. 列数字　　　下定义　　　举例子　　　打比方
C. 列数字　　　下定义　　　举例子　　　作比较
D. 列数字　　　作诠释　　　举例子　　　打比方

(2)第④段主要运用了哪几种说明方法?有什么作用?

(3)第⑤段中句(A)、句(B)和句(C)分别运用了哪些说明方法?有什么表达效果?

(4)第⑤段中,以俄罗斯和意大利的研究为例,意在说明什么?

任务三 应用文的写作过程和写作要求

知识目标
◆了解应用文的写作过程；
◆理解应用文的写作要求。

能力目标
◆初步建构应用文写作的思维模式与写作模式。

素质目标
◆培养学生提出问题的意识与解决问题的能力。

课程思政点
◆准确领会领导意图和会议精神。

任务引入

江苏厚生机电有限公司业务部办公设备严重老化，需要采购一些办公设备。业务部助理王洪亮接到任务后，立即起草了《江苏厚生机电有限公司业务部关于采购办公设备的请示》。部长阅后指出，这篇请示有如下问题：请示缘由不合情、不合理，请示事项不明确、难以操作。那么，王洪亮应该如何修改呢？

任务分析

应用文写作既遵循写作的一般规律，也具有自身的特殊性。在模式化思维下，勤写多练，认真修改，是最基本的训练途径。

相关知识

一、应用文的写作过程

(一)准备阶段

应用文的写作者应该在平时多努力，积极准备，不能在写作时临时抱佛脚。应用文的写作者要具备理论政策修养、业务知识修养、文体辞章修养等基本修养，要具备调查分析能力、信息处理能力、文字表达能力、创新思维能力等基本能力。

在撰写应用文之前，要广泛地收集资料，不能"闭门造车"，要从平时勤于积累和用时有目的地选取两方面来做好准备工作。

(二)构思阶段

构思阶段,是指在广泛收集材料,并对材料进行潜心研究后所进入的凝神细想、谋篇布局以及定题选材的阶段,主要包括确定主旨、选择材料、安排结构、拟写提纲等几个步骤。在构思阶段,要注意站在本地区、本单位以及负责领导的立场和角度考虑问题,揣摩领导意图,抓住精神实质,这对于应用文的写作者非常重要。

应用文写作的构思,既遵循文章写作构思的一般规律,又具有自己的特点,详述如下。

(1)应用文构思的思维主体往往体现群体意识。一般文体写作,文章所表达的感受、见解或主张,体现的是作者本人的意志,在构思时,思维活动始终围绕着作者自己的主观意向。应用文写作,尤其是党政公文、事务文书的写作,反映的是机关的意志、集体的主张或领导的意图,它的构思集中反映了来自领导和群众的各方面的意见,是群体思维的结果。

(2)应用文构思的思维模式往往体现为定向思维。应用文在内容上要遵循党和国家的方针政策,要符合领导的意图、群众的意愿、工作的实际,写作者在构思时往往根据一定的意向确立主旨、材料和文笔基调。在形式上,应用文对结构、语言和行文都有一定的要求,有些文种甚至有固定的格式。

(3)应用文构思的思维方法要使用逻辑思维。应用文写作的构思要采用判断、推理的思维形式,要靠严密的逻辑论证来表述意图和主张,所以必须使用逻辑思维的思维方法。

下面主要介绍提纲的拟写,拟写提纲可以按照下面六个步骤进行。

(1)拟写标题。

(2)以判断句式写出文章的基本观点。

(3)考虑全文从几个方面、按什么顺序来阐述基本观点,确定大的层次,定下全文的构成框架。

(4)考虑大层次内的段落,写出主旨。

(5)依次考虑各自然段的安排,把准备的材料按照构思的顺序标上序号。

(6)全面检查提纲,做必要的增、删、调、补。

(三)草拟阶段

草拟应用文可以按照下面四个步骤进行。

(1)辨别文种。首先,要分析写作的意图,尤其是遵命写作,更要弄清领导的发文旨意;其次,要根据文种的特性来辨别;最后,以行文方向选择文种。

(2)按照主旨组织文章。

(3)做好会商工作。应用文写作的内容,有时要牵扯到不同的单位和部门,主办部门要主动联系协商,协办部门理应积极配合,只有取得共识后才能对外行文。

(4)要有时效观念。撰写文章最好一气呵成,写好后细心修改。

(四)加工修改阶段

应用文草拟完成之后,不等同于应用文写作过程的终结,还需要加工修改。"吟安一个字,拈断数茎须",虽然讲的是诗歌创作,但同样适用于应用文写作。有言道:"文章不是写出来的,而是改出来的。"对应用文的修改,不能盲目地眉毛、胡子一把抓,而要厘清头绪，主要可以从如下几个方面来检查并修改。

(1)文种选择是否正确。
(2)主旨是否正确、统一。
(3)材料是否真实、必要。
(4)结构模式是否规范。
(5)语言是否得体、准确。
(6)标点符号是否恰当。

二、应用文的写作要求和写作方法

"笔下有人命关天，笔下有财产万千，笔下有是非曲直，笔下有毁誉忠奸。"在应用文的写作与处理过程中，要慎之又慎。

应用文的写作，十分注重"约定俗成"的格式要求。这种"约定俗成"的格式要求并非一种严格规定的法定形式，而是无数前人在写作实践中所取得的某种共同的认识和约定，也可以说是一种审美趣味上的趋同和共识，虽然不属于法定规范，但它包含着写作规范中的许多合理因素，我们应该加以继承和保留，不应随意破坏和擅自修改，以免影响应用文的特定交际功能。

(一) 写作要求

应用文的写作要求包括以下几个方面。
(1)实事求是，准确无误。
(2)符合政策，观点鲜明。
(3)熟悉业务，表述恰当。
(4)格式规范，文辞简约。
(5)注重时效，养成"一气呵成"的好习惯。

(二) 写作方法

应用文的写作方法包括以下几个方面。
(1)学好理论，打牢基础。
(2)深入实际，善于揣摩、领会领导的意图。
(3)提高思维能力，加强语言修养，多写多练。
(4)模仿例文，加强训练。

任务实施

1. 请代王洪亮拟写一篇《江苏厚生机电有限公司业务部关于采购办公设备的请示》。
2. 修改下列病句。
(1)严重脱离群众和腐败问题，是能够导致党的事业兴衰成败和生死存亡的重大问题。
(2)采用先进技术和节能降耗，使生产成本大幅度下降，去年该产品出厂价为9 000元，今年仅为3 000元，降低了2倍。

(3)某市工商系统县局级领导班子调整后,大专文化程度的由过去的54%上升到92%,本科文化程度的由过去的29%上升到65%。

(4)从大量的报道材料中,反映出我国经济建设战线的大好形势。

(5)昨天是转会截止日期的最后一天,中国足协又接到25名球员递交的转会申请。

3.请欣赏威廉斯的诗歌《便条》与下方修改后的应用文,谈谈自己的感想。

我吃了|冰箱里的|梅子|它们|大概是你|留着|当早餐用的|原谅我|它们太好吃了|那么甜|那么凉

若是把这些隔开的文字合在一起,并加上标点符号,就是一篇应用文。

便　　条

我吃了冰箱里的梅子,它们大概是你留着当早餐用的。原谅我。它们太好吃了,那么甜,那么凉。

模块二　党政公文的写作

任务一　走进党政公文

> **知识目标**
> ◆了解党政公文的含义、特点、作用与种类；
> ◆理解党政公文的行文规则。
>
> **能力目标**
> ◆形成对公文的正确认识，根据内容恰当地选择文种，模拟写作，具备撰写党政公文的能力。
>
> **课程思政点**
> ◆《党政机关公文处理工作条例》。

任务引入

2004年9月9日，国家林业局发布的《关于促进野生动植物可持续发展的指导意见》中指出，国家将大力支持果子狸等54种野生动物的驯养繁殖，并为其进入市场提供相应的保障措施。2004年10月10日上午，广东防治SARS科技攻关组的专家在"广东省传染性非典型肺炎(SARS)防治研究"科技成果的鉴定会上却认定：果子狸是SARS冠状病毒的主要载体。2004年10月11日下午，国家林业局相关人士在接受记者采访时称，对于日前出台的相关政策并无修改意向。

一个多月后，卫生部下发《2004—2005年冬春季全国传染性非典型肺炎及流感防治工作方案》，却又要求各地加强对果子狸等野生动物和家禽暴露人群的防治工作，禁止宰杀、烹饪、销售果子狸等野生动物和家禽。收文机关感到无所适从。

任务分析

国家林业局和卫生部下发的两篇公文"公然打架"，在"支持"与"禁止"之间，收文机关茫然无措。两个部门在各自的职权范围内行文，但事关人民群众的切身利益，应先做好协商与沟通，在政策上保持一致。

《党政机关公文处理工作条例》第四章第十六条规定："涉及多个部门职权范围内的事务，部门之间未协商一致的，不得向下行文；擅自行文的，上级机关应当责令其纠正或者撤销。"

党政公文是社会公务活动的产物，是党政机关、社会团体、企事业单位办理行政公务的重要手段。高水平的党政公文写作，能有效提高工作质量和工作效率。21世纪，社会需要的是复合型人才,掌握党政公文的写作是一项必要的技能。

相关知识

一、党政公文的含义

党政公文,简称公文,是党政机关、企事业单位、社会团体等社会组织在行使职权和实施管理的过程中所形成的具有法定效力与规范格式的文书,是传达政令,指导、布置和商洽工作,请示和答复问题,报告和交流情况,联系公务,记载工作活动的重要工具。

2012年,中共中央办公厅与国务院办公厅联合下发《党政机关公文处理工作条例》,其中指出:党政机关公文是党政机关实施领导、履行职能、处理公务的具有特定效力和规范体式的文书,是传达贯彻党和国家的方针政策,公布法规和规章,指导、布置和商洽工作,请示和答复问题,报告、通报和交流情况等的重要工具。

党政公文包含三层含义:①公文形成的主体是党政机关及其他社会组织;②公文是党政机关及其他社会组织实施领导、履行职能、处理公务的重要工具;③公文是具有特定效力与规范体式的文书。

> **小思考**
>
> 到哪里可以查阅到党政公文呢?
>
> 政府公报是刊登行政法规和规章标准文本的法定载体,是政府机关发布政令的权威渠道,在推进政务公开、加强政务服务、促进依法行政、密切党和政府同人民群众联系等方面发挥着重要作用。
>
> 建立以中央、省、市三级为主的政府公报体系,坚持传达政令、宣传政策、指导工作、服务社会的办刊宗旨,形成行政法规、规章和规范性文件的权威发布平台。
>
> 来源:《国务院办公厅关于做好政府公报工作的通知》(国办发〔2018〕22号)

二、党政公文的特点

1. 作者的法定性

公文是由法定作者制发的。公文的法定作者是依法成立并能以自己的名义行使职权、承担义务的社会组织及其领导人。

要注意区分公文的法定作者和公文的起草者。公文的起草者实际上是一种代言作者,是由公文的法定作者指定的,是以公文法定作者助手的身份参与公文的起草活动的。

2. 内容的公务性

公文是党政机关在管理国家的过程中,实施领导、履行职能、处理公务的重要工具。

3. 法定的权威性

公文是由法定作者在法定职权范围内行使职权和处理公务时制作和发布的,因而具有法定的权威性和约束力。公文的法定权威性,还指公文在一定时间和空间内对收文者的行为所产生的指挥、协调、约束、凭证等强制性作用。

4. 严格的时效性

公务问题的解决要求迅速、及时,因此对公文的写作与处理有着严格的时间要求。拖延时间,就可能对社会组织的公务活动造成不良影响。公文的时效性,还指公文的现行效用都有一定的时间界限,不存在永远有效的公文。

5. 体式的规范性

公文是国家党政机关在管理活动中发布和使用书面信息的工具,从形式到内容都体现了制发机关的职权和地位,因此公文应该是严肃的、规范的、权威的。2012年,国家质量监督检验检疫总局和国家标准化管理委员会发布了《党政机关公文格式》,统一了公文的外观样式,加强了对公文的规范管理。

6. 制发的程序性

公文具有不同于一般文章的规范程式,它的编制和办理具有一系列的原则、方法、程式和格式。《党政机关公文处理工作条例》与《党政机关公文格式》对行文原则、公文办理、归档管理等都有明确的规定,任何机关、部门都必须严格遵守,不得随意更改。

三、党政公文的作用

1. 法规与准绳作用

党政机关颁布法律、法规和规章制度,用来规范社会秩序和人们的行为,从而使整个国家处于领导阶级的有效管理之中。

2. 领导与指导作用

党政机关通过制定一系列路线、方针、政策,并以各种公文形式下达,从而实现对全党、全军和全国各族人民的领导和指导。

3. 宣传与教育作用

党和国家各级行政机关以公文形式下达方针、政策,用来阐述工作思路、部署工作任务、奖惩干部职工,从而实现动员、号召、教化、劝诫等功能。

4. 凭证与记载作用

公文是党政机关处理公务活动的真实记载。在现行效用阶段,公文是收文单位工作的依据;归档后,公文成为党和国家行政机关行政管理的凭据,可备查考之用。

四、党政公文的种类

(一)按照公文的使用范围划分

按照使用范围,党政公文可分为通用公文和专用公文两类。通用公文是指党政机关、社会团体、企事业单位等社会组织在公务活动中制发的公文。专用公文是指专业部门和系统内部根据特定工作内容和要求制发的公文,如司法文书、外交文书、科技文书、会计文书等。

(二)按照公文内容的性质划分

按照公文内容的性质,党政公文可分为以下几类。

(1)法规规定性公文,指用来颁布法律法规、规章制度和对有关问题做出规定的公文。

(2)指挥决策性公文,指上级领导机关或业务主管部门制定方针政策或发布政令、部署工作、提出指导性意见的公文,直接体现上级机关的意图,如命令、决定、批复。

(3)公布知照性公文,指用于向有关方面公布事项、告知情况、联系工作的公文,如通知、通报、公告、通告。

(4)报请商洽性公文,指下级单位向所属上级单位汇报、请示工作和反映问题时制发的公文,如请示、报告、函。

(5)日常事务性公文,指在日常公务活动中形成的文件,如简报、工作计划、工作总结。

(三)按照公文的行文关系划分

按照行文关系,党政公文可分为以下几类。

(1)上行文,是指下级机关向上级机关报送的公文,如报告、请示。

(2)下行文,是指上级机关向下级机关制发的公文,如命令、决定、公告、意见、通知、批复等。

(3)平行文,是指同级机关和不相隶属的机关之间往来使用的公文,如函。

(四)按照公文办理的时限划分

按照办理的时限,党政公文可分为以下几类。

(1)平件,是指无保密和时限方面的特殊要求,按照工作常规制发、处理的公文。

(2)急件,是指内容重要且紧急,要求迅速传递并且在规定时限内办理完毕的公文。

(3)特急件,是指内容非常重要且特别紧急,必须以最快的速度传递、处理的公文。

(五)按照公文的秘密等级划分

按照秘密等级,可将有保密要求的公文分为绝密公文、机密公文、秘密公文三种。保密文件一经泄露,会给党和国家的安全及利益造成严重损害。因此,保密公文在一定时期内需要限制阅读,并由专人负责处理和保管。

五、党政公文的行文规则

行文是指各级机关在公文处理过程中以本机关名义撰制公文向收文机关运行的环节。行文应当确有必要,讲求实效,注重针对性和可操作性。

(一)行文关系

行文关系是指在行文时要正确反映、处理发文单位与收文单位之间的关系。目前,行文关系主要有以下四种。

(1)隶属关系,即领导与被领导关系,如我国行政管理系统中的国务院、省政府、县政府、乡镇政府之间的关系。

(2)指导与被指导关系,主要指业务主管部门之间的关系,如教育系统中的教育部、省教育厅与县教育局之间的关系。

(3)不相隶属的平行关系,是指属于不同垂直系统且不发生直接职能往来的机关之间的关系,如江南大学与无锡市公安局之间的关系。

(4)平级关系,是指同等级别的关系,如省政府之间、县教育局之间和县公安局之间的关系。

(二)行文方式

按机关隶属关系和公文发送、效力范围的不同,公文的行文一般有三种方向、六种方式。

(1)上行方向。其包括两种方式:第一,逐级行文,即下级机关直接向上一级机关行文;第二,越级行文,即下级机关在特殊和必要的情况下,越过自己的直接上级领导机关向更高的上级机关直至中央行文。

(2)下行方向。其包括三种行文方式:第一,逐级行文,即上级机关只行文给自己所属的下级机关;第二,多级行文,即上级机关向下行文时,同时行文给所属的下几级机关,以减少发文层次,提高运转效率;第三,垂直行文,即党政领导机关必要时采取直接传达到人民群众的行文方式,有时还采取登报、广播、电视等形式直接公布于社会。

(3)平行方向,即在同一组织系统中同级机关之间运行公文或在不相隶属的机关之间运行公文。

(三)行文规则

1. 部门行文规则

部门行文规则包括以下几项。

(1)政府各职能部门可以相互行文(平行文),也可以向下一级政府的相关业务部门行文(下行文)。政府各职能部门可以以函的形式向下一级政府询问和答复问题、审批事项,此外,一般不得向下一级政府行文。

(2)部门内设机构除办公厅(室)外,不得对外行文。

2. 隶属职权规则

隶属职权规则包括以下几项。

(1)行政机关和军事机关不能互相制发指挥性公文,因为隶属关系不同。

(2)党政机关按照各自的隶属关系和职权范围行文,必要时,可以联合行文。

3. 主管职权规则

主管职权规则包括以下几项。

(1)部门内职权范围内的事务,应当由部门自行或者联合行文。须经政府审批的事项,经政府同意后也可由部门行文,但应注明经政府同意。

(2)属于主管部门职权范围内的具体问题,应当直接报送主管部门处理。

4. 联合行文规则

联合行文规则包括以下几项。

(1)同级政府、同级政府各部门、上级政府部门与下一级政府、政府与同级党委和军队机关、政府部门与相应的党组织和军队机关、政府部门与同级人民团体和具有行政职能的事业单位可以联合行文,即联合行文的机关必须是同级机关。

(2)联合行文应当明确主办部门。

(3)联合行文要协商一致。部门之间对有关问题未经协商一致的,不得各自向下行文。

5.抄送规则

抄送规则包括以下几项。

(1)向下级机关或者本系统的重要机关行文,应同时抄送直接上级机关,以便监督与管理。

(2)上级机关向受双重领导的机关行文,必要时应抄送另一上级机关。

(3)请示一般只写一个主送机关,需要同时送其他机关的,应当用抄送形式。

(4)报主送机关的公文,需要送其他机关的,应当用抄送形式。

(5)受双重领导的机关向上级机关行文,应写明主送机关和抄送机关。

6.请示和报告的规则

请示和报告的规则包括以下几项。

(1)请示应当一文一事;一般只写一个主送机关,需要送其他机关的,用抄送形式,但不得抄送其下级机关;除领导直接交代的事情外,请示不能直接送领导个人;一般不得越级请示,必要时,要抄送被越过机关。

(2)报告中不得夹带请示事项。

任务实施

1.淮海职业技术学院经济管理系要筹建国际贸易实训室,为取得上级机关主要领导人的支持,根据行文规则,该单位应该怎样向上汇报、怎样行文比较合适?

2.淮海职业技术学院教务处要在院内推行课程改革,根据行文规则,请为其设计公文行文路线(即先向哪里行什么文,再向哪里行什么文),并说明理论依据。

任务二　党政公文的格式与排版

知识目标
◆明确党政公文的构成要素及格式；
◆明确党政公文的用纸幅面尺寸、版面要求与印制装订要求；
◆掌握党政公文的特定格式。

能力目标
◆培养正确使用党政公文各构成要素及标识的能力；
◆通过对《党政机关公文格式》的学习，掌握党政公文的排版技能。

素质目标
◆培养学生精益求精的工匠精神。

课程思政点
◆《党政机关公文格式》的科学化与规范化。

任务引入

江苏厚生机电有限公司拟从公司基层管理人员中选拔总经理助理。人力资源部助理陈强大学毕业后经双向选择来到该公司，奋斗五年后，获得了公司上下的一致认可。他胸有成竹地走进了选拔总经理助理的面试现场。主考官宣布，面试采用"公文筐测试"的方法进行，该方法要求应试者在规定时间内对各种与特定领导工作有关的文件、报表、信件、电话记录等公文进行处理。陈强抽到的题目如下：

根据市政府《关于开展甲型H1N1流感防控工作的通知》的精神，我公司给各分公司、各职能部门下发通知，要求做好甲型H1N1流感防控工作。分公司接到通知后，应在规定时间内对防控工作进行报告。

如果你是陈强，该如何去行文呢？

任务分析

党政机关公文格式是公文的形式标志，通过它可以将党政机关公文区别于应用文的其他文种，便于处理、管理和使用，而且也体现出公文的法规性，使公文更好地发挥效用。为了保证公文的权威性、合法性、完整性及准确性，《党政机关公文处理工作条例》第三章对公文格式做了规范性的规定。

相关知识

党政机关公文格式是指公文的外形结构组织及安排。公文格式一般包括构成要素、公文用字、用纸、排版、印刷、装订等。

《党政机关公文格式》按照《党政机关公文处理工作条例》的有关规定,结合这些年来党政机关公文格式的实际应用,对公文用纸、印刷、装订、构成要素、式样等做出了具体规定,有利于进一步提高各级党政机关公文制作的水平和质量,有利于推动党政机关公文处理工作实现科学化、规范化。

一、公文的构成要素及格式

《党政机关公文格式》规定:本标准将版心内的公文格式各要素划分为版头、主体、版记三部分。公文首页红色分隔线以上的部分称为版头;公文首页红色分隔线(不含)以下、公文末页首条分隔线(不含)以上的部分称为主体;公文末页首条分隔线以下、末条分隔线以上的部分称为版记。

（一）版头

1. 份号

份号是将同一文稿印制若干份时每份公文的顺序编号。如需标注份号,一般用6位3号阿拉伯数字,顶格编排在版心左上角第一行。

2. 密级和保密期限

如需标注密级和保密期限,一般用3号黑体字,顶格编排在版心左上角第二行;保密期限中的数字用阿拉伯数字标注。

3. 紧急程度

如需标注紧急程度,一般用3号黑体字,顶格编排在版心左上角;如需同时标注份号、密级和保密期限、紧急程度,按照份号、密级和保密期限、紧急程度的顺序自上而下分行排列。

4. 发文机关标志

发文机关标志由发文机关全称或者规范化简称加"文件"二字组成,也可使用发文机关全称或者规范化简称。

发文机关标志居中排布,上边缘至版心上边缘为35 mm,推荐使用小标宋体字,颜色为红色,以醒目、美观、庄重为原则。

联合行文时,如需同时标注联署发文机关名称,一般应当将主办机关名称排列在前;如有"文件"二字,应当置于发文机关名称右侧,以联署发文机关名称为准上下居中排布。

5. 发文字号

发文字号编排在发文机关标志下空二行位置,居中排布。年份、发文顺序号用阿拉伯数字标注;年份应标全称,用六角括号"〔〕"括入;发文顺序号不加"第"字,不编虚位(即1不编为01),在阿拉伯数字后加"号"字。

上行文的发文字号居左空一字编排,与最后一个签发人姓名处在同一行。

6. 签发人

这部分由"签发人"三字加全角冒号和签发人姓名组成,居右空一字,编排在发文机关标志下空二行位置。"签发人"三字用3号仿宋体字,签发人姓名用3号楷体字。

如有多个签发人,签发人姓名按照发文机关的排列顺序从左到右、自上而下依次均匀编排,一般每行排两个姓名,回行时与上一行第一个签发人姓名对齐。

7. 版头中的分隔线

发文字号之下4 mm处居中印一条与版心等宽的红色分隔线。

(二)主体

1. 标题

标题一般用2号小标宋体字,编排于红色分隔线下空二行位置,分一行或多行居中排布;回行时,要做到词意完整,排列对称,长短适宜,间距恰当,标题排列应使用梯形或菱形。

2. 主送机关

主送机关编排于标题下空一行位置,居左顶格,回行时仍顶格,最后一个机关名称后标全角冒号。如主送机关名称过多导致公文首页不能显示正文时,应当将主送机关名称移至版记。

3. 正文

公文首页必须显示正文。正文一般用3号仿宋体字,编排于主送机关名称下一行,每个自然段左空二字,回行顶格。文中结构层次序数依次可以用"一、""(一)""1.""(1)"标注,一般第一层用黑体字,第二层用楷体字,第三层和第四层用仿宋体字标注。

4. 附件说明

如有附件,在正文下空一行左空二字编排"附件"二字,后标全角冒号和附件名称。如有多个附件,使用阿拉伯数字标注附件顺序号(如"附件:1. ×××××"),附件名称后不加标点符号。附件名称较长需回行时,应当与上一行附件名称的首字对齐。

5. 发文机关署名、成文日期和印章

1)加盖印章的公文

成文日期一般右空四字编排,印章用红色,不得出现空白印章。

单一机关行文时,一般在成文日期之上,以成文日期为准居中编排发文机关署名,印章端正、居中下压发文机关署名和成文日期,使发文机关署名和成文日期居印章中心偏下位置,印章顶端应当上距正文(或附件说明)一行之内。

联合行文时,一般将各发文机关署名按照发文机关顺序整齐排列在相应位置,并将印章一一对应、端正、居中下压发文机关署名,最后一个印章端正、居中下压发文机关署名和成文日期,印章之间排列整齐、互不相交或相切,每排印章两端不得超出版心,首排印章顶端应当上距正文(或附件说明)一行之内。

2)不加盖印章的公文

单一机关行文时,在正文(或附件说明)下空一行右空二字编排发文机关署名,在发文机关署名下一行编排成文日期,首字比发文机关署名首字右移二字,如成文日期长于发文机关署名,应当使成文日期右空二字编排,并相应增加发文机关署名右空字数。

联合行文时,应当先编排主办机关署名,其余发文机关署名依次向下编排。

3)加盖签发人签名章的公文

单一机关制发的公文加盖签发人签名章时,在正文(或附件说明)下空二行右空四字加盖签发人签名章,签名章左空二字标注签发人职务,以签名章为准上下居中排布。在签发人签名章下空一行右空四字编排成文日期。

联合行文时,应当先编排主办机关签发人职务、签名章,其余机关签发人职务、签名章依次向下编排,与主办机关签发人职务、签名章上下对齐;每行只编排一个机关的签发人职务、签名章;签发人职务应当标注全称。

签名章一般用红色。

4)成文日期中的数字

用阿拉伯数字将年、月、日标全,年份应标全称,月、日不编虚位(即1不编为01)。

5)特殊情况说明

当公文排版后所剩空白处不能容下印章或签发人签名章、成文日期时,可以采取调整行距、字距的措施解决。

6. 附注

如有附注,居左空二字加圆括号编排在成文日期下一行。

7. 附件

附件应当另面编排,并在版记之前,与公文正文一起装订。"附件"二字及附件顺序号用3号黑体字顶格编排在版心左上角第一行。附件标题居中编排在版心第三行。附件顺序号和附件标题应当与附件说明的表述一致。附件格式要求同正文。

如附件与正文不能一起装订,应当在附件左上角第一行顶格编排公文的发文字号并在其后标注"附件"二字及附件顺序号。

(三)版记

1. 版记中的分隔线

版记中的分隔线与版心等宽,首条分隔线和末条分隔线用粗线(推荐高度为0.35 mm),中间的分隔线用细线(推荐高度为0.25 mm)。首条分隔线位于版记中第一个要素之上,末条分隔线与公文最后一面的版心下边缘重合。

2. 抄送机关

如有抄送机关,一般用4号仿宋体字,在印发机关和印发日期之上一行、左右各空一字编排。"抄送"二字后加全角冒号和抄送机关名称,回行时与冒号后的首字对齐,最后一个抄送机关名称后标句号。

如需把主送机关移至版记,除将"抄送"二字改为"主送"外,编排方法同抄送机关。既有主送机关又有抄送机关时,应当将主送机关置于抄送机关之上一行,之间不加分隔线。

3. 印发机关和印发日期

印发机关和印发日期一般用4号仿宋体字,编排在末条分隔线之上,印发机关左空一字,印发日期右空一字,用阿拉伯数字将年、月、日标全,年份应标全称,月、日不编虚位(即

1 不编为 01),后加"印发"二字。

版记中如有其他要素,应当将其与印发机关和印发日期用一条细分隔线隔开。

(四)页码

页码一般用 4 号半角宋体阿拉伯数字,编排在公文版心下边缘之下,数字左右各放一条一字线;一字线上距版心下边缘 7 mm。单页码居右空一字,双页码居左空一字。

二、公文用纸幅面尺寸、版面要求及印制装订要求

(一)幅面尺寸及版面要求

1. 幅面尺寸

公文用纸采用 GB/T 148 中规定的 A4 型纸,其成品幅面尺寸为 210 mm×297 mm。

2. 版面要求

1)页边与版心尺寸

公文用纸天头(上白边)为 37 mm±1 mm,公文用纸订口(左白边)为 28 mm±1 mm,版心尺寸为 156 mm×225 mm。

2)字体和字号

如无特殊说明,公文格式各要素一般用 3 号仿宋体字,特定情况可以做适当调整。

3)行数和字数

一般每面排 22 行,每行排 28 个字,并撑满版心,特定情况可以做适当调整。

4)文字的颜色

如无特殊说明,公文中文字的颜色均为黑色。

(二)印制装订要求

1. 制版要求

版面干净无底灰,字迹清楚无断划,尺寸标准,版心不斜,误差不超过 1 mm。

2. 印刷要求

双面印刷;页码套正,两面误差不超过 2 mm。黑色油墨应当达到色谱所标 BL100%,红色油墨应当达到色谱所标 Y80%、M80%。印品着墨实、均匀;字面不花、不白、无断划。

3. 装订要求

公文应当左侧装订,不掉页,两页页码之间误差不超过 4 mm,裁切后的成品尺寸允许误差±2 mm,四角成 90°,无毛茬或缺损。

骑马订或平订的公文应当满足以下要求。

(1)订位为两钉外订眼距版面上、下边缘各 70 mm 处,允许误差±4 mm。

(2)无坏钉、漏钉、重钉,钉脚平伏牢固。

(3)骑马订钉锯均订在折缝线上,平订钉锯与书脊间的距离为 3~5 mm。

包本装订公文的封皮(封面、书脊、封底)与书芯应吻合、包紧、包平、不脱落。

(三)公文中的横排表格

A4纸型的表格横排时,页码位置与公文其他页码保持一致,单页码表头在订口一边,双页码表头在切口一边。

(四)公文中计量单位、标点符号和数字的用法

公文中计量单位的用法应当符合 GB 3100、GB 3101 和 GB 3102(所有部分),标点符号的用法应当符合 GB/T 15834,数字的用法应当符合 GB/T 15835。

三、公文的特定格式

(一)信函格式

发文机关标志使用发文机关全称或者规范化简称,居中排布,上边缘至上页边为 30 mm,推荐使用红色小标宋体字。联合行文时,使用主办机关标志。

发文机关标志下 4 mm 处印一条红色双线(上粗下细),距下页边 20 mm 处印一条红色双线(上细下粗),线长均为 170 mm,居中排布。

如需标注份号、密级和保密期限、紧急程度,应当顶格居版心左边缘编排在第一条红色双线下,按照份号、密级和保密期限、紧急程度的顺序自上而下分行排列,第一个要素与该线的距离为 3 号汉字高度的 7/8。

发文字号顶格居版心右边缘编排在第一条红色双线下,与该线的距离为 3 号汉字高度的 7/8。

标题居中编排,与其上最后一个要素相距二行。

第二条红色双线上一行如有文字,与该线的距离为 3 号汉字高度的 7/8。

首页不显示页码。

版记不加印发机关和印发日期、分隔线,位于公文最后一面版心内最下方。

(二)命令(令)格式

发文机关标志由发文机关全称加"命令"或"令"字组成,居中排布,上边缘至版心上边缘为 20 mm,推荐使用红色小标宋体字。

发文机关标志下空二行居中编排令号,令号下空二行编排正文。

(三)纪要格式

纪要标志由"×××××纪要"组成,居中排布,上边缘至版心上边缘为 35 mm,推荐使用红色小标宋体字。

标注出席人员名单,一般用 3 号黑体字,在正文或附件说明下空一行左空二字编排"出席"二字,后标全角冒号,冒号后用 3 号仿宋体字标注出席人单位、姓名,回行时与冒号后的首字对齐。

标注请假和列席人员名单,除依次另起一行并将"出席"二字改为"请假"或"列席"外,编排方法同出席人员名单。

纪要格式可以根据实际情况制定。

任务实施

1. 运用办公软件,严格按照公文格式要求,绘制公文格式图。
2. 严格按照党政机关公文格式要求,学习制作一份完整的"红头文件"。

任务三　指挥决策类公文的写作

知识目标
◆掌握指挥决策类公文的概念、特点、格式与写作要求。
能力目标
◆提高对指挥决策类公文相应工作情景的理解与分析能力；
◆掌握决议、决定、命令、意见等指挥决策类公文的格式与写作要求，能够熟练进行以上文种的写作。
素质目标
◆培养学生的准确理解与有效执行的能力。

课程思政点
◆《中共中央 国务院关于推进社会主义新农村建设的若干意见》。

任务引入

安全文化是企业文化的组成部分，是文化创新的重要内容。为切实加强安全文化建设，强化广大职工的安全生产意识，在全公司营造"关注安全，关爱生命"的良好氛围，确保安全文明生产，江苏厚生机电有限公司准备举办"安全建设活动月"活动。

请代为拟写一篇《江苏厚生机电有限公司关于安全文化建设的意见》，对即将举办的安全文化建设活动做出指示与安排。

任务分析

指挥决策类公文主要包括命令、决定、意见等文种。其基本功能是指挥决策，其规格较高，权威性较强，强制力明显，语言庄重严肃，需要收文机关严格执行。本任务就是使学习者通过对这几种公文的学习，理解其概念、特点、分类等，掌握其格式要求及撰写的注意事项。

撰写此类公文，要求做到庄重、准确、权威。注意使用命令时作者的限定性、意见行文的多向性、决议与决定的区别与联系。要注意奖惩时，应根据不同的对象和等级来选择相应规格的文种。

相关知识

一、决议的写作

（一）决议的概念

决议适用于会议讨论通过的重大决策事项。

(二)决议的格式

1. 标题

决议的标题有两种形式:一种是由发文机关(或会议名称)、事由和文种构成,如《四川省第七届人大常委会第八次会议关于依靠科技进步振兴农业的决议》;另一种是由事由和文种构成,如《关于建国以来党的若干历史问题的决议》。

2. 成文时间

成文时间即决议正式通过的日期,一般放在标题下,以题注的形式出现,即在小括号内注明会议名称及通过时间,也可只写年月日。

3. 正文

正文包括以下几个部分。

(1)决议缘由。一般简要说明有关会议审议决议涉及事项的情况,陈述做出决议的原因、根据、背景、目的或意义。

(2)决议事项。写明会议通过的决议事项,或会议对有关文件、事项做出的评价、决定,或对有关工作做出的部署、安排。

(3)结语。一般紧扣决议事项有针对性地提出希望、号召和执行要求。有的决议可不单列这部分。

(三)例文评析

中国共产党第十九次全国代表大会关于《中国共产党章程(修正案)》的决议

(2017年10月24日中国共产党第十九次全国代表大会通过)

中国共产党第十九次全国代表大会审议并一致通过十八届中央委员会提出的《中国共产党章程(修正案)》,决定这一修正案自通过之日起生效。

大会认为,党的十八大以来,以习近平同志为主要代表的中国共产党人,顺应时代发展,从理论和实践结合上系统回答了新时代坚持和发展什么样的中国特色社会主义、怎样坚持和发展中国特色社会主义这个重大时代课题,创立了习近平新时代中国特色社会主义思想。习近平新时代中国特色社会主义思想是对马克思列宁主义、毛泽东思想、邓小平理论、"三个代表"重要思想、科学发展观的继承和发展,是马克思主义中国化最新成果,是党和人民实践经验和集体智慧的结晶,是中国特色社会主义理论体系的重要组成部分,是全党全国人民为实现中华民族伟大复兴而奋斗的行动指南,必须长期坚持并不断发展。在习近平新时代中国特色社会主义思想指导下,中国共产党领导全国各族人民,统揽伟大斗争、伟大工程、伟大事业、伟大梦想,推动中国特色社会主义进入了新时代。大会一致同意,在党章中把习近平新时代中国特色社会主义思想同马克思列宁主义、毛泽东思想、邓小平理论、"三个代表"重要思想、科学发展观一道确立为党的行动指南。大会要求全党以习近平新时代中国特色社会主义思想统一思想和行动,增强学习贯彻的自觉性和坚定性,把习近平新时代中国特色社会主义思想贯彻到社会主义现代化建设全过程、体现到党的建设各方面。

大会认为,中国特色社会主义文化是中国特色社会主义的重要组成部分,是激励全党全国各族人民奋勇前进的强大精神力量。大会同意把中国特色社会主义文化同中国特色社会主义道路、中国特色社会主义理论体系、中国特色社会主义制度一道写入党章,这有利于全党深化对中国特色社会主义的认识、全面把握中国特色社会主义内涵。大会强调,全党同志要倍加珍惜、长期坚持和不断发展党历经艰辛开创的这条道路、这个理论体系、这个制度、这个文化,高举中国特色社会主义伟大旗帜,坚定道路自信、理论自信、制度自信、文化自信,贯彻党的基本理论、基本路线、基本方略。

大会认为,实现中华民族伟大复兴是近代以来中华民族最伟大的梦想,是我们党向人民、向历史作出的庄严承诺。大会同意在党章中明确实现"两个一百年"奋斗目标、实现中华民族伟大复兴的中国梦的宏伟目标。

大会认为,党的十九大作出的我国社会主要矛盾已经转化为人民日益增长的美好生活需要和不平衡不充分的发展之间的矛盾的重大政治论断,反映了我国社会发展的客观实际,是制定党和国家大政方针、长远战略的重要依据。党章据此作出相应修改,为我们把握我国发展新的历史方位和阶段性特征、更好推进党和国家事业提供了重要指引。

大会认为,坚持以人民为中心的发展思想,坚持创新、协调、绿色、开放、共享的发展理念,协调推进全面建成小康社会、全面深化改革、全面依法治国、全面从严治党,全面建成社会主义现代化强国,反映了我们党坚持和发展中国特色社会主义的根本目的、发展理念、战略布局、战略目标。把促进国民经济更高质量、更有效率、更加公平、更可持续发展,完善和发展中国特色社会主义制度,推进国家治理体系和治理能力现代化,更加注重改革的系统性、整体性、协同性等内容写入党章,有利于推动全党把思想和行动统一到党中央科学判断和战略部署上来,树立和践行新发展理念,不断开创改革发展新局面。

大会认为,党的十八大以来,以习近平同志为核心的党中央在经济建设、政治建设、文化建设、社会建设、生态文明建设方面提出一系列新理念新思想新战略。大会同意把发挥市场在资源配置中的决定性作用,更好发挥政府作用,推进供给侧结构性改革,建设中国特色社会主义法治体系,推进协商民主广泛、多层、制度化发展,培育和践行社会主义核心价值观,推动中华优秀传统文化创造性转化、创新性发展,继承革命文化,发展社会主义先进文化,提高国家文化软实力,牢牢掌握意识形态工作领导权,不断增强人民群众获得感,加强和创新社会治理,坚持总体国家安全观,增强绿水青山就是金山银山的意识等内容写入党章。作出这些充实,对全党更加自觉、更加坚定地贯彻党的基本理论、基本路线、基本方略,统筹推进"五位一体"总体布局具有十分重要的作用。

大会认为,党的十八大以来,习近平同志就加强国防和军队建设、民族团结、"一国两制"和祖国统一、统一战线、外交工作提出一系列重要思想观点,为坚持走中国特色强军之路、维护和发展平等团结互助和谐的社会主义民族关系、推进祖国统一、推动构建人类命运共同体进一步指明了方向。大会同意,把中国共产党坚持对人民解放军和其他人民武装力量的绝对领导,贯彻习近平强军思想,坚持政治建军、改革强军、科技兴军、依法治军,建设一支听党指挥、能打胜仗、作风优良的人民军队,切实保证人民解放军有效履行新时代军队使命任务;铸牢中华民族共同体意识;坚持正确义利观,推动构建人类命运共同体,遵循共商共建共享原则,推进"一带一路"建设等内容写入党章。充实这些内容,有利于加强党对人民军队的绝对领导、提高国防和军队现代化水平,有利于加强民族团结,有利于提高我国开放型经济水平。

……

大会要求,党的各级组织和全体党员在以习近平同志为核心的党中央坚强领导下,高举中国特色社会主义伟大旗帜,以马克思列宁主义、毛泽东思想、邓小平理论、"三个代表"重要思想、科学发展观、习近平新时代中国特色社会主义思想为指导,更加自觉地学习党章、遵守党章、贯彻党章、维护党章,坚持和加强党的全面领导,坚持党要管党、全面从严治党,为决胜全面建成小康社会、夺取新时代中国特色社会主义伟大胜利、实现中华民族伟大复兴的中国梦、实现人民对美好生活的向往继续奋斗!

(内容有删减)

【简析】

本决议由标题、成文日期、正文三部分构成。在会议上通过的决议,一般在标题下以题注的形式注明通过决议的会议及日期。正文由缘由、主体、结尾三部分构成。缘由部分,即第一段,主要说明效力来源;主体部分,以十个"大会认为",说明党章修正的重要成果;结尾部分,即最后一段,提出希望与号召。

二、命令(令)的写作

(一)命令的概念

命令,又称"令",是国家机关依照有关法律发布行政法规和规章,宣布施行重大强制性行政措施,嘉奖有关单位及人员时使用的文种。

(二)命令的特点

1. 作者的限定性

据有关法律规定,全国人民代表大会常务委员会委员长,中华人民共和国主席,国务院及国务院总理,国务院各部、各委员会及其行政首长,县级以上地方各级人民政府及其领导人在法定职权内可以使用命令。其他任何单位和个人均不得发布命令。命令一旦发布,任何个人和组织均不得违背。

2. 效力的强制性

所谓"令行禁止""军令如山",讲的就是命令的强制性特征。受令单位和有关人员必须严格遵守,绝对服从,没有商洽变通的余地。令出必行,违反命令或拒绝执行命令,就要受到惩罚。在现行所有党政公文中,命令是强制性最强的。

3. 行文的严肃性

因为命令具有强制性和权威性,使用命令必须严肃慎重,不能朝令夕改。视命令如儿戏会出现不良结果。

4. 内容的限定性

命令的适用范围有所限制,发布命令必须以法律或法令作为依据。

(三)命令的格式要求

1. 标题

命令的标题有以下三种形式。

(1)发文机关、事由、文种三要素齐全,主要用于行政指挥令,如《国务院关于在我国统一实行法定计量单位的命令》。

(2)由发文机关(或机关领导人)与文种两部分构成,适用于发布令和任免令,如《中华人民共和国主席令》。

(3)直接以某一命令文种作为标题,适用于嘉奖令、通缉令、特赦令等。

2. 编号

命令的编号有两种:当标题三要素齐全时,采用一般公文发文字号来编号;当以领导人名义签署命令时,采用流水号编号,即从该届政府或领导人任职时开始编排,到任期满为止。

3. 正文

不同类型的命令,正文的写作要求有所不同。

1)公布令

公布令是颁布法律、法令和法规时使用的命令。

公布令正文比较简短,一般由颁布对象、颁布根据、颁布决定、执行要求四部分组成。颁布对象,指所公布的法规文件的名称;颁布根据,说明是由什么会议通过或由什么领导机关批准的;颁布决定,即公布或批准的决定,一般有"现予颁布""现予公布施行"等字样;执行要求,一般指公布的法规文件开始生效实施的时间要求。公布令正文后要附上所颁布的法规文件。

公布令的制发者必须是具有制定、发布行政法规、规章权的国家行政机关。如:国家行政法规的制发主体是国务院;部门规章由国务院各部门制发;政府规章即地方人民政府制发的规章,由省、自治区、直辖市,以及省、自治区人民政府所在地的市和经国务院批准的较大的城市、工作计划单列市的人民政府根据法律、行政法规和地方性法规来制定。以上行政法规和规章均可使用公布令来发布。一些地区、部门根据行政法规、地方法规、规章制定的不属于法规、规章的"类规章性文件",不得使用公布令,而应用通知的形式予以发布。

2)行政令

行政令是采取重大强制性行政措施时使用的命令。

行政令的正文一般分为三个部分,即命令缘由、命令事项和执行要求。

命令缘由,着重阐明发令原因,扼要写明发令的背景、形势,揭示发令的目的和意义,使受令方面了解执行此令的重要性,增强执行命令的自觉性。

命令事项,是命令的主体部分,也就是命令所要采取的重大强制性措施。要分条款或分层次写明规定事项、工作要求、方法步骤,文字要写得具体、肯定、简明、庄重,不做议论,使受令方面一目了然,易于执行。

执行要求,是命令事项的补充,对受令方面提出要求和嘱咐。有的令文执行要求已在前面两部分讲明,就不必再单独写出。

3) 嘉奖令

嘉奖令是上级对下级授予荣誉称号、表彰、奖励时使用的命令。

嘉奖令的正文一般包括四个部分,即优秀事迹、性质和意义、嘉奖项目、希望和号召。优秀事迹,是构成嘉奖令的依据和基础,主要写嘉奖对象的英雄模范事迹。嘉奖项目,是嘉奖令的主要部分,要交代是什么机构或什么会议决定给予嘉奖,嘉奖项目有哪些。然后,要根据嘉奖对象的事迹,扼要地写出对受奖者的勉励和对大家的希望。

撰写嘉奖令应注意:第一,嘉奖令并不常用,凡发令嘉奖的,必须是相当突出的英雄模范人物,其功绩显赫,影响甚大,足以让全国人民群众学习;第二,嘉奖令既要叙述事迹,又要议论意义,还要有号召力,这就要求注意语言的运用,要实事求是地概括,不能夸张渲染。

(四)拟写命令的注意事项

拟写命令时,应注意以下几点。

(1) 命令是一种庄重严肃的公文,使用必须审慎,既不能滥用职权,随意发号施令,也不可朝令夕改,使下级无所适从。

(2) 命令的正文部分应写得庄重质朴、简短严谨,主要是传达领导机关的决策,不需要做具体的分析或说明。命令的语气要坚决有力,文字要精练明确,不可使用模棱两可的语言或商量的口吻。

(3) 奖惩令篇幅较长,内容比较丰富,行文感情色彩较重,有很强的号召力和感染力。嘉奖令比较常见。惩罚令很少见,一般以通报的形式代替。

(4) 任免令是命令的一种,但并非所有的任免事项都要用它来公布。重要的人事任免,即中央及国务院各部委的人事任免,通常以命令的形式来公布;其他人事任免,即省级以下的人事任免,常以决定、通知、批复等形式来公布。

(五)例文评析

1. 行政令

国务院关于发行第五套人民币的命令
国务院令第 268 号

为了适应经济发展的需要,进一步完善我国货币制度,提高人民币的防伪性能,现决定:

一、责成中国人民银行自 1999 年 10 月 1 日起陆续发行第五套人民币。第五套人民币有 100 元、50 元、20 元、10 元、5 元、1 元、5 角和 1 角八种面额。

二、第五套人民币与现行人民币的比率为一比一,即第五套人民币 1 元和现行人民币 1 元等值,其余类推。

三、第五套人民币发行后,与现行人民币混合流通,具有同等的货币职能。任何单位或个人,均不得以任何理由拒收其中任何一种人民币。

四、第五套人民币各种券别的发行时间,责成中国人民银行陆续公告。

五、凡破坏第五套人民币发行或借发行新版货币之机,扰乱金融秩序者,均依法惩处。

对上述违法行为,每个公民均有权向当地人民政府和司法机关检举揭发。

总理　朱镕基
1999 年 6 月 30 日

【简析】

此令由命令缘由、命令事项两部分组成。命令缘由中,首先讲述了颁布命令的背景,然后阐明了颁布的目的。命令事项,条理清楚。

2. 奖惩令

国务院　中央军委关于授予金春明同志"雷锋式消防战士"荣誉称号的命令

国函〔2006〕31 号

公安部:

国务院、中央军委决定:授予辽宁省公安消防总队本溪市支队明山区大队特勤中队一班班长金春明"雷锋式消防战士"荣誉称号。

金春明,男,朝鲜族,1977 年 12 月出生,黑龙江省尚志市人,中共党员。金春明同志 1995 年 12 月入伍以来,始终以雷锋同志为榜样,视人民群众的利益高于一切,在平凡的岗位上做出了不平凡的业绩。他忠于职守,英勇顽强,不畏艰险,冲锋在前,共参加灭火救援战斗 1 500 多次,抢救遇险群众 65 人,先后 11 次立功,7 次被评为优秀士兵,被本溪市公安局授予"忠诚卫士"荣誉称号,被公安部授予"模范消防战士"荣誉称号。他胸怀报效祖国和人民的志向,勤学苦练,奋发有为,练就了过硬本领,曾连续三年获得本溪市公安消防支队技能大比武冠军,先后被评为辽宁省公安消防部队"十大杰出官兵""十佳战斗班班长"和全国公安消防部队执勤岗位练兵"十佳技术能手"。他牢记为人民服务的宗旨,心系群众,爱民为民,以弘扬雷锋精神为己任,长期照顾孤寡老人,全力资助贫困学生,深受驻地人民群众的好评,曾先后 8 次被评为已优秀共产党员,分别被共青团本溪市委员会和本溪市委精神文明建设指导委员会办公室授予"希望工程特殊贡献奖"和"学雷锋标兵"荣誉称号,先后荣获"辽宁省雷锋奖章""辽宁省青年五四奖章"和"中国青年五四奖章",并被评为全国民族团结进步模范个人、军民共建社会主义精神文明先进个人。

金春明同志忠于党的事业,在生与死的考验中,敢于赴汤蹈火、冲锋陷阵,为保卫人民群众的生命财产安全做出了突出贡献。他爱岗敬业,爱警习武,苦练本领,勇攀高峰,是新时期消防官兵的杰出代表。他自觉传承、大力弘扬雷锋精神,从警为民,乐于奉献,为人民抛洒一片爱心,是新时期青年的楷模。金春明同志以朴实无华、一心为民的高尚情操、勇攀高峰的进取精神、精湛过人的专业技能、冲锋在前的英雄气概、无私奉献的优秀品德,忠实地践行了"三个代表"重要思想和全心全意为人民服务的宗旨,用雷锋精神抒写了新时期革命军人爱民为民的壮丽诗篇。

国务院、中央军委号召全体公安民警、武警官兵和全军指战员以金春明同志为榜样,认真学习邓小平理论和"三个代表"重要思想,牢固树立和落实科学发展观,继承和发扬我党、我军优良传统,不断提高队伍的整体素质和战斗力,全心全意为人民服务,努力完成党和人民赋予的各项任务,为保障人民安居乐业和全面建设小康社会做出新贡献。

国务院总理　温家宝
中央军委主席　胡锦涛
二○○六年五月二日

【简析】

此令主要由嘉奖决定、嘉奖原因(即先进事迹)、重要意义、希望和号召四部分构成,有针对性、鼓动性,可以起到宣传教育的效果。

三、决定的写作

(一)决定的概念

决定适用于对重要事项或者重大行动做出安排,奖惩有关单位及人员,变更或者撤销下级机关不适当的决定事项,是一种具有决策、指挥性质的公文。决定既可以是经会议讨论通过的,也可由领导机关根据职权或有关规定做出。

(二)决定的特点

1. 权威性

决定是对重要事项或重大行动做出的安排,具有决策、指挥的性质,因而具有权威性。

2. 指导性

决定用于记载或传达党和国家领导机关对重要事项或重大行动的决策,有较强的政策性和理论性,具有指导下级机关工作的作用。

3. 决断性

决定,"决"即"决断","定"即"定夺"。发文机关根据有关方针政策及现实需要,在法定范围内,有权对有关事项、行动做出安排,不受其他条件、因素的制约。

4. 法规性

决定是为了规范收文机关及人员的行为而做出的安排,收文机关及人员必须坚决遵守执行。

(三)决定的分类

决定可以分为以下几类。

(1)部署性决定,即对重要事项做出处理或安排的决定,常用于领导机关对重大的政治活动、行政活动、经济活动等做出安排。撰写这种决定,要讲政治,看清形势,说明其重要性或必要性,使下级机关能充分明确目标,增强执行的自觉性与准确性,如《国务院关于整顿和规范市场经济秩序的决定》。

(2)公布性决定,用于公布被批准或修改的文件,以及由政府部门制定的行政法规,如《全国人民代表大会常务委员会关于批准〈经济、社会及文化权利国际公约〉的决定》。

(3)变更性决定,适用于变更或撤销下级机关不适当的决定事项,如《广东省人民代表大会常务委员会关于××县七届人大第一次会议选举县长结果无效的决定》。

(四)决定的格式要求

1. 标题

决定的标题一般情况下是发文机关、事由、文种三要素齐全,如《中共中央 国务院关于卫生改革与发展的决定》,少数由发文机关和文种构成。

2. 通过时间

会议通过的决定,以题注的形式注明通过决定的会议名称和日期,正文写完后,不再落款。一般决定需要在落款处注明发文机关和成文日期。

3. 正文

正文一般包括以下几个部分。

(1)开头。写明制发的缘由,即制发的原因、目的或意义。制发缘由应充分与适当。

(2)主体。写对重要问题或重大行动所做决定的具体内容。决定事项应明确、具体。

(3)结束语。末尾一般要表示要求、号召和希望,但不是每篇都必须写这些内容。

(五)拟写决定的注意事项

拟写决定时,应注意以下几点。

(1)关于表彰先进、授予荣誉称号或者惩罚错误的公文:一般,授予重要的荣誉称号可用命令;在有关法规、规章及条例、条令中有明确规定的奖惩事项可用决定;一般的批评错误可用通报。

(2)决定用于提出重大的工作任务;指示用于贯彻方针、政策,对下级机关布置工作任务并做指导性指导。指示比决定稍显具体。国家行政机关只可使用决定,党的机关可使用决定与指示两个文种。

(3)决定内容必须符合党和国家的有关方针、政策、法律、法规,并与上级或同级机关的有关规定保持一致,与本机关的原有规定紧密衔接,不得抵触或者矛盾,注意政策的连续性。

(六)例文评析

省政府关于2020年度江苏省科学技术奖励的决定

(苏政发〔2021〕3号)

各市、县(市、区)人民政府,省各委办厅局,省各直属单位:

为深入实施创新驱动发展战略,充分调动和激发科技人员创新创业积极性,根据《江苏省科学技术奖励办法》的规定,经省科学技术奖励评审委员会组织评审,并报省人民政府批准,决定授予中国工程院院士、中国电子科技集团公司第十四研究所教授贲德和中国科学院院士、南京大学教授郑有炓 2020年度江苏省科学技术突出贡献奖;授予"超高时空分辨率认知型显示关键技术及应用"等271个项目2020年度江苏省科学技术奖,其中,一等奖45项、二等奖74项、三等奖152项;授予瑞声光电科技(常州)有限公司等10家企业2020年度江苏省企业技术创新奖;授予罗伯特·道格拉斯·埃文斯(Robert Douglas

Evans)等7人2020年度江苏省国际科学技术合作奖。

当前,全省上下正以习近平新时代中国特色社会主义思想为指导,全面贯彻党的十九大、十九届二中三中四中五中全会精神和习近平总书记对江苏工作的重要指示要求,深入落实新发展理念,着力构建新发展格局,坚持创新核心地位,推进科技自立自强,加快科技强省建设,勇当科技和产业创新的开路先锋。希望获奖单位和个人珍惜荣誉、再接再厉、开拓进取、继续奋斗,努力在新起点上展现新作为、创造新业绩。全省广大科技工作者要以获奖人员为榜样,永葆初心、牢记使命,坚持"四个面向",继续发扬服务国家、造福人民的光荣传统和追求真理、勇攀高峰的科学精神,争当新时代科技强省建设的引领者、推动者、实践者,着力打好关键核心技术攻坚战,着力加强基础研究和原始创新,着力加快科技成果向生产力转化,着力构建以企业为主体、市场为导向、产学研深度融合的技术创新体系,为在新发展阶段"争当表率、争做示范、走在前列"、谱写好"强富美高"新江苏建设新篇章作出新的更大贡献。

附件:2020年度江苏省科学技术奖获奖名单

江苏省人民政府

2021年1月7日

【简析】

本文为江苏省政府对2020年度科学技术奖励工作的重要安排。撰写这种决定,要讲政治,要看清形势,说明其重要性或必要性,使下级机关能充分明确目标,增强其执行的自觉性与准确性。

总体上,正文可以分为三部分。第一部分为第一段前半部分(开始到"决定授予"),讲述决定的目的、依据与评审过程;第二部分为第一段后半部分,是决定的事项,即授予哪些奖项;第三部分为第二段,讲述决定的背景、执行要求与希望号召。

四、意见的写作

(一)意见的概念

意见是对某项事业或工作提出见解和处理办法的指导性的公文。意见使用的范围非常广泛,不论哪个领域、哪个部门或个人要提出或陈述建议与设想,都可以使用意见这一文种。

意见主要包括政策性意见和工作性意见。

(二)意见的特点

1. 内容的针对性

意见总是根据现实的需要,针对某一重要的问题提出见解和处理意见,通常不是具体的工作安排,而是宏观上提出见解和处理意见,要求收文单位结合实际情况,参照文件精神来办理,有一定的灵活性。

2. 行文的多向性

当下级机关有重要问题向上级反映并提出意见时,意见可以是上行文;当上级机关就某一重大问题向下级机关提出意见并做出安排时,意见可以是下行文;意见还可以是平行文。

3. 功用的指导性或建议性

上级机关执法的意见,对下级机关具有原则上的指导作用;下级机关对超出自己职权范围的问题,向上级机关呈送意见,对上级机关批准或认可起到建议和参考作用。

(三)意见的格式要求

1. 标题

意见的标题由制发意见的机关名称、事由、文种三个部分组成。如由两个以上机关联合制发,在标题处应标明。

2. 正文

正文一般包括以下几个方面的内容。

(1)制发的依据或原因。意见的开头应依据某一政策或精神,针对某一现象或问题,简要说明制发意见的依据、意义或原因,其目的是使执行者明确制发这份意见的重要意义,从而增强执行意见的自觉性和主动性。

(2)意见内容。意见内容即意见的主体,包括指导原则、工作任务、措施步骤及其他有关事项,这部分篇幅的长短依据内容而定。

(3)执行要求。这部分是意见内容的延续与补充,多用于交代时限要求、注意事项、希望等。

(四)拟写意见的注意事项

拟写意见时,应注意以下几点。

(1)拟写意见,必须具有明确的政策依据与法规依据。

(2)应从实际出发,意见最重要的是讲究建设性与可行性。

(3)意见的内容应明确具体,即工作目标明确,政策界限清楚,措施方法具体、得当。

(五)例文评析

关于进一步激励广大干部新时代新担当新作为的意见

为深入贯彻习近平新时代中国特色社会主义思想和党的十九大精神,紧紧围绕统筹推进"五位一体"总体布局和协调推进"四个全面"战略布局,教育引导广大干部为决胜全面建成小康社会、夺取新时代中国特色社会主义伟大胜利、实现中华民族伟大复兴的中国梦不懈奋斗,现就建立激励机制和容错纠错机制,进一步激励广大干部新时代新担当新作为,提出如下意见。

一、大力教育引导干部担当作为、干事创业。坚持用习近平新时代中国特色社会主义思想武装干部头脑,增强干部信心,增进干部自觉,鼓舞干部斗志。坚持严管和厚爱结合、激励和约束并重,教育引导广大干部不忘初心、牢记使命,强化"四个意识",坚定"四个自信",以对党忠诚、为党分忧、为党尽职、为民造福的政治担当,满怀激情地投入新时代中国特色社会主义伟大实践。教育引导广大干部深刻领会新时代、新思想、新矛盾、新目标提出的新要求,以时不我待、只争朝夕、勇立潮头的历史担当,努力改革创新、攻坚克难,不断锐意进取、担当作为。教育引导广大干部不负党和人民重托,以守土有责、守土负责、守土尽责的责任担当,在其位、谋其政、干其事、求其效,努力作出无愧于时代、无愧于人民、无愧于历史的业绩。各级领导干部要切实发挥示范表率作用,带头履职尽责,带头担当作为,带头承担责任,一级带着一级干,一级做给一级看,以担当带动担当,以作为促进作为。

二、鲜明树立重实干重实绩的用人导向。坚持好干部标准,突出信念过硬、政治过硬、责任过硬、能力过硬、作风过硬,大力选拔敢于负责、勇于担当、善于作为、实绩突出的干部。坚持从对党忠诚的高度看待干部是否担当作为,注重从精神状态、作风状况考察政治素质,既看日常工作中的担当,又看大事要事难事中的表现。坚持有为才有位,突出实践实干实效,让那些想干事、能干事、干成事的干部有机会有舞台。坚持全面历史辩证地看待干部,公平公正对待干部,对个性鲜明、坚持原则、敢抓敢管、不怕得罪人的干部,符合条件的要大胆使用。坚持优者上、庸者下、劣者汰,对巡视等工作中发现的贯彻执行党的路线方针政策和决策部署不坚决不全面不到位等问题,组织部门要及时跟进,对不担当不作为的干部,根据具体情节该免职的免职、该调整的调整、该降职的降职,使能上能下成为常态。

三、充分发挥干部考核评价的激励鞭策作用。适应新时代新任务新要求,完善干部考核评价机制,切实解决干与不干、干多干少、干好干坏一个样的问题。突出对党中央决策部署贯彻执行情况的考核,制定出台党政领导干部考核工作条例,改进年度考核,推进平时考核,构建完整的干部考核工作制度体系。……

四、切实为敢于担当的干部撑腰鼓劲。建立健全容错纠错机制,宽容干部在改革创新中的失误错误,把干部在推进改革中因缺乏经验、先行先试出现的失误错误,同明知故犯的违纪违法行为区分开来;把尚无明确限制的探索性试验中的失误错误,同明令禁止后依然我行我素的违纪违法行为区分开来;把为推动发展的无意过失,同为谋取私利的违纪违法行为区分开来。……

五、着力增强干部适应新时代发展要求的本领能力。按照建设高素质专业化干部队伍要求,强化能力培训和实践锻炼,提高专业思维和专业素养,涵养干部担当作为的底气和勇气。加强专业知识、专业能力培训,促使广大干部全面提高学习本领、政治领导本领、改革创新本领、科学发展本领、依法执政本领、群众工作本领、狠抓落实本领、驾驭风险本领。……

六、满怀热情关心关爱干部。坚持严格管理和关心信任相统一,政治上激励、工作上支持、待遇上保障、心理上关怀,增强干部的荣誉感、归属感、获得感。完善和落实谈心谈话制度,注重围绕深化党和国家机构改革等重大任务做好思想政治工作,及时为干部释疑解惑、加油鼓劲。……

七、凝聚形成创新创业的强大合力。各级党组织要深刻把握新时代新使命新征程,切实增强政治领导力、思想引领力、群众组织力、社会号召力,大力弘扬中华民族的伟大创造精神、伟大奋斗精神、伟大团结精神、伟大梦想精神,让广大干部聪明才智充分涌流,让各类人才创造活力竞相迸发,形成锐意改革、攻坚克难的良好社会风尚。加强科学统筹,制定和执行政策坚持具体问题具体分析,坚持分类指导、精准施策,充分发挥政策的激励引导和保障支持作用。大兴调查研究之风,尊重基层首创精神,鼓励基层结合实际探索创新,充分调动干事创业的积极性。……

(内容有删减)

【简析】

《关于进一步激励广大干部新时代新担当新作为的意见》由中共中央办公厅于2018年5月20日印发并实施,主要为深入贯彻习近平新时代中国特色社会主义思想和党的十九大精神,紧紧围绕统筹推进"五位一体"总体布局和协调推进"四个全面"战略布局,教育引导广大干部为决胜全面建成小康社会、夺取新时代中国特色社会主义伟大胜利、实现中华民族伟大复兴的中国梦不懈奋斗,就建立激励机制和容错纠错机制,进一步激励广大干部新时代新担当新作为提出的意见。

《意见》主要有三个特点。一是宣示性。坚持正向激励主基调,立足事业需要,回应群众呼声,顺应干部期待,体现倡导性、引领力,释放出促进干部积极作为、奋进奋发的强烈信号。二是指导性。坚持目标导向和问题导向相结合,着眼解决干部选拔任用、考核评价、容错纠错等方面的重点难点问题,提出原则性要求,为各级党组织结合实际抓好落实提供遵循。三是统筹性。坚持系统谋划、综合施策,不是单从干部工作某个方面做出规定,而是统筹考虑影响干部积极性的因素,着力将干部选育管用的各个环节衔接起来,将政治教育、思想引导、待遇保障、人文关怀等方面贯通起来,做出整体性部署、制度化安排。

任务实施

1. 根据下面提供的材料,选择正确答案。

×××××××××(标题)

各区县人民政府,市政府各委办局,市各直属单位:

2003年,在市委、市政府的领导下,全市上下以"三个代表"重要思想为指导,认真学习贯彻党的十六届三中全会和全国再就业工作座谈会精神,与时俱进,开拓创新,劳动和社会保障工作取得显著成效,圆满完成了年初确定的工作目标和任务。两个确保成果继续得到巩固,实现了离退休人员养老金、下岗职工基本生括费和失业保险金100%发放;市场导向和社会援助就业机制基本形成,就业、再就业空间进一步拓展;社会保险覆盖面不断扩大,保障水平进一步提高;职业技能培训逐步走向市场化、社会化;劳动保障立法步伐加快,依法调节劳资关系化解社会矛盾的工作机制进一步完善;深化劳动工资分配制度改革取得积极进展;劳动保障信息化水平和街道、社区平台建设处在全国同类型城市前列。

希望受表彰的单位和个人珍惜荣誉,谦虚谨慎,再接再厉,为加快推进全市劳动和社会保障工作做出更大贡献!全市上下要学先进、赶先进,进一步增强做好劳动和社会保障工作的历史使命感和责任感,进一步脚塌实地、扎实工作,努力开创我市劳动和社会保障工作的新局面。

为树立典型,表彰先进,激励全市上下进一步做好劳动和社会保障工作,市政府决定:

对××区等42家劳动和社会保障工作先进单位和李××同志等77名劳动和社会保障工作先进个人进行表彰(具体名单附后)。

附件:××市2003年度劳动和社会保障工作先进单位和先进个人名单

××市人民政府

二〇〇四年二月十八日

(1)本文的公文文种应该是(　　)。

A.通知　　B.通报　　C.命令　　D.决定

(2)下列关于本文的标题写法(××代表文种名称)最合适的是(　　)。

A. 关于表彰2003年度劳动和社会保障工作先进单位和个人的××

B. 关于2003年度劳动和社会保障工作先进单位和个人的表彰××

C. 关于表彰2003年度劳动和社会保障工作先进单位和先进个人的××

D. 关于2003年度劳动和社会保障工作先进单位和先进个人的表彰××

(3)本文正文中标点符号使用不当的有(　　)。

A.1个　　B.2个　　C.3个　　D.4个

(4)下列对本文的说法正确的是(　　)。

A. 主送机关不符合"一头主送"原则

B. 附件的位置不对

C. 落款处的发文机关少了"中共××市委"

D. 正文层次和逻辑有误,第二、三自然段颠倒

(5)本文中的错别字有(　　)。

A.1个　　B.2个　　C.3个　　D.4个以上

2.某市民警张军、李明为保护人民生命财产安全,与持枪歹徒搏斗,身负重伤,省公安厅为此做出表彰决定,并授予他们"优秀人民警察"称号。请代省公安厅起草该决定。

3.以校招生就业办公室的名义向学校写一份关于做好2010年招生就业工作的意见。

任务四　公布知照类公文的写作

知识目标
◆理解公布知照类公文的概念、分类、格式要求与写作的注意事项。
能力目标
◆提高对公布知照类公文相应工作情景的理解与分析能力；
◆掌握公布知照类公文的格式要求与写作的注意事项，能够熟练进行此类公文的写作。
素质目标
◆培养学生严谨、有条理的逻辑思维能力。

课程思政点
◆《中国共产党第十九届中央委员会第五次全体会议公报》。

任务引入

江苏厚生机电有限公司准备召开创建安全文化建设示范企业会议，请代公司办公室拟写一份会议通知。会议通知的主体内容一般包括：会议时间、会议地点、参会人员、准备材料等相关事项。

任务分析

公布知照类公文主要包括公告、通告、通知、通报、公报等文种。此类公文与人们的工作、学习、生活密切相关，基本功能是面向有关地区、单位公布和知照事项，以便上级的方针、政策得以有效贯彻执行。

本任务主要是让学生理解此类文种的含义、特点、分类等，掌握其格式要求与写作的注意事项，从而熟练地进行此类公文的写作。撰写此类公文，力求做到准确务实、深入浅出、通俗易懂、简洁凝练，确保收文单位及相关读者能够准确、完整地接收公务信息。

相关知识

一、公报的写作

（一）公报的概念

公报也称为新闻公报，是党政机关和人民团体公开发布重大事件或重要决定事项的报道性公文，是党和国家经常使用的重要文种。公报具有权威性、指导性和新闻性。

(二)公报的类型

公报分为以下几种类型。

(1)会议公报,是用以报道重要会议或会谈的决定的公报。这种公报一般用于党中央召开的会议。

(2)事项公报,是党的高级领导机关用以发布重大情况、重要事件的文件。高层行政机关、部门向人民群众公布重大决策、重要事项或重大措施时有时也使用此类公报。

(3)联合公报,是一种具有特殊用途的公报,用以发布国家之间、政党之间、团体之间经过会议达成的某种协议。

(三)公报的格式要求

1. 首部

公报的首部一般包括以下两个部分。

(1)标题。公报的标题常见的有三种形式:第一种是只写文种,如《新闻公报》;第二种由会议名称和文种构成;第三种是联合公报,由发布公报的双方或多方国家的简称、事由、文种构成。

(2)成文时间。用括号在标题之下正中位置注明公报发布的日期。

2. 正文

公报的正文一般包括以下两个部分。

(1)开头,即前言部分。事件性公报要求用最鲜明、最精练的语言概述事件的核心内容,即何时、何地、发生了什么重大事件;会议性公报要求概述会议的名称、时间、地点、参加人员等;联合公报要求概述公报的来由,即在何时、何地、谁与谁举行了什么会谈或谁对谁进行了什么性质的访问等。

(2)主体。主体是公报的核心内容,要求把公报的内容完整、系统、有序地表达清楚。常见的有三种写作形式:第一种是分段式,即每段说明一层意思或一项决定;第二种是序号式,多用于内容复杂的公报;第三种是条款式,多用于联合公报。

3. 尾部

事件性公报和会议性公报一般没有尾部;联合公报要在正文之后写明双方签署人的身份、姓名,并写明签署日期和地点。

(四)例文评析

中国共产党第十九届中央委员会第五次全体会议公报

(2020年10月29日中国共产党第十九届中央委员会第五次全体会议通过)

中国共产党第十九届中央委员会第五次全体会议,于2020年10月26日至29日在北京举行。

出席这次全会的有,中央委员198人,候补中央委员166人。中央纪律检查委员会常务委员会委员和有关方面负责同志列席会议。党的十九大代表中的部分基层同志和专家学者也列席会议。

全会由中央政治局主持。中央委员会总书记习近平作了重要讲话。

全会听取和讨论了习近平受中央政治局委托作的工作报告,审议通过了《中共中央关于制定国民经济和社会发展第十四个五年规划和二〇三五年远景目标的建议》。习近平就《建议(讨论稿)》向全会作了说明。全会充分肯定党的十九届四中全会以来中央政治局的工作。一致认为,一年来,中央政治局高举中国特色社会主义伟大旗帜,坚持以马克思列宁主义、毛泽东思想、邓小平理论、"三个代表"重要思想、科学发展观、习近平新时代中国特色社会主义思想为指导,全面贯彻党的十九大和十九届二中、三中、四中全会精神,增强"四个意识"、坚定"四个自信"、做到"两个维护",统筹推进"五位一体"总体布局,协调推进"四个全面"战略布局,坚持稳中求进工作总基调,坚持新发展理念,坚定不移推进改革开放,沉着有力应对各种风险挑战,统筹新冠肺炎疫情防控和经济社会发展工作,把人民生命安全和身体健康放在第一位,把握扩大内需这个战略基点,深化供给侧结构性改革,加大宏观政策应对力度,扎实做好"六稳"工作、全面落实"六保"任务,坚决维护国家主权、安全、发展利益,疫情防控工作取得重大战略成果,三大攻坚战扎实推进,经济增长好于预期,人民生活得到有力保障,社会大局保持稳定,中国特色大国外交积极推进,党和国家各项事业取得新的重大成就。

全会一致认为,面对错综复杂的国际形势、艰巨繁重的国内改革发展稳定任务特别是新冠肺炎疫情严重冲击,以习近平同志为核心的党中央不忘初心、牢记使命,团结带领全党全国各族人民砥砺前行、开拓创新,奋发有为推进党和国家各项事业,战胜各种风险挑战,中国特色社会主义的航船继续乘风破浪、坚毅前行。实践再次证明,有习近平同志作为党中央的核心、全党的核心领航掌舵,有全党全国各族人民团结一心、顽强奋斗,我们就一定能够战胜前进道路上出现的各种艰难险阻,一定能够在新时代把中国特色社会主义更加有力地推向前进。

全会高度评价决胜全面建成小康社会取得的决定性成就。"十三五"时期,全面深化改革取得重大突破,全面依法治国取得重大进展,全面从严治党取得重大成果,国家治理体系和治理能力现代化加快推进,中国共产党领导和我国社会主义制度优势进一步彰显;经济实力、科技实力、综合国力跃上新的大台阶,经济运行总体平稳,经济结构持续优化,预计二〇二〇年国内生产总值突破一百万亿元;脱贫攻坚成果举世瞩目,五千五百七十五万农村贫困人口实现脱贫;粮食年产量连续五年稳定在一万三千亿斤以上;污染防治力度加大,生态环境明显改善;对外开放持续扩大,共建"一带一路"成果丰硕;人民生活水平显著提高,高等教育进入普及化阶段,城镇新增就业超过六千万人,建成世界上规模最大的社会保障体系,基本医疗保险覆盖超过十三亿人,基本养老保险覆盖近十亿人,新冠肺炎疫情防控取得重大战略成果;文化事业和文化产业繁荣发展;国防和军队建设水平大幅提升,军队组织形态实现重大变革;国家安全全面加强,社会保持和谐稳定。"十三五"规划目标任务即将完成,全面建成小康社会胜利在望,中华民族伟大复兴向前迈出了新的一大步,社会主义中国以更加雄伟的身姿屹立于世界东方。

全会强调,全党全国各族人民要再接再厉、一鼓作气,确保如期打赢脱贫攻坚战,确保如期全面建成小康社会、实现第一个百年奋斗目标,为开启全面建设社会主义现代化国家新征程奠定坚实基础。

全会深入分析了我国发展环境面临的深刻复杂变化,认为当前和今后一个时期,我国发展仍然处于重要战略机遇期,但机遇和挑战都有新的发展变化。当今世界正经历百年未有之大变局,新一轮科技革命和产业变革深入发展,国际力量对比深刻调整,和平与发展仍然是时代主题,人类命运共同体理念深入人心,同时国际环境日趋复杂,不稳定性不确定性明显增加。我国已转向高质量发展阶段,制度优势显著,治理效能提升,经济长期向好,物质基础雄厚,人力资源丰富,市场空间广阔,发展韧性强劲,社会大局稳定,继续发展具有多方面优势和条件,同时我国发展不平衡不充分问题仍然突出,重点领域关键环节改革任务仍然艰巨,创新能力不适应高质量发展要求,农业基础还不稳固,城乡区域发展和收入分配差距较大,生态环保任重道远,民生保障存在短板,社会治理还有弱项。全党要统筹中华民族伟大复兴战略全局和世界百年未有之大变局,深刻认识我国社会主要矛盾变化带来的新特征新要求,深刻认识错综复杂的国际环境带来的新矛盾新挑战,增强机遇意识和风险意识,立足社会主义初级阶段基本国情,保持战略定力,办好自己的事,认识和把握发展规律,发扬斗争精神,树立底线思维,准确识变、科学应变、主动求变,善于在危机中育先机、于变局中开新局,抓住机遇,应对挑战,趋利避害,奋勇前进。

全会提出了到二〇三五年基本实现社会主义现代化远景目标,这就是:我国经济实力、科技实力、综合国力将大幅跃升,经济总量和城乡居民人均收入将再迈上新的大台阶,关键核心技术实现重大突破,进入创新型国家前列;基本实现新型工业化、信息化、城镇化、农业现代化,建成现代化经济体系;基本实现国家治理体系和治理能力现代化,人民平等参与、平等发展权利得到充分保障,基本建成法治国家、法治政府、法治社会;建成文化强国、教育强国、人才强国、体育强国、健康中国,国民素质和社会文明程度达到新高度,国家文化软实力显著增强;广泛形成绿色生产生活方式,碳排放达峰后稳中有降,生态环境根本好转,美丽中国建设目标基本实现;形成对外开放新格局,参与国际经济合作和竞争新优势明显增强;人均国内生产总值达到中等发达国家水平,中等收入群体显著扩大,基本公共服务实现均等化,城乡区域发展差距和居民生活水平差距显著缩小;平安中国建设达到更高水平,基本实现国防和军队现代化;人民生活更加美好,人的全面发展、全体人民共同富裕取得更为明显的实质性进展。

全会提出了"十四五"时期经济社会发展指导思想和必须遵循的原则,强调要高举中国特色社会主义伟大旗帜,深入贯彻党的十九大和十九届二中、三中、四中、五中全会精神,坚持以马克思列宁主义、毛泽东思想、邓小平理论、"三个代表"重要思想、科学发展观、习近平新时代中国特色社会主义思想为指导,全面贯彻党的基本理论、基本路线、基本方略,统筹推进经济建设、政治建设、文化建设、社会建设、生态文明建设的总体布局,协调推进全面建设社会主义现代化国家、全面深化改革、全面依法治国、全面从严治党的战略布局,坚定不移贯彻创新、协调、绿色、开放、共享的新发展理念,坚持稳中求进工作总基调,以推动高质量发展为主题,以深化供给侧结构性改革为主线,以改革创新为根本动力,以满足人民日益增长的美好生活需要为根本目的,统筹发展和安全,加快建设现代化经济体系,加快构建以国内大循环为主体、国内国际双循环相互促进的新发展格局,推进国家治理体系和治理能力现代化,实现经济行稳致远、社会安定和谐,为全面建设社会主义现代化国家开好局、起好步。坚持党的全面领导,坚持和完善党领导经济社会发展的体制机制,坚持和完善中国特色社会主义制度,不断提高贯彻新发展理念、构建新发展格局能力和水平,为实现高质量发展提供根本保证。坚持以人民为中心,坚持新发展理念,坚持深化改革开放,坚持系统观念。

全会提出了"十四五"时期经济社会发展主要目标,这就是:经济发展取得新成效,在质量效益明显提升的基础上实现经济持续健康发展,增长潜力充分发挥,国内市场更加强大,经济结构更加优化,创新能力显著提升,产业基础高级化、产业链现代化水平明显提高,农业基础更加稳固,城乡区域发展协调性明显增强,现代化经济体系建设取得重大进展;改革开放迈出新步伐,社会主义市场经济体制更加完善,高标准市场体系基本建成,市场主体更加充满活力,产权制度改革和要素市场化配置改革取得重大进展,公平竞争制度更加健全,更高水平开放型经济新体制基本形成;社会文明程度得到新提高,社会主义核心价值观深入人心,人民思想道德素质、科学文化素质和身心健康素质明显提高,公共文化服务体系和文化产业体系更加健全,人民精神文化生活日益丰富,中华文化影响力进一步提升,中华民族凝聚力进一步增强;生态文明建设实现新进步,国土空间开发保护格局得到优化,生产生活方式绿色转型成效显著,能源资源配置更加合理、利用效率大幅提高,主要污染物排放总量持续减少,生态环境持续改善,生态安全屏障更加牢固,城乡人居环境明显改善;民生福祉达到新水平,实现更加充分更高质量就业,居民收入增长和经济增长基本同步,分配结构明显改善,基本公共服务均等化水平明显提高,全民受教育程度不断提升,多层次社会保障体系更加健全,卫生健康体系更加完善,脱贫攻坚成果巩固拓展,乡村振兴战略全面推进;国家治理效能得到新提升,社会主义民主法治更加健全,社会公平正义进一步彰显,国家行政体系更加完善,政府作用更好发挥,行政效率和公信力显著提升,社会治理特别是基层治理水平明显提高,防范化解重大风险体制机制不断健全,突发公共事件应急能力显著增强,自然灾害防御水平明显提升,发展安全保障更加有力,国防和军队现代化迈出重大步伐。

全会提出,坚持创新在我国现代化建设全局中的核心地位,把科技自立自强作为国家发展的战略支撑,面向世界科技前沿、面向经济主战场、面向国家重大需求、面向人民生命健康,深入实施科教兴国战略、人才强国战略、创新驱动发展战略,完善国家创新体系,加快建设科技强国。要强化国家战略科技力量,提升企业技术创新能力,激发人才创新活力,完善科技创新体制机制。

全会提出,加快发展现代产业体系,推动经济体系优化升级。坚持把发展经济着力点放在实体经济上,坚定不移建设制造强国、质量强国、网络强国、数字中国,推进产业基础高级化、产业链现代化,提高经济质量效益和核心竞争力。要提升产业链供应链现代化水平,发展战略性新兴产业,加快发展现代服务业,统筹推进基础设施建设,加快建设交通强国,推进能源革命,加快数字化发展。

全会提出,形成强大国内市场,构建新发展格局。坚持扩大内需这个战略基点,加快培育完整内需体系,把实施扩大内需战略同深化供给侧结构性改革有机结合起来,以创新驱动、高质量供给引领和创造新需求。要畅通国内大循环,促进国内国际双循环,全面促进消费,拓展投资空间。

全会提出,全面深化改革,构建高水平社会主义市场经济体制。坚持和完善社会主义基本经济制度,充分发挥市场在资源配置中的决定性作用,更好发挥政府作用,推动有效市场和有为政府更好结合。要激发各类市场主体活力,完善宏观经济治理,建立现代财税金融体制,建设高标准市场体系,加快转变政府职能。

全会提出,优先发展农业农村,全面推进乡村振兴。坚持把解决好"三农"问题作为全党工作重中之重,走中国特色社会主义乡村振兴道路,全面实施乡村振兴战略,强化以工补农、以城带乡,推动形成工农互促、城乡互补、协调发展、共同繁荣的新型工农城乡关系,加快农业农村现代化。要保障国家粮食安全,提高农业质量效益和竞争力,实施乡村建设行动,深化农村改革,实现巩固拓展脱贫攻坚成果同乡村振兴有效衔接。

全会提出,优化国土空间布局,推进区域协调发展和新型城镇化。坚持实施区域重大战略、区域协调发展战略、主体功能区战略,健全区域协调发展体制机制,完善新型城镇化战略,构建高质量发展的国土空间布局和支撑体系。要构建国土空间开发保护新格局,推动区域协调发展,推进以人为核心的新型城镇化。

……………

全会强调,实现"十四五"规划和二〇三五年远景目标,必须坚持党的全面领导,充分调动一切积极因素,广泛团结一切可以团结的力量,形成推动发展的强大合力。要加强党中央集中统一领导,推进社会主义政治建设,健全规划制定和落实机制。要保持香港、澳门长期繁荣稳定,推进两岸关系和平发展和祖国统一。要高举和平、发展、合作、共赢旗帜,积极营造良好外部环境,推动构建新型国际关系和人类命运共同体。

全会号召,全党全国各族人民要紧密团结在以习近平同志为核心的党中央周围,同心同德,顽强奋斗,夺取全面建设社会主义现代化国家新胜利!

(内容略有删减)

【简析】

会议公报是用以报道重要会议或会谈的决定和情报的公报,一般用于党中央召开的会议。会议公报主要由两部分构成。第一部分是会议概况,简要说明会议的名称、时间、地点、出席情况;第二部分是会议内容,一般以"会议"为第一人称来讲述,如"会议强调""会议号召"等。

二、公告的写作

(一)公告的概念

公告,适用于向国内外宣布重要事项或者法定事项,属于公布知照类公文。公告面向国内外社会公开发布,具有高度的庄严性与权威性。

公告是公布知照类的下行文,主要用于国家高层领导机关依照法定程序颁布法律法规,宣告重大国事活动,说明采取重大行动的目的,宣布禁止妨害国家和公共利益的行为的有关规定,以及其他需要人民群众了解的事项。人民法院、航空运输、海关、邮政、银行等特殊部门告知中外某些重要事项,也可采用公告。

（二）公告的分类

根据内容、性质与发布机关的不同，公告可分为以下两类。

(1)向国内外宣布重大事项的公告。它通常以国家机关的名义或者授权新华社向国内外庄重宣布某一重大事项，如宣布国家领导人的选举结果，颁布法律和重要法令，公布重大科技成果等。

(2)宣布影响面广大的专门事项的公告。这类公告是由有关职能部门依照法定程序发布的，有的也因涉外工作的需要而发布，如公布企业破产的公告、企业换证公告、质量监督公告等。

（三）公告的格式要求

1. 标题

公告的标题通常由发文机关、事由和文种组成（标题中三部分的顺序可以稍做变动），有的由发文机关和文种组成，有的则直接以"公告"表示。如果发文机关为授权机关，还要在标题中写明"授权"字样。

2. 正文

公告的正文通常不是很长，多由告知内容和结束语构成。告知内容如属纯知照性的，只需写明事实即可；如属对被告知一方有所要求的，要写明有关要求。结束语常用"现予公告""特此公告"等，以体现权威性、庄严性。

公告是告知重大事项时使用的公文，正文不能写得冗长，不必要的叙述、议论和说明必须去掉。语言应朴实庄重、鲜明准确。

3. 署名

发文机关名称一般要用全称，若是几个机关共同发文，可用习惯的规范简称，也可以由签发文件的领导人在落款处签署姓名。政府机关的公告有时可将署名中的发文机关省略，日期移至标题之下。

（四）拟写公告的注意事项

拟写公告时，应注意以下几点。

(1)公告的发布方式。公告一般不以公文形式下发，主要采用报纸、广播、电视、网络等大众传播媒介予以公布。除非特殊需要，公告一般不采用招贴形式。

(2)公告是国家党政公文的一种，具有高规格性。应注意公告的使用权限，公告原则上应由国家的较高领导机关使用，以向国内外宣告重大事宜。基层单位和业务部门不能滥用公告。日常生活中常见的"促销公告""开奖公告"等，都是对公告的误用。

(3)公告的正文力求简短，一段到底，用一两句话把公告的缘由、事项、结束语等写尽。如果公告内容很多，既要写明需要向社会和群众告知的公务事项，又要提出规定和执行要求，就不能强求一段到底，而要采用分条列举的行文方式。强制性公告，虽然内容可能较多，但不宜采用分条列举的行文方式，而应用一段文字来完成。

(4)对公告所涉及的事实，应该反复核实，确保准确无误，从而避免造成不良影响。

(五)例文评析

1. 重大事项公告

中华人民共和国外交部公告

中华人民共和国将自 2007 年 2 月 5 日启用中华人民共和国香港特别行政区(以下简称香港特区)电子护照和电子签证身份书。

香港特区电子护照和电子签证身份书均为中华人民共和国政府颁发的旅行证件,持上述旅行证件前往世界各国和地区有效。中华人民共和国外交部请各国军政机关对持照人予以通行的便利和必要的协助。

根据《中华人民共和国香港特别行政区基本法》第一百五十四条的规定,中华人民共和国中央政府授权香港特区政府依照法律签发香港特区电子护照和电子签证身份书。此外,按照国际惯例,中华人民共和国驻外国的外交代表机关、领事机关和中华人民共和国外交部授权的其他驻外机关也可办理签发香港特区电子护照和电子签证身份书的有关事宜。

中华人民共和国外交部已通过外交途径向世界各国政府有关部门提供香港特区电子护照和电子签证身份书样本和电子证书等说明材料。中华人民共和国外交部希望各国和地区相关部门积极考虑给予香港特区护照持有者免办签证的待遇。

2007 年 1 月 1 日

【简析】

事项性公告,旨在告知较为重大的事项。此公告在于向国内外告知"中华人民共和国将自 2007 年 2 月 5 日启用中华人民共和国香港特别行政区电子护照和电子签证身份书"事宜。先将有关事项陈述说明,简洁、具体、准确;然后提出行文依据,即依照的法律规定;最后,向国内外告知"已通过外交途径"向世界各国政府有关部门提供说明材料,并向各国和地区提出请求,庄重、严肃。

2. 公布性公告

中华人民共和国农业部公告

第 1218 号

三聚氰胺是一种化工原料,广泛应用于塑料、涂料、黏合剂、食品包装材料生产。我部已明令禁止在饲料中人为添加三聚氰胺,对非法在饲料中添加三聚氰胺的,依法追究法律责任。三聚氰胺污染源调查显示,三聚氰胺可能通过环境、饲料包装材料等途径进入到饲料中,但含量极低。大量动物验证试验及风险评估表明,饲料中三聚氰胺含量低于 2.5 mg/kg 时,不会通过动物产品残留对食用者健康产生危害。为确保饲料产品质量安全,保证养殖动物及其产品安全,现将饲料原料和饲料产品中三聚氰胺限量值定为 2.5 mg/kg,高于 2.5 mg/kg 的饲料原料和饲料产品一律不得销售。

上述规定自发布之日起实施。

特此公告。

二〇〇九年六月八日

【简析】

本文旨在公布一项带有法规性质的规定。三聚氰胺问题与人民群众的生活、生命息息相关。国家高层领导机关发布此公告,在于向国内人民群众告知有关三聚氰胺的信息,通过良好的沟通实现有效的危机处理。本公告首先说明何为三聚氰胺,接着表明中华人民共和国农业部的态度(即禁令),再说明三聚氰胺对人体生命产生危害的标准与限度,从而解开人民群众的疑惑,然后再次申明中华人民共和国农业部的要求与命令,最后说明此公告的实施日期,并以"特此公告"结束全文。

三、通告的写作

(一)通告的概念

通告,适用于公布社会各有关方面应当遵守的事项,属公布知照类公文。通告面向社会各有关方面公开发布,是各级机关、团体常用的具有一定约束力和知照性的下行文。通告的使用比较广泛,高级机关可以使用,一般行政机关、人民团体、企事业单位也可以使用。通告主要有法规性通告和知照性通告。

(二)通告的特点

1. 法规性

通告常用来颁布地方性的法规,这些法规一经颁布,特定范围内的单位、部门和人民群众都必须遵守、执行,若违反,必将追究法律责任。

2. 周知性

通告的内容,要求一定范围内特定的人群普遍知晓,以使其了解有关政策法令,遵守某些规定事项,共同维护社会公共管理秩序。

3. 务实性

公文都是应用文,从根本性质上说都应该是务实的。但其中有一些区别,有的公文只是告知某事,或者宣传某些思想、政策,并不指向具体事务。通告则是一种直接指向某项具体事务的文种,务实性比较突出。

4. 行业性

不少通告都具有鲜明的行业性特点,如税务局关于征税的通告、机动车管理部门关于机动车辆年度检验的通告、中国人民银行关于发行新版人民币的通告、房产管理局关于对商品房销售面积进行检查的通告等,都是针对其所负责的业务或技术事务发出的通告。因此,通告行文中会时常引用本行业的法规、规章,也免不了使用本行业的术语、行话。但是,通告直接面向某一范围内的广大人民群众,理应保持语言的朴实简明、通俗易懂,如此才能实现既定的行文目的。

(三)通告的格式要求

1. 标题

通告的标题有以下三种格式。

(1)由发文机关、通告事项、文种三部分共同构成,如《河南省地方税务局关于认真落实〈事业单位、社会团体、民办非企业单位企业所得税征收管理办法〉的通告》。

(2)由发文机关与文种两部分构成,如《中华人民共和国公安部通告》。

(3)由主要内容和文种构成,或只包括文种。此类通告一般用于机关内部张贴。

2.正文

通告正文通常是告知某些具体事项,或对某些方面做出明确规定,要求被告知对象严格遵守。通告正文主要由缘由、事项、结束语三部分构成。

(1)通告缘由,简要交代发布通告的原因、目的、依据,以增强权威性和针对性。

(2)通告事项,即主体,是通告的主要内容。通告主体部分的写作常常采用条款式的结构,即每部分之前加序号;内容较单一、简明的通告也可采用段落式结构。

(3)通告结束语,一般是提出执行要求,说明执行时间。如果是条款式的通告,往往在主体的最后一条中提出执行要求,说明执行时间,也就不需要专门的结束语部分。最后在文尾以"特此通告"或"请认真遵照执行"等习惯用语结束。

3.落款

标题中有发文单位的,后面则无落款;标题中没有发文单位的,落款处要注明发文单位。发布通告的时间写在标题之后内容之前或落款处均可。

(四)拟写通告的注意事项

拟写通告时,应注意以下几点。

(1)通告的起草者要有政策观念,确保通告的事项不与现行政策相抵牾,还要注意政策的连续性。

(2)因为通告可以用来处理带有一定专业性的公务,所以要求撰稿者有一定的专业知识,注意尽量选择大多数人熟悉的行业用语。通告的语言应该准确明白,如"砍伐碗口粗的树木要罚款",指向就不明确。

(3)通告具有较强的针对性。通告事项要表述清楚,不能含糊不清、模棱两可,允许做什么,禁止做什么,做了严禁的事项应怎么惩处都要有明确规定。

(五)例文评析

关于8月29日国庆庆典演练活动的交通管制通告

根据国庆60周年庆典活动总体安排,北京市国庆筹委会定于8月29日(周六)在天安门地区和长安街举行国庆庆典演练活动。其中,3时至5时,在天安门地区和长安街进行群众游行专项演练;8时30分至10时,在天安门广场进行背景表演专项演练;23时至次日2时,在天安门广场进行联欢晚会专项演练。

为保障三场演练活动顺利进行,根据《中华人民共和国道路交通安全法》的有关规定,决定对天安门广场地区及相关道路分时、分段采取交通管制措施。现将有关事项通告如下:

一、8月28日20时至次日5时,下列道路(含两侧辅路及停车泊位)禁止车辆停放:

长安街(建国门桥经东、西长安街至复兴门桥),朝阳门南小街(金宝街路口至北京站街北口),政协路,北极阁胡同,东单北大街,王府井大街(金鱼胡同西口至王府井大街南口),霞公府街,大纱帽胡同,南、北河沿大街,北京站街,邮通路,新闻大厦西侧路,崇文门内大街,大华路,东单体育场南侧路,台基厂大街,正义路,北京站东、西街(北半幅),崇文门西大街,前门东大街,祈年大街,国家博物馆北门外停车场,广场东、西侧路,大会堂西、南侧路,石碑胡同,兵部洼胡同,国家大剧院南侧路,前门西大街,西单北大街(西单路口至灵境胡同西口),太平桥大街(闹市口路口至武定侯街东口),闹市口南街,宣武门内大街。

停放在上述道路内的车辆请提前移走。

二、8月28日20时至次日1时,宣武区永定门西街、海淀区五棵松场馆中路,除持有演练活动专用证件的车辆和公共汽车外,禁止其他车辆停放和通行,公共汽车甩站通过。

(第三条至第十七条省略)

请社会单位及各界群众给予理解支持,遵照执行。

特此通告。

北京市公安局印章
2009 年 8 月 25 日

(内容略有改动)

【简析】

本文旨在向社会有关单位和人民群众通告某一特殊时期内在特定地区的重要事项,有明显的强制性和约束性。通告缘由部分讲述通告的依据、目的,以突显通告的权威性;通告事项部分先简单讲述通告的总体事项,然后分条说明具体事项,措施具体得当,便于当地人民群众接受执行;通告结束语部分表明态度,提出希望。在语言上,"禁止""可以"等词语精确恰当,分寸得当,语气肯定,不容置疑,有利于达到行文目的。

四、通知的写作

(一)通知的概念

通知是国家机关、社会团体、企事业单位用来发布法律法规与规章制度,批转下级机关的公文,转发上级机关和不相隶属机关的公文,传达要求下级机关办理或需要有关单位周知或者执行的事项及任免人员时使用的文种。

(二)通知的特点

1. 运用的广泛性

一是发布主体广泛,国家机关、社会团体、企事业单位皆可使用通知;二是使用范围广泛,使用频率高,无论是涉及国计民生的重大安排,还是关于某一单位的具体事项,皆可使用通知。

2. 功用的晓谕性

通知使用广泛,具有告知、劝谕等功用。

3. 办理的时效性

制发通知,相比其他公文,具有快捷、灵便的优势。收文机关对需要办理的事项应及时办理。需要紧急办理的事项可以在标题中使用"紧急通知"。

4. 操作的便利性

通知要具体、明白地说明执行要点和要求，不能含糊其词。收文机关按照通知要求去做，即可完成任务。

（三）通知的分类

按照功用和适用范围，通知可分为指示性通知，批转性、转发性与发布性通知，规定性通知，告知类通知，任免通知和一般性通知。

1. 指示性通知

指示性通知指用于布置工作，对工作方法、原则、组织纪律等提出要求的通知，如《中共中央关于认真学习贯彻党的十六大精神的通知》。

2. 批转性、转发性与发布性通知

批转性通知指上级机关用于批转下级机关的呈转性报告、意见，以让下级有关部门执行的通知，如《国务院关于批转国家税务总局加强个体私营经济税收征管强化查账征收工作意见的通知》，就是国务院将国家税务总局的意见批转给各省、自治区、直辖市人民政府，国务院各部委、各直属机构执行的批转性通知。

转发性通知是转发上级机关和不相隶属机关的来文，以让下级机关与部门执行的通知，如《建设部关于转发国家物价局　财政部〈关于发布中央管理的建设系统行政事业性收费项目及标准的通知〉的通知》，建设部与国家物价局、财政部同属于国务院下属机关部门。

发布性通知指用于发布本机关制定的行政法规、规章和其他材料的通知，如《江苏信息职业技术学院关于印发〈2009年工作要点〉的通知》，就是江苏信息职业技术学院将《2009年工作要点》印发给学院各单位，以便当年工作的布置与办理的通知。

3. 规定性通知

规定性通知用于对某些方面的工作制定政策，提出规范和要求。与指示性通知相比，它更侧重于操作层面的内容，规定在何时做何工作、应当如何做、不应如何做等，具有很强的操作性，如《关于开展迎国庆爱国卫生运动的通知》。

4. 告知类通知

告知类通知适用于向有关单位、部门传达、告知有关事项与情况，如《国务院办公厅关于暂停实行夏时制的通知》。

5. 任免通知

任免通知用于任免和聘用有关人员，如《中国邮政集团公司、中国邮政集团公司党组任免通知》，就是一则党政联合行文任免干部的通知。

6. 一般性通知

一般性通知包括布置性通知、会议通知等，如《关于召开全国林木种苗站站长会议的通知》，标题即显示出会议主题，一目了然。

(四)通知的格式要求

1. 标题

通常情况下,通知的标题由发文机关、事由、文种三部分组成,特别要明确事由部分,以便下级单位准确理解、办理和执行。

标题中,如果事由十分重要或非常紧急,可在文种前加上"重要""紧急"等词语;如果是两个及以上机关联合行文,加"联合";如果是对不久前所发的文件进行补充,加"补充";要准确使用"批转""转发""印发"等词语,一般情况下,除发布的规章制度使用书名号外,其余均不使用书名号及其他标点符号。

2. 主送机关

通知一般应写明收文单位名称。普发性公文可写规范化统称,或省略主送机关;如有多个主送机关,则按主次或惯例来排列,彼此间用逗号或顿号隔开。如国务院发文,经常采用"各省、自治区、直辖市人民政府,国务院各部委、各直属机构"的统称方式。

3. 正文

正文通常由通知缘由、通知事项、结束语三部分构成。

通知缘由主要包括背景、原因、目的、依据或意义,先交代清楚为什么制发通知,然后以"现将有关事项通知如下""现通知如下""现就有关问题通知如下"等过渡语引领下文。

通知事项是通知的主体部分,指要求执行或办理的具体事项,主要包括任务、措施、步骤、方法、要求等,需要明确、具体地说明。如会议通知的事项要具体、全面,应写明会议名称、会议内容、会议起止时间、与会对象、会议报到和开会地点等。

结束语主要是执行要求,一般采用"以上通知,望认真贯彻执行""本通知自下发之日起实行""特此通知"等习惯用语。

批转性与转发性通知正文的写法大体相同,可以把这两种通知称为"批语",把被批转、转发的文件看作是通知的主体内容。批语的内容主要有如下三个方面:①说明批转的目的或陈述转发的理由;②对收文单位提出贯彻执行的具体要求;③根据具体情况做出补充性的规定。

用通知批转或转发下级机关、不相隶属机关和上级机关的公文时,对被批转或转发的文件起到了一种公布、认可或推荐的作用。从构成上看,这种通知由批语与被批转或转发的文件组成,批语与被批转或转发的文件都不能单独作为一份文件。如果批语脱离了被批转或转发的文件,则没有实际依托内容,因此不能单独行文;如果被批转或转发的文件脱离了批语,则不能纳入通知,不能体现发文单位的意图,也就没有了批语予以的权威性和合法地位。

被批转或转发的文件,一般作为批转性或转发性通知的附件出现,应当在正文之下标注附件名称和份数,以免漏阅。

4. 署名

通知应准确标明发文单位名称或加盖印章。署名之下,标明成文日期。

(五)拟写通知的注意事项

拟写通知时,应注意如下几点。

(1)要讲求实效,切忌滥发通知。发布通知是为了办理公务、传递信息,但不应所有事项皆发布通知。

(2)要把握内涵,切忌越俎代庖。通知的主题要集中,严格执行一文一事制度;通知的事项要明确,要加强布置事项的可操作性。

(3)要明确无疑,切忌阻滞含混。通知是以说明为主的文种,在文字表达上要求做到准确简练、层次分明、条理清晰,以便收文机关迅速地执行与办理。

(4)通知有下行文的性质,在发文机关和收文机关之间一般存在领导与被领导的关系;通告为职能分管关系,不存在领导与被领导的关系。因此,如果某机关和社会收文人员不存在行政领导关系,需要公布事项时,可采用通告,如发布校庆通告。

(六)例文评析

1. 指示性通知

关于解决形式主义突出问题为基层减负的通知

党的十八大以来,习近平总书记就加强党的作风建设,力戒形式主义、官僚主义作出一系列重要指示。近期,习近平总书记专门作出重要批示,强调2019年要解决一些困扰基层的形式主义问题,切实为基层减负。为贯彻落实习近平总书记重要指示批示精神,更好为基层干部松绑减负,激励广大干部担当作为、不懈奋斗,经中央领导同志同意,决定将2019年作为"基层减负年",现就有关工作要求通知如下。

一、以党的政治建设为统领加强思想教育,着力解决党性不纯、政绩观错位的问题

坚持用习近平新时代中国特色社会主义思想武装头脑,在深化消化转化上下功夫,把理论学习的成效体现到增强党性修养、提高工作能力、改进工作作风、推动党的事业发展上。将力戒形式主义、官僚主义作为全党开展的"不忘初心、牢记使命"主题教育重要内容,教育引导党员干部牢记党的宗旨,坚持实事求是的思想路线,树立正确政绩观,把对上负责与对下负责统一起来。从领导机关首先是中央和国家机关做起,开展作风建设专项整治行动,发扬斗争精神,对困扰基层的形式主义问题进行大排查,着重从思想观念、工作作风和领导方法上找根源、抓整改。严明政治纪律和政治规矩,认真汲取秦岭北麓西安境内违建别墅问题的深刻教训,坚决防止和纠正落实党中央决策部署不用心、不务实、不尽力,口号喊得震天响、行动起来轻飘飘的问题,真正把树牢"四个意识"、做到"两个维护"的要求落到实处。

二、严格控制层层发文、层层开会,着力解决文山会海反弹回潮的问题

认真贯彻落实中央八项规定及其实施细则精神,从中央层面做起,层层大幅度精简文件和会议,确保发给县级以下的文件、召开的会议减少30%—50%。发扬"短实新"文风,坚决压缩篇幅,防止穿靴戴帽、冗长空洞,中央印发的政策性文件原则上不超过10页,地方和部门也要按此从严掌握。地方各级、基层单位贯彻落实中央和上级文件,可结合实际制定务实管用的举措,除有明确规定外,不再制定贯彻落实意见和实施细则。科学确定中央文件密级和印发范围,能公开的公开。少开会、开短会,开管用的会。上级会议原则上

只开到下一级，经批准直接开到县级的会议，不再层层开会。严禁随意拔高会议规格、扩大会议规模，未经批准不得要求党委和政府主要负责同志以及部门一把手参会，减少陪会。提倡合并开会，套开会议，多采用电视电话、网络视频会议等形式。提高会议实效，不搞照本宣科，不搞泛泛表态，不刻意搞传达不过夜，坚决防止同一事项议而不决、反复开会。进一步改革会议公文制度，选择一些地方和单位开展治理文山会海工作试点。

三、加强计划管理和监督实施，着力解决督查检查考核过多过频、过度留痕的问题

抓好《中共中央办公厅关于统筹规范督查检查考核工作的通知》贯彻落实，严格控制总量，实行年度计划和审批报备制度，中央和国家机关有关部门原则上每年搞1次综合性督查检查考核，对县乡村和厂矿企业学校的督查检查考核事项减少50%以上的目标要确保执行到位。强化结果导向，考核评价一个地方和单位的工作，关键看有没有解决实际问题、群众的评价怎么样。坚决纠正机械式做法，不得随意要求基层填表报数、层层报材料，不得简单将有没有领导批示、开会发文、台账记录、工作笔记等作为工作是否落实的标准，不得以微信工作群、政务APP上传工作场景截图或录制视频来代替对实际工作评价。严格控制"一票否决"事项，不能动辄签"责任状"，变相向地方和基层推卸责任。对涉及城市评选评比表彰的各类创建活动进行集中清理，该撤销的撤销，该合并的合并。对巡视巡察、环保督察、脱贫攻坚督查考核、政府大督查、党建考核等，牵头部门也要倾听基层意见进行完善，提出优化改进措施。调查研究、执法检查等要轻车简从、务求实效，不干扰基层正常工作。

四、完善问责制度和激励关怀机制，着力解决干部不敢担当作为的问题

坚持严管和厚爱结合，实事求是、依规依纪依法严肃问责、规范问责、精准问责、慎重问责，真正起到问责一个、警醒一片的效果。修订《中国共产党问责条例》。有效解决问责不力和问责泛化简单化等问题。正确对待被问责的干部，对影响期满、表现好的干部，符合有关条件的，该使用的要使用。制定纪检监察机关处理检举控告工作规则，保障党员权利，及时为干部澄清正名，严肃查处诬告陷害行为。改进谈话和函询工作方法，有效减轻干部不必要的心理负担。把"三个区分开来"的要求具体化，正确把握干部在工作中出现失误错误的性质和影响，切实保护干部干事创业的积极性，为担当者担当，为负责者负责。对基层干部特别是困难艰苦地区和奋战在脱贫攻坚第一线的干部，给予更多理解和支持，在政策、待遇等方面给予倾斜。

五、加强组织领导，为解决困扰基层的形式主义问题提供坚强保障

在党中央集中统一领导下，建立中央层面整治形式主义为基层减负专项工作机制，由中央办公厅牵头，中央纪委国家监委机关、中央组织部、中央宣传部、中央改革办、中央和国家机关工委、全国人大常委会办公厅、国务院办公厅、全国政协办公厅等参加，负责统筹协调推进落实工作。各地区各部门党委（党组）要切实履行主体责任，一把手负总责，党委办公厅（室）负责协调推进落实，把力戒形式主义、官僚主义作为重要任务，拿出有效管用的整治措施。加强政治巡视和政治督查，加大舆论监督力度，对形式主义、官僚主义典型问题点名道姓通报曝光，对干实事、作风好的先进典型及时总结推广，为广大党员干部作示范、树标杆。

【简析】

2019年3月,中共中央办公厅发出《关于解决形式主义突出问题为基层减负的通知》,充分体现了习近平总书记心系基层、关爱干部的深厚情怀,表明了党中央坚定不移全面从严治党、持之以恒狠抓作风建设的坚定决心,树立了为基层松绑减负、激励广大干部担当作为的实干导向。《关于解决形式主义突出问题为基层减负的通知》坚持严管和厚爱结合,对解决形式主义突出问题为基层减负做出进一步部署,有利于更好激励广大干部崇尚实干、担当作为,以优异成绩迎接新中国成立70周年。《关于解决形式主义突出问题为基层减负的通知》围绕为基层减负,聚焦"四个着力",从以党的政治建设为统领加强思想教育、整治文山会海、改变督查检查考核过多过频过度留痕现象、完善问责制度和激励关怀机制等方面,提出了务实管用的举措。

2. 转发性通知

关于转发《关于做好2013年职称工作有关问题的通知》的通知

各县(市、区)人力资源和社会保障局(分局)、州直相关单位、中央及省驻州相关单位:

现将省人力资源和社会保障厅《关于做好2013年职称工作有关问题的通知》(黔人社厅通〔2013〕179号)(附件1)转发给你们,请认真贯彻执行。现就有关要求通知如下:

一、各县(市、区)人力资源和社会保障局(分局)、州直各行业主管单位要将文件传达到下属各事业单位、公有经济组织、非公经济组织,并按文件要求认真挑选本地从事专业技术工作的学术、技术带头人进入专家评委库,填写《贵州省高级专业技术职务任职资格评审委员会专家库人选推荐表》《贵州省高级专业技术职务任职资格评审委员会专家库人选汇总表》,表格及电子文档请于7月20日以前报我局专业技术人员管理科。

二、为准确掌握全州各行业各系列专业技术人员基本情况,我局研究制定了《黔西南州专业技术人员汇总表》(附件2)、《黔西南州专业技术人员基本情况统计表》(附件3)、《黔西南州专业技术人员基本信息表》(附件4),各县(市、区)人力资源和社会保障局(分局)、州直各行业主管单位要及时将各类表册发放到各事业单位、公有经济组织、非公经济组织如实填写,汇总后于8月30日前报我局专业技术人员管理科。

三、各县(市、区)人力资源和社会保障局(分局)要按照《黔西南州城乡居民技术人员职称评定暂行办法》(州府办发〔2011〕174号)的要求,坚持"服务于民、实惠于民"的原则,继续深入开展城乡居民技术人员职称评定工作,努力搭建优质便利的服务平台,拓宽城乡人才培养服务渠道,切实为城乡居民服务。

四、各县(市、区)人力资源和社会保障局(分局)要按照《关于开展专业技术职务资格证书审核的通知》(黔人通〔2002〕50号)的要求,在6月30日前完成2009年取得的高、中、初级专业技术资格证书年度审核工作。州直各行业主管单位要及时通知本单位、下属事业单位、公有经济组织、非公经济组织的专业技术人员,及时到我局专业技术人员管理科审核资格证书。未经审核的,不得申报上一级专业技术职务任职资格。

五、各县(市、区)人力资源和社会保障局(分局)要继续搞好中小学教师职称改革试点工作,认真组织好初级资格证书的打印工作,组织专人负责审核高级、中级、初级新旧资格证书、过渡登记表、花名册,做到内容一致,避免出现差错、遗漏现象,严防借改革之机弄虚作假。若出现弄虚作假,造成不良影响的,将追究相关责任领导和直接责任人的责任。

六、各县(市、区)人力资源和社会保障局(分局)、州直各单位、中央及省驻州相关单位于9月30日前上报各系列申报人员的评审材料,认真审查并填报专业技术职务任职资格评审花名册、电子文档。我州各系列评审工作计划于11月30日以前评审结束。属省行业主管部门评审的按其规定的时间申报。

七、《专业技术职务任职资格评审表》《初聘专业技术职务呈报表》《黔西南州城乡居民技术职称评定表》《资格证书审核表》,请到黔西南州人力资源和社会保障网(网址:http://www.qxnrsj.gov.cn/)专业技术人员管理栏目下载。

联系单位:专业技术人员管理科
联系电话:3220523
附件:1.关于做好2013年职称工作有关问题的通知(黔人社厅通〔2013〕179号);
2.黔西南州专业技术人员汇总表;
3.黔西南州专业技术人员基本情况统计表;
4.黔西南州专业技术人员基本信息表。

黔西南州人力资源和社会保障局
2013年5月7日

(内容略有改动)

【简析】

这是一则转发性通知,用来转发上级单位的公文。贵州省人力资源和社会保障厅与黔西南州人力资源和社会保障局属于指导与被指导的上下级关系,后者转发前者的公文,来布置本单位的职称评审工作。本文先转发上级单位的公文,然后结合本单位实际,提出具体的执行要求。

五、通报的写作

(一)通报的概念

通报是对典型的先进事迹、人物进行表彰,对严重的错误予以批评教育,对重要的情况予以传递沟通的一种常用公文。党政机关、人民团体、企事业单位皆可以使用通报。

(二)通报的特点

1. 典型性

通报的事实,不论是表彰成绩、批评错误,还是通报情况,都要求具有典型性。事实越典型,其警示和借鉴意义越大,只有个性没有普遍意义的题材,缺乏广泛的指导价值。

2. 指导性

通报的内容,其价值往往并不单纯在于发布动态信息、宣布事件处理结果,还在于树立学习榜样,或者提供反面典型,使读者能够总结经验、吸取教训,得到有益的启示和警示。

3. 时效性

上级机关应当适时发布通报,通报的事实应较为具体,对发生的时间、地点等要素都要进行交代,这就要求通报要及时发布。通报的内容总是跟特定的时期、背景有着紧密的联系,通报得过于迟缓,就会失去其沟通情况、宣传教育的目的。因此,通报的制发应该迅速、及时,以免失去其积极的宣传或训诫作用。

(三)通报的格式要求

1. 表彰性通报

表彰性通报旨在宣传先进思想和事迹,倡导优良的社会风尚,树立正气,鼓励人们学习和工作。表彰性通报的正文由以下四部分组成。

(1)叙述先进事迹。概括地叙述先进事迹或先进经验。首先,要把时间、地点、人物、事件、结果五要素简明地交代清楚;其次,要实事求是,不能任意夸大、渲染。

(2)论述重要意义。对先进人物及其先进事迹的重要意义进行论述,要重点突出,涉及能体现先进的精神境界和突出通报主题的,就把事实写得详细一些,无关紧要的可一笔带过。

(3)撰写表彰决定。撰写对先进群体或个人做出的表彰决定。

(4)提出希望与号召。既包括对被表彰者的勉励和期望,又包括对广大群众的号召和希望。要发掘先进的典型意义和时代精神,针对当前形势有感而发,力求符合实际、有针对性、概括、鲜明。

2. 批评性通报

批评性通报用来批评错误、宣布纪律处分等,旨在教育干部和群众引以为戒,防止类似错误持续发生。其正文一般由主要事实、教育意义、惩罚决定和要求三部分构成,详述如下。

(1)主要事实,概括地写出批评对象的错误事实。

(2)教育意义,分析错误的性质、危害、产生的根源和责任,指出应吸取的主要教训等。

(3)惩罚决定和要求,写明组织结论与予以处理的决定,同时提出对批评对象与读者的告诫与要求。为了防范和杜绝类似错误发生,批评性通报的结尾处通常要有针对性地提出防范措施或规定。

3. 情况通报

情况通报主要用于对某些社会动态、思想状况及一定时期内某方面工作的进展情况进行通报,以引起社会关注。

首先写明所通报的情况,对主要情节进行客观叙述,注意把人物、时间、地点、事件、结果写清楚;其次写明事情发生后的临时处理情况;最后写明发文机关的意见和要求,可以在对客观事实进行分析的基础上提出。

(四)拟写通报的注意事项

拟写通报时,应注意以下几点。

(1)通报一般不提出具体的工作要求。在实践中,一部分传达上级指示的公文既可以用通知,也可以用通报。在内容上,通报不同于通知的特点是,通报一般不提出工作上的具体要求以及需要具体组织实施的事项。

(2)通报的文风要朴实,文字表述要简洁明快、言之有据,切忌夸张、渲染。无论是表彰性通报,还是批评性通报,都要以实事求是的态度对事实认真核查,一定不要拔高或扭曲。

(3)通报的观点要鲜明,提倡什么,反对什么,要是非分明,忌含糊其词。在行文上要详略得当,切忌把表彰性通报写成报告文学,把批评性通报写成情况纪实。

小思考

表彰功能在命令、决定、通知、通报等文种的使用中有何区别?

(五)例文评析

1. 表彰性通报

国家林业局关于表彰东北、西南航空护林中心(总站)的通报

各省、自治区、直辖市森林防火指挥部、林业(农林)厅(局),内蒙古、吉林、龙江、大兴安岭森工(林业)集团公司,新疆生产建设兵团林业局,东北航空护林中心、西南航空护林总站:

今年春季,内蒙古、黑龙江、四川、云南、西藏、甘肃、新疆等省区相继发生多起森林火灾,其来势凶猛、面积之大、扑救之艰难,是近年来少有的。面对严峻的扑救森林火灾形势,东北、西南航空护林中心(总站)以十六大精神和"三个代表"的重要思想为指导,紧密联系林业发展实际,积极协调各有关单位,精心组织、周密安排,较好地完成了各项任务。

在扑救黑龙江大兴安岭草甸森林火场、富拉罕火场、伊春阿延河火场、内蒙古大兴安岭金河火场、阿尔山外蒙入境火场中,东北航空护林中心适时派出工作组,对火灾扑救工作进行了有效的指导、协调和服务。工作组全体同志发扬火场精神,不怕苦、不怕累、连续作战,利用自身掌握的技术和积累的经验,千方百计掌握火场实况,及时提供准确信息,为扑救工作取得全胜做出了应有的贡献。在扑救四川新龙、道孚、马尔康火场和云南禄丰、牟定火场中,西南航空护林总站赴火场工作组克服了火场海拔高、交通不便、路况险恶、条件艰苦等重重困难,快速、准确、完整地向国家林业局防火指挥中心传递了火场一线信息,为及时做出扑救决策和扑救工作快速、有效地展开奠定了基础。在今春历次扑火作战中,东北、西南航空护林中心(总站)所属(系统)各航空护林站、航行保障人员互相支持,密切配合,从扑火救灾的大局出发,起早贪黑,连续作战,条件差不叫苦、任务重不说累,安全完成每次飞行灭火任务。为此,我局决定,对东北、西南航空护林中心(总站)给予通报表彰。

希望东北、西南航空护林中心(总站)再接再厉,继续以"三个代表"重要思想为指导,认真学习贯彻《中共中央 国务院关于加快林业发展的决定》,努力开拓,勇于创新,大力弘扬火场精神,为保护国家森林资源,促进林业跨越式发展做出更大贡献!

二〇〇三年七月二十三日

(内容略有改动)

【简析】

这是一则表彰先进集体的通报,旨在介绍先进经验和典型经验。全文分为三个部分:首先介绍有关情况,对东北、西南航空护林中心(总站)的先进事迹进行简要说明与肯定;然后表明表彰决定;最后,勉励受表彰的先进单位再接再厉,争取做出更大贡献。

2. 批评性通报

关于中国新闻网等媒体虚假失实报道查处情况的通报
新出厅字〔2013〕121号

各省、自治区、直辖市新闻出版局,新疆生产建设兵团新闻出版局,解放军总政治部宣传部新闻出版局,中央和国家机关各部委、各民主党派、各人民团体报刊主管单位,中央主要新闻单位:

近年来,新闻战线深入开展"走基层、转作风、改文风"活动,新闻单位不断规范新闻采编活动,取得了良好的效果,但是仍有少数媒体和记者对新闻线索和网络信息不深入核实,刊发虚假失实报道,造成不良社会影响。现对近期社会广泛关注的几起媒体虚假失实报道的调查及处理情况通报如下:

1.中国新闻网关于深圳女孩当街给残疾乞丐喂饭的报道核查处理情况。2013年3月25日,中国新闻网刊发中国新闻社广东分社记者的报道《深圳90后女孩当街给残疾乞丐喂饭感动路人》。报道称,在深圳打工的90后某女孩单膝跪地给残疾乞丐喂饭,并配发了新闻图片。经查,该报道与事实严重不符。中国新闻社记者收到"深圳90后女孩喂乞丐"的社会来稿后,未深入采访核实就将稿件和图片编发后上传至中国新闻网,并署名记者采写、摄影,加上编辑审核和把关不严,致使虚假报道在网站刊发,造成不良社会影响。近日,中国新闻社已对当事记者、网站当日值班责任人等做出处理,同时进一步加强社会来稿审核等内部采编流程管理。

2.《中华工商时报》关于天然气将大幅涨价的报道核查处理情况。2013年3月25日,《中华工商时报》刊登该报记者的报道《天然气市场化改革踏上"最后一公里"》。报道称,从4月起,我国天然气价格将大幅度上涨,各地零售终端价格将达到3~3.5元/立方米,进而逼向4元大关。3月27日,有关部门公开辟谣。经查,记者仅采访了有关机构及专家,未向国家权威部门核实,报社把关不严,致使报道关键信息失实,造成了不良社会影响。近日,《中华工商时报》主管单位中华全国工商业联合会已对该报总编辑、值班编委、当事记者等相关责任人做出处理。中华工商时报社已开展内部整顿,查堵漏洞,进一步完善管理流程,加强从业人员教育,规范采编行为。

3.《信息日报》关于流浪汉因拆迁变富翁的报道核查处理情况。2013年4月7日,江西《信息日报》刊发该报记者的报道《流浪9年回家瞬间变"富翁"》。报道称,温州某男子在外乞讨流浪9年染病被江西萍乡救助站人员救助并送回家乡后被告知,因搞城中村开发,他已获得700余万元的土地补偿金。经核查,该报道中当事人获得"700余万元的土地补偿金"等关键信息系救助站人员转述他人的说法,记者未做深入核实,信息日报社把关不严,导致报道失实。近日,江西省新闻出版局已责成信息日报社严肃处理相关责任人,并要求进一步完善制度,严防刊载不实新闻。信息日报社已对当事记者、当班编辑、值班主任、值班总编等相关责任人做出了处理。

以上虚假失实报道刊发后,造成了不良的社会影响,损害了媒体的公信力和新闻工作者的良好社会形象。全国各新闻单位要引以为戒,举一反三,要按照中央宣传部等五部门联合下发的《关于进一步规范新闻采编工作的意见》、新闻出版总署《关于严防虚假新闻报道的若干规定》、国家新闻出版广电总局《关于加强新闻采编人员网络活动管理的通知》等要求,进一步建立健全采访、编辑、审核、刊发等内部管理制度,严格执行"三审"制度,强化终审责任,不得刊发、转载未经核实的社会自由来稿和网络信息,除出于国家安全、保密等特殊原因外不得使用权威人士、有关人士、消息人士等概念模糊的新闻消息来源。新闻采编人员要坚持真实、全面、客观、公正的原则,深入新闻现场调查研究,充分了解事实真相,确保新闻报道真实、客观、准确。各地新闻出版行政部门和各新闻单位主管主办单位要切实履行属地管理、主管主办单位管理职责,及时严肃处理严重虚假失实报道并公开通报,进一步在全社会提升新闻媒体和新闻记者的公信力。

2013 年 5 月 2 日

(内容略有改动)

【简析】

这是一则批评性通报。首先说明背景,交代虚假失实报道造成的不良社会影响,然后简要说明三家媒体虚假失实报道的基本情况,最后要求广大新闻单位及从业人员引以为戒,这是本文的落脚点,也是文章深入分析的地方,态度明确,针对性强,表述严谨、规范。

任务实施

1. 根据下面的材料,按照要求拟写一份通知。要求:格式规范,结构完整,语言简洁、明确,缺少条件请自行补充。

(1)江苏厚生机电有限公司财务部准备对本部门职员进行一次业务培训。

(2)培训主要科目包括:计算机应用、税法、会计法、应用文写作。

(3)拟从××大学和江苏省社会科学院聘请专业教师。

(4)培训时间:6月20日至6月25日。

2. ××大学计算机系的张洪亮同学在期末英语考试中作弊,无视监考老师的劝阻,并对老师出言不逊,被学校处以记过处分。根据此事件拟写一份批评性通报,要求格式规范,内容充实,用语简洁,把握分寸。

3. 2008年2月,东吴大学艺术学院团委组织募捐活动,募集人民币5.2万元寄给某省某县某希望小学,资助该校重建雪灾倒塌的校舍。这一活动在师生中产生较大反响。为此,学校发文予以表彰,并号召全校师生为抗灾多作贡献。请以某大学的名义撰写一篇表彰性通报。要求:格式规范,语言得体,题目自拟,字数300字左右。(2008年江苏省专转本考试语文试卷)

任务五 报请商洽类公文的写作

知识目标
◆理解报请商洽类公文的概念、分类、特点、格式与写作要求。

能力目标
◆提高对报请商洽类公文相应工作情景的理解与分析能力;
◆掌握报请商洽类公文的格式要求与写作的注意事项,能够熟练进行此类公文的写作。

素质目标
◆培养学生的沟通表达与组织协调能力。

课程思政点
◆端正工作态度,履行岗位职责,提高执行力,切忌事事请示。

任务引入

市民期盼更多管线入地

"我所在的汉水区工业路、工业一路都刚刚经过改造,但路旁仍有很多木电线杆、水泥电线杆。很多路段改造都是管线同步入地,为什么这里不行呢?"昨日,××市市民熊先生致电本报诉说心中的不解。

记者在这几个路段看到,熊先生所称的道路已经完成刷黑,有的正在铺设人行道。路两边的人行道上,确有两排电线杆,上面密布的各种线缆与修葺一新的路面形成鲜明对比。附近不少市民有与熊先生类似的疑问。

汉水区建设局相关负责人解释,管线入地耗资巨大,通常主干道或者景观路段的改造,会有这方面的经费安排,次干道拓宽以后如果电线杆立在马路当中,也会管线入地,这两条路属于次干道,但电线杆在人行道上,故暂时没有管线入地的工作计划。该负责人还介绍说,这几个路段地处繁华商业区,关乎城市形象,确实有一定的特殊性,其管线入地工程需800万元资金。他表示,接受市民建议,立即着手向上级请示,力争早日给市民一个满意的答复。

请以汉水区建设局的名义向上级主管部门撰写一份请求批准类请示。

任务分析

报请商洽类公文主要包括报告、请示、批复、函等文种。此类公文大多是在遇到本单位职权范围内无法解决的问题,需要向有关部门进行请示、报告或与有关部门商洽时所撰写的。此类公文的基本功能是请示、商洽问题,以及报告情况,以便得到有关部门的指导与帮助。

本任务的目的就是使学习者通过对这几种文种的学习,理解其概念、特点、分类等,掌握其格式要求及写作的注意事项,从而熟练掌握此类公文的撰写。

写好报请商洽类公文,对于保持单位之间的联系、尽快解决和处理问题,有重要意义。

相关知识

一、报告的写作

（一）报告的概念

报告是下级机关向上级机关汇报工作、反映情况、提出建议或答复上级机关的询问时所使用的文种。

报告的使用范围较广。按照上级部署或工作计划,每完成一项任务,一般都要向上级写报告,反映工作中的基本情况、工作中取得的经验教训、存在的问题以及今后的工作设想等,以取得上级领导部门的指导。

（二）报告的分类

1. 工作报告

工作报告是用于汇报工作进程、总结工作经验、反映工作问题、提出工作意见的报告。这类报告是报告中应用最为广泛的一种。工作报告的制度化,有利于工作关系的正常化。

2. 情况报告

情况报告是指用于向上级反映工作中的重大情况、特殊情况或新动态的报告。它不需要答复,主要是让上级了解、掌握情况,以便根据情况采取措施,指导工作。向上级提出工作建议的报告,也属于这一类。

3. 答复报告

答复报告是针对上级对下级机关提出的询问或要求,经过调查研究所做出的陈述情况或回答问题的报告,是一种被动行文。如《关于王刚同志职称评定情况的报告》,正文报告缘由中写道,"接到你办 8 月 10 日对我院王刚同志职称评定情况的查询,我院立即调查,现将有关情况汇报如下",就是针对上级有关问题做出的答复报告。

4. 递送报告

递送报告是下级向上级递送文件、物件时使用的报告。

5. 建议报告

建议报告是根据工作中的实际情况或存在的问题向上级提出具体建议、办法、方案的报告。建议并非请示,上级可答复,也可不答复。

（三）报告的特点

1. 陈述性

使用报告汇报工作、反映情况、答复询问时,均以陈述事实为主,大多采用叙述、说明的表达方式交代事实,以便上级机关迅速地了解、掌握有关情况。

2. 汇报性

报告的作用在于下情上达,向上级机关汇报工作及其情况。

(四)报告的格式要求

1. 标题

报告的标题一般由制发机关、事由与文种三部分组成。

2. 主送机关

报告的主送机关一般为直属的上级机关或业务主管部门。

3. 正文

报告的正文一般由导语、事项和结束语组成。导语就是写报告的目的或缘由。写完导语后常用"现将有关情况报告如下"之类的承启用语过渡到报告内容。事项即报告的具体内容,一般要写清工作进行的情况、存在的问题、经验教训以及下一步的打算或措施等。结束语多用"特此报告""专此报告"等。使用报告时,不能要求上级回复,但由于报告是一种上行文,需要表明主动接受评价、审查的态度,所以,常有"以上报告,请审阅""以上报告,如有不妥,请指正"等习惯用语,言外之意就是,如果妥当,无须回文。

工作报告的正文一般由基本情况、成绩和经验、问题与不足、改进办法等部分构成。常见的写法有两种:一是当所报告的工作是单一的专项工作时,可先写工作的基本情况,接着写取得的成绩和经验,再写存在的问题与不足,最后写改进办法或今后的打算;二是当所报告的工作不止一项时,可依工作的主次顺序,将每一项工作作为一个部分依次叙述。

情况报告的正文一般由情况或问题发生的经过、原因、责任分析、处理意见与经验教训等部分构成。

答复报告的正文一般由报告的原因、回答询问两部分构成。首先要写明什么时候接到上级机关提出的什么问题或者询问的事项,然后针对上级机关提出的问题或询问的事项做出回答。

(五)拟写报告的注意事项

拟写报告时,应注意如下几点。

(1)作为党政公文的报告,与一些专业部门从事业务工作时所使用的标题中带有"报告"的行业文书,如"评估报告""审计报告""立案报告"等,是不同的概念,不能混淆。

(2)拟写报告时所使用的材料要真实。向上级机关反映工作情况,应本着实事求是的原则,不能只报喜不报忧,也不能有夸大或虚构。

(3)报告中不能夹带请示事项。上级机关对报告不具有答复的责任,下级机关在撰写报告时不应将请示事项放在报告之中。如有请示事项,应另外以"请示"文种行文。

(六)例文评析

国务院关于减税降费工作情况的报告
——2019 年 12 月 25 日在第十三届全国人民代表大会常务委员会第十五次会议上

财政部部长 刘 昆

全国人民代表大会常务委员会：

受国务院委托，我向全国人大常委会报告 2019 年减税降费工作情况。

一、2019 年减税降费各项政策措施实施情况

实施更大规模减税降费是党中央、国务院作出的重大决策部署。习近平总书记强调，宏观政策要强化逆周期调节，积极的财政政策要加力提效，减税降费政策措施要落地生根，让企业轻装上阵。李克强总理指出，减税降费直击当前市场主体的痛点和难点，是既公平又有效率的政策。按照党中央、国务院决策部署，今年出台了有史以来力度最大、规模空前的减税降费政策。

(一)认真研究谋划，确保减税降费政策及时出台。

今年《政府工作报告》明确要求，全年减轻企业税收和社保缴费负担近 2 万亿元。小微企业普惠性减税、个人所得税专项附加扣除政策于 1 月 1 日起实施；深化增值税改革措施于 4 月 1 日起实施；降低社会保险费率于 5 月 1 日起实施；清理规范行政事业性收费和政府性基金措施于 7 月 1 日起实施。

一是深化增值税改革。按照国务院常务会议部署，明确将制造业等行业 16% 的增值税税率降至 13%，将交通运输业、建筑业等行业 10% 的增值税税率降至 9%，相应调整部分货物服务出口退税率、购进农产品适用的扣除率等；进一步扩大进项税抵扣范围，将旅客运输服务纳入抵扣，并将纳税人取得不动产支付的进项税由分两年抵扣改为一次性全额抵扣；对主营业务为邮政、电信、现代服务和生活性服务业的纳税人，按进项税额加计 10% 抵减应纳税额(10 月 1 日起又进一步将生活性服务业加计抵减比例提高到 15%)。

…………

(二)精心组织实施，确保减税降费政策落地生根。

一是加强组织领导，完善工作机制。财政部、税务总局、人力资源社会保障部等部门成立减税降费工作专班，统筹协调减税降费各项工作，围绕方案制定、舆论宣传、监督检查、预算保障、综合协调等方面，细化分解工作任务，明确时间表和路线图，严格对标对表，确保各项工作扎实推进。指导督促各省、自治区、直辖市结合本地区实际，加强减税降费组织领导和工作力量，建立健全工作机制，压实工作责任，形成工作合力。

…………

(三)加强财政收支预算管理，支持落实减税降费政策。

一是加大对地方转移支付力度。为支持地方财政平稳运行，今年中央财政安排对地方转移支付 7.54 万亿元，比上年增长 9%，力度是近年来最大的。同时，在分配均衡性转移支付、县级基本财力保障机制奖补资金时，向基层财政困难地区和受减税降费影响较大的地区倾斜，增强这些地区的财政保障能力。同时，落实省级政府主体责任，切实兜牢基层"三保"(保工资、保运转、保民生)底线。

…………

二、减税降费取得的主要成效

按照党中央、国务院决策部署,在各有关方面的共同努力下,目前各项减税降费措施落实有力,效果正在逐步显现。

(一)有效降低企业成本负担。1—10月,全国实现减税降费19688.94亿元,其中减税16473.26亿元,降低社会保险费3215.68亿元。全年减税降费数额将超过2万亿元,占GDP的比重超过2%,明显高于世界其他国家。深化增值税改革后,增值税高档税率由16%下降至13%,在G20国家中处于中等偏下水平,低于一些发达国家和新兴市场国家。

……

三、下一步减税降费工作考虑

针对减税降费工作中存在的困难和问题,财税部门将以习近平新时代中国特色社会主义思想为指导,认真贯彻落实党的十九大和十九届二中、三中、四中全会及中央经济工作会议精神,坚持问题导向,在确保财政运行可持续的基础上,继续落实落细各项减税降费政策,推动减税降费政策持续发挥效应。

(一)坚决落实落细减税降费政策。不折不扣把党中央、国务院减税降费部署落实到位,确保企业和人民群众有实实在在的获得感。牢牢把握"三个确保"的要求,加强部门协调配合,加大对地方指导和督促力度,继续密切关注各行业税负变化,跟踪做好效果监测和分析研判,组织开展政策实施效果总结评估。进一步加大宣传和政策解读力度,提高纳税人和缴费人政策知晓度,帮助企业用足用好政策。督促地方政府坚决清理规范涉企收费,严肃查处政策不落实、增加企业负担、损害群众利益等问题,确保各项措施落实到位。

……

(内容有删减)

【简析】

《国务院关于减税降费工作情况的报告》主要由三部分构成。前言部分简要说明报告缘由;主体部分从实施情况、主要成效、下一步工作等三个方面来报告减税降费工作,能够有效地推进减税降费工作;结尾部分指出减税降费工作的重要作用,并发出希望与号召。

二、请示的写作

(一)请示的概念

请示,是下级机关请求上级机关对某项工作或某个问题做出指示、答复或者批准时所使用的报请商洽类公文,属于上行文种。请示主要有政策性请示、工作性请示。

凡办理下列事项时,都需要用请示行文。

(1)主管上级单位明确规定必须请示批准才能办理的事项。

(2)对现行方针、政策、法令、规章、制度不甚了解,需要上级明确答复才能办理的事项。

(3)工作中发生了新情况,又无章可循,需要上级明确指示才能办理的事项。

(4)因情况特殊难以执行现行规定,需要上级重新指示才能办理的事项。

(5)因内部产生分歧,无法统一意见,难以开展工作,需要上级裁决才能办理的事项。

(6)事关重大,为防止工作失误,需要请示上级审核的事项。

凡是下级机关无权、无力解决以及按规定应经上级批准的问题、事项都必须向上级机关请示。请示的内容必须是属于本机关职权范围内无权或确实难以处理的问题或事项,下级机关不能超越职权请示不属于本机关职权范围内的问题或事项,也不能请示自己经过努力能够解决也有条件解决的问题或事项,切忌"事事请示"。

(二)请示的种类

请示分为以下三种。

(1)请求指示的请示,指下级机关对上级制定的方针、政策、法律、法规、规章或某项指示有不同理解,希望上级明确解释,或者从实际出发需要上级对某项规定、制度、指示做出修订、补充时所写的请示。

(2)请求批复、解决问题的请示,指下级机关请求上级机关解决本单位的某些困难,或对本单位的某个问题提出处理意见请求上级批复时所写的请示。

(3)请求批转的请示,指职能部门针对新情况、新问题提出解决办法和措施,不能直接要求平级或不相隶属的机关部门照办,而需要请求上级审定后批转有关方面执行时所写的请示。

(三)请示的特点

请示具有以下特点。

(1)请示性。请示是请求上级给予指示、批准或批转的公文,其行文内容具有请示性。

(2)单一性。请示必须严格执行一文一事制度,确保主旨单一,且一般只能主送一个上级部门,不能多头主送,以便上级部门及时答复,从而缩短公文处理周期,提高办事效率。

(3)先行性。请示事项必须是需要办理而尚未办理的事项,要"事前请示",不能"先斩后奏",这是对上级机关的尊重,也有利于上级机关对重要事项进行把关,避免工作中的重大失误。

(4)期复性。请示事项是无法办理的事项,所以期待上级机关有所批复。有请必复,是上级机关处理请示和报告两种文种时的重要区别。

(四)请示的格式要求

1. 标题

请示的标题大致有两种写法:一是由请示机关、请示事项和文种组成;二是由请示事项和文种组成。请示事项即请示的具体内容,一定要准确概括,一般不使用"申请""请求"一类词语,避免与文种"请示"在语意上重复。"请示"文种不能写成"请示报告"。

2. 主送机关

请示的主送机关一般只写一个。受双重领导的机关向上级请示时,应根据请示的内容,确定负责答复的上级机关为主送机关,另一个则用抄送形式。

3. 正文

1)请示缘由

请示缘由,即提出请示事项和要求的理由或根据。请示的目的是希望上级批准、同意、解决有关问题,为达到这一目的,就必须将请示的原因陈述清楚,以求得到上级的理解和认同。所以,撰写请示,必须将主要力量用于构思、写作请示缘由,应把注意力集中到"怎么说"上,而不应仅仅集中在"说什么"上,这就强调陈述缘由时要注意技巧。写请示,不能只从本单位的角度思考问题,而应该站在领导的角度、上级单位的角度和全局的立场来陈述理由,以求得到帮助。

2)请示事项

请示事项,是请求上级机关批准、解答的具体事项。请示,不是将问题抛给上级机关,而是要提出自己的意见或建议,以便上级定夺。用语要明确肯定,不能含糊其词。所提出的建议要切实可行,内容较多时也可以分条列举。

3)结束语

请示的结束语应当使用请求语,如"以上请示当否,请批复""以上请示,请予批准""妥否,请批复"等,不宜用"请从速批复""请尽快拨款,以解燃眉之急"等,要谦和、得体。

(五)拟写请示的注意事项

拟写请示时,应注意以下几点。

(1)要遵循"一文一事"的原则,主旨要鲜明、集中,一般只写一个主送机关,一般不可以越级请示,因特殊情况必须越级请示时,应当同时抄送至直接上级机关。

(2)要做到材料真实,不要为了让上级领导批准而虚构情况,也不要因为没有认真调查而片面地摆情况、提问题。

(3)请示理由要得当、充分,请示事项要明确、具体,提出问题后,若对请示事项有两种以上处理意见,要如实反映,并表明自己的倾向。这样,可得到更明确、针对性更强的批复。

(4)语气要平实、恳切,以引起上级的重视,既不要出言生硬,也不要低声下气,过分客套。

(六)请示与报告的区别

请示与报告有以下区别。

(1)内容含量不同。请示的内容要求一文一事;报告的内容可一文一事,也可一文数事。

(2)性质要求不同。请示属于请示性公文,侧重于提出问题或请求指示、批准;报告属于陈述性公文,侧重于汇报工作、陈述意见或建议。

(3)行文目的不同。请示的目的是请求上级机关批准工作或解决问题;报告的目的是让上级机关了解情况,掌握情况,便于及时指导工作。

(4)行文时间不同。请示必须在事前行文;报告可以在事后或者事情发展过程中行文。

(5)报送要求不同。请示一般只写一个主送机关,受双重领导的单位报送上级机关的请示,应根据请示的内容注明主送机关和抄送机关,主送机关负责答复请示事项;报告可以报送一个或多个上级机关。

(6)处理结果不同。请示属于办件,上级机关应对请示及时予以批复;报告属于阅件,对报告类公文,上级机关一般以批转形式予以答复,但也没必要件件予以答复。

(七)例文评析

关于妥善解决军官配偶工作调动和易地安置问题的请示

国务院、中央军委:

多年来,为解决军官配偶的工作调动问题,各级人民政府非常关心,有关部门和单位给予了热情支持,做了大量工作,使一些多年两地分居的军官夫妻得以团聚。这对解决军官及其家属的生活困难,增强他们的光荣感和责任感,调动他们保卫祖国、建设祖国的积极性,加速军队的革命化、现代化、正规化建设和社会主义经济建设,起到了很好的作用。

但是,近几年来,符合随军条件、在地方工作的军官配偶,调动工作比较困难,已经离退休的军官配偶,易地安置很难落实接收管理单位,致使一部分军官夫妻长期两地分居,给他们的生活带来诸多不便,对军队建设也产生了一定影响。根据宪法、兵役法中有关优待军人家属的规定,以及军人抚恤优待条例中关于随军前家属有正式工作的,驻军所在地的劳动、人事部门应安排适当工作的规定,现对解决符合随军条件的军官配偶(含离退休军官和文职干部的配偶,下同)工作调动和易地安置问题提出如下意见:

一、军官配偶系国家正式职工(含全民和集体所有制单位的合同制工人,下同),需要随军调到部队驻地工作的,经师(旅)级以上单位的政治机关批准,驻军政治机关应将其有关情况提前分别报当地政府人事、劳动部门。人事、劳动部门应积极予以安排适当工作,办理调动手续。在同等条件下,对飞行人员配偶应优先安排。军官配偶要服从组织分配。调出或接收的地区和单位,不得向本人、对方单位及有关部队收取国务院规定以外的费用。

二、军官所在部队驻海岛或边远地区,当地无全民或集体所有制单位,军官配偶是企事业单位职工,要求停薪留职去军官所在地安置的,由本人提出书面申请,经工作单位领导批准后签订停薪留职协议书,并报上级主管部门和当地人事、劳动部门备案。停薪留职后,要求从事个体经营的,凭停薪留职协议书到当地工商行政管理部门办理登记手续;从事有收入劳动的,应按月向原单位缴纳劳动保险基金,其数额一般不低于本人原标准工资的百分之二十。停薪留职期间计算工龄,不参加原单位工资调整,不享受原单位的各种津贴、补贴和劳保福利待遇。停薪留职期间或期满,本人愿意回原单位工作的,需提前一个月向原单位提出申请,原单位应及时安排适当工作。

三、军官配偶是国家正式职工,需要到军官所在地安置的,一般应随调,其中接近退休年龄、体弱多病的,在本人自愿的原则下,经原单位批准可提前离岗退养,提前的年限最长不超过五年。离岗退养期间工龄连续计算,按一定比例发给工资。待本人达到退休年龄时,由原单位按国家有关规定办理退休手续,发给退休费。

四、军官配偶系地方离休、退休、退职职工,需易地到军官所在地安置的,经师(旅)级以上单位的政治机关批准,当地政府应予接收,属于离休干部的,由干部人事部门负责管理;属于企业退休、退职工人的,由政府指定部门或单位负责管理;属于退休干部和党政机关、群众团体、事业单位的退休、退职工人的,由民政部门负责管理。易地安置的离退休、退职人员所需经费,由原工作单位按照有关规定负责解决,每年年初由原工作单位一次拨给接收安置地区(部门、单位)代为掌握支付,年终结算;医疗费用由原工作单位按规定报销。

五、符合随军条件的军官配偶和按《中国人民解放军现役军官服役条例》规定可以随军、随调的子女,在工作调动或易地安置时,当地公安部门凭县(市)以上组织、人事、劳动、民政部门同意调入或接收的证明予以落户,不受城市人口落户指标的限制,也不得征收除国务院规定以外的费用。

以上意见如无不妥,请批转各地执行。

人事部 劳动部
民政部 财政部
公安部 总政治部
1989年4月1日

【简析】

这是人事部、劳动部、民政部、财政部、公安部、总政治部等部门联合发文,向国务院和中央军委就"妥善解决军官配偶工作调动和易地安置问题"请求指示的请示。首先从军官配偶工作调动和易地安置的实际情况出发,既肯定成绩,又不回避问题,从而说明此工作的重要性和紧迫性;然后从五个方面提出意见,细致具体,切实可行;最后请求指示,并表明需要批转各地执行,以实现既定的行文目的。

三、批复的写作

（一）批复的概念与特点

批复是上级机关答复下级机关的请示事项时所用的公文。在机关的日常行文中,使用批复的先决条件是下级机关上报请示。

批复具有如下特点:一是行文的被动性,批复以下级请示为存在条件,先有请示,后有批复;二是回复的针对性,批复必须针对请示内容来答复问题,不能另找话题;三是效用的权威性,上级机关的批复有法律效用。

（二）批复的格式要求

1. 标题

批复的标题有以下四种形式。

(1)由发文机关、事由和文种三部分构成,在事由中一般将下级机关及请示的事由和问题写进去,如《国务院关于广东省深化改革扩大开放加快经济发展请示的批复》。

(2)由发文机关、表态词、请示事项、文种四部分构成,如《国务院关于同意成立保障性安居工程协调小组的批复》。

(3)由发文机关、批复事项、行文对象、文种四部分构成,如《国务院办公厅关于深圳特区私人建房问题给广东省人民政府办公厅并福建省人民政府办公厅的批复》。

(4)由事由和文种两部分构成,如《关于在行政处罚决定中罚款金额计算问题的批复》。

2. 主送机关

主送机关一般只有一个,即报送请示的下级机关。批复不能越级行文,当所请示的机关不能答复下级机关的问题而需要向更上一级机关转报请示时,更上一级机关所做批复的主送机关不应是原请示机关,而是转报机关。如果批复的内容同时涉及其他机关和单位,则要采用抄送的形式送达。

3. 正文

批复的正文一般由批复引语、批复内容和结束语组成。

批复引语,要点明批复对象,一般称"收到某文"或"某文收悉",要写明是对何时、何号、何事的请示的答复,时间和文号可省略,如《国务院关于同意设立德州海关的批复》的批复引语,"你省《关于设立德州海关的请示》(鲁政发〔1997〕94号)收悉。现批复如下"。

批复内容,是针对请示中提出的问题所做的答复和指示,意思要明确,语气要适当。同意什么,不同意什么,为什么不同意某些条款,注意事项等都要写清楚。如果不予批准,一定要写明理由。

结束语,一般采用"特此批复""专此批复""此复"等习惯用语,也可以从上级机关的角度提出一些补充性意见,或是表明希望、提出号召。

4. 落款

在正文的右下方写明制发批复的机关名称,其下写明成文日期。

(三)拟写批复的注意事项

拟写批复时,应注意以下几点。

(1)批复既是上级机关指示性、政策性较强的公文,又是对下级机关的请示做出指示、批准的答复性公文,因此,撰写批复要慎重、及时,要根据现行政策、法令及办事准则,及时给予答复。有时以有关法规、文件精神为依据答复问题时,应写明依据出处,以备执行中查考。

(2)不管同意与否,批复意见必须十分清楚明白,态度必须明朗,不能含糊其词,模棱两可,以免下级无所适从。

(3)批复理由要充分。批复中,无论是对有关政策做出解释,还是对请示事项表明态度,都要有可靠的根据和充足的理由。

(四)例文评析

1. 批复一

国家税务总局关于个人通过网络买卖虚拟货币取得收入征收个人所得税问题的批复

国税函〔2008〕818号

北京市地方税务局:

你局《关于个人通过网络销售虚拟货币取得收入计征个人所得税问题的请示》(京地税个〔2008〕114号)收悉。现批复如下:

一、个人通过网络收购玩家的虚拟货币,加价后向他人出售取得的收入,属于个人所得税应税所得,应按照"财产转让所得"项目计算缴纳个人所得税。

二、个人销售虚拟货币的财产原值为其收购网络虚拟货币所支付的价款和相关税费。

三、对于个人不能提供有关财产原值凭证的,由主管税务机关核定其财产原值。

国家税务总局
二〇〇八年九月二十八日

【简析】

北京市地方税务局就"个人通过网络销售虚拟货币取得收入计征个人所得税问题"向上级主管部门国家税务总局发文,国家税务总局收文后给予批复。首先是批复引语,采用常用格式;然后做出具体批复,详细、具体、明确。

2. 批复二

国务院关于重庆市城市总体规划的批复

国函〔1998〕108号

重庆市人民政府:

你市《关于报请审批重庆市城市总体规划调整方案的请示》(渝府文〔1997〕9号)收悉。现批复如下:

一、原则同意修订后的《重庆市城市总体规划(1996年至2020年)》(以下简称《总体规划》)。

二、重庆市是我国直辖市之一,西南地区和长江上游重要的中心城市,全国重要的工业基地、交通枢纽和贸易口岸。重庆市的城市建设和发展应坚持经济、社会、人口、资源、环境相协调的可持续发展的战略,按照直辖市的建设要求,发挥中心城市作用,完善城市功能,把重庆市建设成为经济繁荣、科学和教育事业发达、社会文明、设施完善、环境优美,具有"山城""江城"特色的现代化城市。

三、同意《总体规划》确定的2 500平方公里城市规划区范围。

四、严格控制城市的人口和用地规范,采取切实有效的措施保护耕地、节约用地。

五、进一步完善和深化市域城镇体系规划。

六、加强基础设施建设。

七、做好历史文化名城保护工作。

八、切实注意保护和改善生态环境,大力加强城市环境的综合整治。

九、严格实施《总体规划》。

请你市根据本批复精神,认真组织实施《总体规划》,任何单位和个人不得随意改变。建设部要加强对《总体规划》实施的指导、监督和检查工作。

国务院
一九九八年十二月十三日

(内容有删减)

【简析】

这是国务院针对重庆市人民政府《关于报请审批重庆市城市总体规划调整方案的请

示》的批复。首先表明态度,即"原则同意";然后根据重庆市人民政府的请示,做出必要的指示,条理清楚,切实可行;最后,提出希望和要求,义正词严,不容置疑,有利于工作的推行。

四、函的写作

(一)函的概念

函是平级机关或不相隶属机关之间相互商洽工作、询问和答复问题,或者向有关主管部门请求批准和答复某一事项等所使用的报请商洽类公文。

函在党政公文中是唯一的平行文。"不相隶属机关"指不论级别高低,都不存在职权上的指挥与服从关系的机关,它们之间是平等的,它们之间行文只能用函。

(二)函的分类

1. 告知函

把某一事项、活动函告对方,或请对方知道,或请对方参加,或请对方选购(商品)等时使用告知函,如《四川省电力工业局关于在宝珠寺水电站库区进行开发有关意见的函》。告知函近似于通知,但由于机关之间没有隶属关系,只宜用函。

2. 商洽函

不相隶属机关、单位之间商洽工作、联系事项时使用商洽函。

3. 询问函

对于本机关职责范围内应予以解决但又无据可查或难以解决的问题,可使用询问函,被询问的机关可以是与此问题有关的平级机关或不相隶属机关。

4. 请求批准函

请求批准函指向有关职能部门请求批准某一事项的函。如《关于上海市教育考试院等申请调整部分考试收费标准及收费立项、审定执收主体的函》,发文机关上海市教育委员会就"申请调整部分考试收费标准及收费立项、审定执收主体"等问题向主管机关上海市财政局和上海市物价局请求批准,发文机关与收文机关之间属于平级关系。

5. 复函

复函具有明确的针对性,是针对询问函、请求批准函而做的答复,如《关于上海市教育考试院有关考试收费等问题的复函》。

(三)函的格式要求

函的标题通常由制发机关、事由、文种三部分构成。如果是便函,也可以不写标题。

函的正文一般包括发文缘由、发文事项和结束语三部分。发文缘由,即发文的原因、根据、目的等。发文事项,指商洽、询问、请求批准、答复的事项。结束语则视行文关系和内容需要,选用恰当的惯用词语,向收文机关表示礼貌,如"此复""专此谨复""特此函告""为盼"。

(四)拟写函的注意事项

拟写函时,应注意以下几点。

(1)函的适用范围比较广泛。凡是不相隶属机关之间商洽工作、答复问题、请求批准等,均可用函。不相隶属机关之间告知有关问题,不应使用通知,而应用函。

(2)函的写作比较灵活。请求批准函,可采用请示的写作格式;复函,可采用批复的写作格式;告知函,可采用通知的写作格式。

(3)语言要得体。发函一般要求对方关照、支持,态度要诚恳,语气要平和。复函用语要明快,要以诚待人,不要显得冷漠、生硬,要摒弃不必要的客套、无须讲的道理、空洞的套话。

(五)例文评析

1.告知函

关于征求意见的函

兵团机关有关部门:

  为贯彻落实兵团党委新型工业化工作会议和兵团党委建设屯垦戍边新型团场工作会议精神,加快推进兵团新型工业化进程和屯垦戍边新型团场建设步伐,现将《关于加快推进屯垦戍边新型团场信息化建设的指导意见(征求意见稿)》和《关于以信息技术改造传统工业的指导意见(征求意见稿)》发给你们,请根据兵团信息化建设的实际,提出具体的补充修改意见,并请于7月20日前将书面意见反馈至兵团信息化工作办公室综合处。

  联系人:杨佳伟、李宏亮

  电 话:(0991)2890790、2890801

  传 真:(0991)2810464

  附件:一、关于加快推进屯垦戍边新型团场信息化建设的指导意见(征求意见稿)
     二、关于以信息技术改造传统工业的指导意见(征求意见稿)

兵团信息化工作办公室
二○○六年六月二十七日

【简析】

  这是一则告知函。正文简洁明白,不拖沓,意尽言止。首先交代发文原因,然后直接讲述发函的事项,语言得体,要求得当,暗含催促对方办理的意思,值得借鉴。

2.批复函

财政部对《关于由总行集中预提定期存款应付利息的请示》的批复函

财债字〔1998〕59号

中国建设银行:

  你行《关于由总行集中预提定期存款应付利息的请示》(建计字〔1998〕第185号)收悉。经研究,现答复如下:

  为了解决预提定期存款应付利息时,预提机构层次多、核算不规范、监管难的问题,同意你行从1998年第4季度起,由总行集中预提定期存款应付利息。即:新增定期存款部分,根据定期存款季度环比增量、结构、预提时的当期挂牌利率,按季预提,若当期定期存款环比增量为负数,应于当季等额冲减应付利息;定期存款存量部分,根据1997年末定期存款的余额、结构、未预提应付利息的年限、预提时的当期利率,按季预提,待未提部分提足后不再提取。

总行集中预提应付利息后,各分行实际发生的利息支出直接列入当期成本。截止到1998年第3季度末,各分行已提取的定期存款应付利息全部集中到总行。

请你行加强预提定期存款应付利息管理,严格遵循权责发生制的核算原则,严禁多提、少提应付利息及将应付利息重复列支成本,正确核算财务收支,并请将预提定期存款应付利息具体办法报我部备案。

财政部
一九九八年十二月三日

【简析】

这是一则批复函。中国建设银行与财政部属于不相隶属的关系。先有中国建设银行的《关于由总行集中预提定期存款应付利息的请示》,然后财政部针对此事做出批复,采用批复的写作格式,符合公文的写作要求。批复引语得当,符合惯例;批复内容细致具体、条理清晰;最后提出执行要求,态度明确。

五、议案的写作

(一)议案的概念

议案是列入党政公文中的新文种,是国务院和地方各级人民政府按照法律程序向同级人民代表大会或人民代表大会常务委员会提请审议事项的书面文件,是具有法定议案权的机关向国家权力机关提出的议事方案。议案的概念包括下列几层意思。

(1)议案的作者必须是政府机关。议案是政府机关与同级人民代表大会之间联系工作的一种例行公文,政府各部门、党群机关、企事业单位和社会团体均不能使用议案。

(2)议案的内容是就有关重大事项提出审议意见,而有关重大事项的范围必须根据各级人民代表大会或其常务委员会依照法律规定的职权范围来确定。

(3)议案的收文机关是同级人民代表大会或其常务委员会。

(4)议案的提出、审议,必须依照有关的法律程序进行。

关于议案,在《人大机关公文处理办法》中给出的定义是:适用于根据法律规定,依据法定程序,提案人向人大及其常委会提请审议事项。关于议案,在《国家行政机关公文处理办法》中给出的定义是:适用于各级人民政府按照法律程序向同级人民代表大会或人民代表大会常务委员会提请审议事项。这两个关于议案的定义有一个共同特点:都是围绕人大及其常委会这个中心行文。所不同的是,人大议案的行文主体是多元化的,适用范围广泛;行政议案的行文主体只有各级人民政府,适用范围单一。[①]

---

① 杨柏林,杨梅:《试析议案的适用范围及写作要求》,《应用写作》,2005年第3期。

(二)议案的特点

1. 制发机关的法定性

议案的制发机关只能是各级人民政府,政府职能部门无权制发。

2. 内容的特定性

各级人民政府所提议案的内容,必须属于该级人民代表大会或其常务委员会职权范围内的有关事项。

3. 时效的规定性

各级人民政府的议案,必须在同级人民代表大会或其常务委员会举行会议规定的期限前提出,否则不能列为议案。超过期限提交的议案一般改作"建议"处理,或移交下次人大会议处理。提交大会审议的议案,必须限期审议表决或提出处理意见。

4. 行文的定向性

议案只能由各级人民政府向同级人民代表大会或其常务委员会行文,不能向其他部门或单位行文。主送机关也只有一个。

5. 事项的必要性和可行性

提请审议的事项,必须是重要事项,必须符合人民群众的意愿和要求,而且议案中提出的方案、办法、措施,也必须是切实可行的,这样才有可能通过。

(三)议案的分类

议案可以分为立法议案、重大事项议案、机构设置议案、批准条约议案、人事任免议案等。

(四)议案的格式要求

1. 标题

议案的标题一般采用完整式标题,即由发文机关、事由(提请审议事项)、文种三部分构成。如《国务院关于提请审议〈中华人民共和国劳动法(草案)〉的议案》,发文机关是国务院,事由是提请审议《中华人民共和国劳动法(草案)》,文种是议案。

2. 主送机关

议案的主送机关为同级人民代表大会或其常务委员会,在正文之前顶格写出。

3. 正文

从内容上看,议案的正文部分由提请审议的事项、说明(缘由、目的、意义、形成过程等)和要求组成。从形式上看,多以要求结尾,可以先提出审议事项,然后加以说明,最后结尾;也可以在开头说明议案的缘由、目的、意义或形成过程,然后提出审议事项,最后结尾。

(五)拟写议案的注意事项

拟写议案时,应注意以下几点。

(1)要认真进行调查研究,事实要准确,建议要具体,议案应当尽可能具有可行性。

(2)要做到一事一案。
(3)中国共产党系统的各级机关不使用议案这一文种。
(4)议案要言之有理,要将议案理由和根据说清楚,文字表达要严谨、准确,涉及的数据要符合有关规定。

(六)例文评析

1. 重大事项议案

国务院关于提请审议批准
《中华人民共和国和俄罗斯联邦关于中俄国界西段的协定》的议案

全国人民代表大会常务委员会:

《中华人民共和国和俄罗斯联邦关于中俄国界西段的协定》已由国务院副总理兼外交部部长钱其琛和俄罗斯外交部部长科济列夫于1994年9月3日在莫斯科分别代表本国签署。

《中华人民共和国和俄罗斯联邦关于中俄国界西段的协定》是中俄双方以目前有关中俄边界的条约为基础,本着平等协商、互谅互让的精神,经过谈判达成一致的。经审核,该协定的各项条款是公平合理的,符合中俄边界的实际情况。该协定的签订,有利于中俄边界的稳定,并将进一步促进两国关系的正常发展。

国务院同意《中华人民共和国和俄罗斯联邦关于中俄国界西段的协定》。现提请审议,并请做出批准的决定。

国务院总理　李鹏
一九九四年十二月五日

(内容略有改动)

【简析】

本议案是国务院向全国人民代表大会常务委员会提请审议批准《中华人民共和国和俄罗斯联邦关于中俄国界西段的协定》的议案。只有得到全国人大或者其常务委员会的批准,该协定才具有合法性。

2. 立法议案

国务院关于提请审议《中华人民共和国反不正当竞争法(草案)》的议案

全国人民代表大会常务委员会:

为了维护社会主义市场经济秩序,鼓励和保护公平竞争,制止不正当竞争行为,保障经营者的合法权益,国家工商行政管理局经过调查研究、广泛征求意见,草拟了《中华人民共和国反不正当竞争法(草案)》。这个草案业经国务院常务会议讨论通过,现提请审议。

国务院总理　李鹏
一九九三年六月十日

【简析】

这是一则提请审议法律法规的议案,由提请审议的目的、审议对象、提请语组成,简洁、明白。

任务实施

1. 致远中学拟建实验室,需要该市教育局批准,请根据以上信息,代该中学撰写一份请示。要求:格式正确;充分反映信息,所缺细节内容可自行补充;语言符合应用文语体要求;字数 200 字左右。(2006 年江苏省专转本考试语文试卷)

2. ××市职业技术学院学生楼的扩建工程需要砍伐 10 棵已生长 15 年以上的桂花树,但是按规定必须获得本市园林局的批准。为此,学院向市园林局行文请求批准。园林局收文后经过调研,给予基本同意的复文。请你分别以××市职业技术学院和××市园林局的名义,撰写这两份公文。行文要规范,材料不足可以适当补充,正文总字数控制在 350 字以内。(2009 年江苏省专转本考试语文试卷)

模块三　日常办公文书的写作

任务一　工作计划的写作

知识目标
◆理解工作计划的概念、特点与分类；
◆掌握工作计划的格式要求与写作的注意事项。

能力目标
◆提高对工作计划写作相应工作情景的理解与分析能力；
◆掌握工作计划的写作格式与内容要求，能够熟练进行各种工作计划的写作。

素质目标
◆培养学生的时间管理与目标管理能力。

课程思政点
◆指导学生建立科学合理的职业生涯规划。

任务引入

总公司关于印发《江苏厚生机电有限公司 2016 年工作要点》的通知

各分公司、各职能部门：

2015 年 12 月 21 日至 22 日，总公司召开了 2015 年度工作会议。2016 年工作的总体要求是，继续解放思想，谋划发展，提高质量，加强管理，增加效益。

现将经会议通过的《江苏厚生机电有限公司 2016 年工作要点》印发给你们，请结合本部门、本单位实际，认真研究，贯彻落实。

附件：江苏厚生机电有限公司 2016 年工作要点

总公司
2016 年 1 月 7 日

请按照上述文件的精神和要求，收集材料，拟写一份工作计划。

任务分析

日常办公文书是党政机关、企事业单位、社会团体与个人在日常生活和工作中处理公私事务时使用的具有实用价值和惯用格式的应用文书，主要包括工作计划、工作总结、工作简报、工作日志等。日常办公文书具有交流与沟通信息、部署与联系工作、总结经验与教训、规范行为的作用。

工作计划是日常生活和工作中经常用到的一种事务文书。制订工作计划,需要有科学的方法。本任务的目的就是使学习者通过对工作计划的概念、特点、分类与格式要求等基本知识点的学习,能够熟练进行工作计划的写作。

在工作计划的写作过程中,应注意以下问题:首先,工作计划不是乌托邦式的美丽幻想,而是立足于现实对于未来的一种有根据的安排与设想,不应过多地进行文学化叙述;其次,工作计划的制订,既要立足于现实,又要高于现实,还不能太高,即"跳一跳,够得着";最后,工作计划的制订,不应只有目标,关键在于措施、保障与进度安排。

相关知识

一、工作计划的概念

工作计划是国家机关、社会团体、企事业单位与个人在一定时期内为实现特定目标或完成某项任务而预先做出的安排和设想。顾名思义,工作计划就是事先的打算、安排。《礼记·中庸》有言:"凡事预则立,不预则废"。"预"是对未来事情所做的预想、预测,这句话是说,做任何事情都要有事先的工作计划与安排,否则,"人无远虑,必有近忧",可能会出现混乱的局面,影响发展目标的实现。从管理学的角度讲,工作计划是对未来的一种有序的时间管理,是实施主体为在一定时期内实现既定目标而做出的科学管理。

小思考
人们常说"计划没有变化快",那么,为何还要做计划?

二、工作计划的分类

工作计划有以下几种分类方法。
(1)按内容分,有财务工作计划、教学工作计划、收购工作计划、销售工作计划等。
(2)按使用范围分,有班组工作计划、单位工作计划、地区工作计划、国家工作计划等。
(3)按时间分,有季度工作计划、年度工作计划、五年工作计划、十年工作计划等。
(4)按性质和作用分,有指令性工作计划、指导性工作计划、专题工作计划等。
(5)按格式分,有条文式工作计划、表格式工作计划、条文与表格相结合的工作计划。

三、工作计划的特点

1. 内容的预见性

工作计划不是对已经形成的事实和状况的描述,而是在行动之前对行动的目标与任务、措施与方法、进度等所做出的预见性确认,但这种预想不是盲目的、空想的,而是以上级部门的规定和指示为指导,以本单位的实际条件为基础,以过去的成绩和问题为依据,对今后的发展趋势科学预测之后做出的。

2. 对象的针对性

工作计划是根据党和国家的方针政策、上级部门的工作安排或指示精神,针对本单位的工作任务、主客观条件和相应能力制订的。总之,从实际出发制订出来的工作计划,才是有意义、有价值的。

3. 措施的可行性

可行性是和预见性、针对性紧密联系在一起的,预见准确、针对性强的工作计划,在现实中才真正可行。制订工作计划,要让工作计划的执行者"跳一跳,够得着"。如果目标定得过高,措施不合理,这个工作计划就是空中楼阁;反之,目标定得过低,措施、方法没有创新性,目标实现虽然很容易,但是不能取得有价值的成就。

4. 作用的约束性

工作计划一经通过、批准或认定,在其所指向的范围内就具有了约束作用,在这一范围内,无论是集体还是个人,都必须按工作计划的内容开展工作和活动,不得违背和拖延。

四、工作计划的结构与格式要求

1. 标题

工作计划的标题一般由制订工作计划的单位的名称、完成工作计划任务的时间、工作计划的内容和文种四部分构成,也可省略单位名称。工作计划的时间性明显,所以标题中一般应包含时间要素。

如果工作计划不成熟,需要讨论或者经过上级批准才能通过,应在标题末尾加括号注明"草稿""征求意见稿""草案""讨论稿"等。

2. 前言

工作计划的前言一般先说明制订工作计划的指导思想、背景、目的、依据等,并简述工作计划的基本内容,然后以"特制订工作计划如下"等过渡语导入主体部分。

3. 主体

工作计划的主体一般包括以下三个部分。

(1)目标,即在规定时间内要完成的目标和任务,包括总目标、总任务及由其分解出来的子目标、子任务,主要是"做什么"的问题。目标要切实、具体、明确,不能模棱两可。

(2)措施和方法,即完成目标、任务所采取的措施和方法,主要是"怎么做"的问题。应写明依靠哪些力量,采取哪些方式和方法,利用哪些有利条件。措施应当切实可行,方法应当具体、合理,对完成任务的数量、质量、进度也应当有明确的规定。

(3)进度安排,即完成目标、任务或工作项目的步骤,主要是"何时完成"的问题。要明确由哪个部门负责,由哪个责任人主管,按照什么程序,分步骤在什么时间内完成。

4. 结束语

工作计划的结束语可以用来强调重点任务和执行要求,也可以用来表明完成工作计划的信心和决心,还可以用来提出希望、展望前景或发出号召。

五、拟写工作计划的注意事项

拟写工作计划时,应注意以下几点。

(1)要吃透"两头",注意"上策"与"下情"的结合。拟写工作计划,既要符合党和国家的路线、方针、政策,又要从本地区、本单位或本人的实际出发,处理好全局与局部、组织与个人、长远与当前的利益关系。

(2)要走群众路线,要注意集中群众的智慧。拟写工作计划,不能"闭门造车",不能躲在办公室里空想,要走群众路线,从群众中来,到群众中去,深入调研,这样才能发现问题,找出规律。

(3)工作计划既要有预见性,又要有可行性,以"跳一跳,够得着"为好。工作计划的目标应当明确、具体,工作计划的措施应当具有可操作性。

六、例文评析

1. 工作方案

2015 年招商引资工作方案

一、指导思想

顺应新常态下招商引资工作的新要求,着眼于招商引资质量和效益,着眼于推动产业聚集发展,着眼于构建公开、透明、可预期的法治化营商环境,坚持理念创新、方式创新、政策创新、服务创新,坚持调整存量、做优增量并举,坚持挑商选资、招才引智并重,建立专业化、市场化招商机制,强化产业链招商、精准招商、重点区域招商、重大项目招商,规范招商引资行为,加大招商引资力度,进一步促进招商引资提质增效。

二、预期目标

利用省外资金:力争全省利用省外资金增长10%左右,战略性新兴产业和服务业利用省外资金占比提高。

吸收外商投资:力争全省吸收外商直接投资增长10%左右,战略性新兴产业和服务业利用外资占比提高。

三、重点工作

(一)谋划推进产业招商项目

1.紧扣产业谋划项目。立足我省主导产业和各地首位产业,重点围绕电子信息、高端装备、新材料、生物医药、汽车、家电、能源、纺织服装、文化旅游等产业基地和特色产业集群建设,突出产业建链、延链、补链、强链,谋划100个左右重点对外招商项目。密切跟踪教育、医疗、健康养老、电子商务、商贸物流、金融、文化等领域进一步开放的政策动态,加强谋划推进服务业对外招商项目。(责任单位:省发展改革委、省商务厅。协同单位:省教育厅、省经济和信息化委、省民政厅、省文化厅、省卫生计生委、省旅游局、省政府金融办等)

2.大力推介对接项目。通过重大展会、专题招商活动、商协会组织、知名网站等各类平台和渠道,积极开展项目推介对接,努力促成洽谈合作,吸引优秀人才和优秀团队来皖创新创业。着力引进知名跨国公司和行业龙头企业,建设企业总部、功能性机构、研发中心,投资新技术、新产品、新业态、新商业模式等创新项目,促进全省主导产业集聚和新兴产业培育。(责任单位:省发展改革委、省商务厅。协同单位:省教育厅、省科技厅、省人力资源社会保障厅等)

3. 优化服务调度项目。择优筛选100个重大招商引资项目,其中利用省外资金项目75个,吸收外商投资项目25个,与2015年省重点项目统筹调度推进。实行重点招商引资项目省市县三级调度机制,加强项目动态跟踪,逐月通报进展情况。(责任单位:省发展改革委、省商务厅,各市人民政府)

(二)搭建定向精准招商平台

4. 依托重大会展招商。省级层面将组织参加第九届中部博览会、第二届中俄博览会、第十二届东盟博览会、第十七届高交会等全国性重大经贸展会活动,依托大会平台开展招商活动,推介投资环境,拓展客商资源,洽谈对接项目。(责任单位:省商务厅,有关市人民政府)

5. 组织专题活动招商。围绕长三角、珠三角、京津冀等客商资源集聚地,组织举办专题招商活动。抢抓中央疏解北京非首都功能的机遇,有针对性地开展与在京央企和知名民企的对口招商,拜访驻京跨国公司总部,实施登门招商对接;赴上海与驻沪跨国公司、境外商协会对接洽谈;赴东莞、昆山与电子、家具、模具、服装、鞋业等台资企业交流对接;赴深圳与出口加工贸易企业进行招商对接;会同上海、江苏、浙江等省市在合肥举办长三角产业合作发展对接会,重点围绕战略性新兴产业、文化旅游、现代服务业等交流对接。针对美加、欧洲、日韩、澳新以及东南亚等我省主要外资来源地,分别组团开展境外招商活动;围绕机器人、汽车零部件、电子信息、新型建材、农产品深加工等产业赴台湾开展招商引资活动。(责任单位:省商务厅、省发展改革委。协同单位:省经济和信息化委、省外办、省国资委、省台办、省工商联,有关市人民政府)

6. 定向精准对接招商。建立专业化、市场化招商机制,从各设区市及开发区产业招商需求出发,紧扣项目线索和合作意愿,突出优势园区载体,精心筛选确定重点目标企业,有的放矢地组织登门招商,实施产业、园区"点对点"精准对接。围绕外向型企业及世界500强总部基地和研发中心,以及电子信息、商贸物流、供应链管理、纺织服装、食品、新材料、新能源等领域,分别在上海、深圳、厦门等地,组织我省开发区与投资企业的对接活动。(责任单位:省商务厅、省台办。协同单位:有关市人民政府)

7. 推进"徽商回归"工程。开展"徽商企业家乡行"活动,充分借助2015年国际徽商精英年会平台,加强交流合作,邀请徽商企业家来皖创业发展。依托沪、苏、浙、粤、鄂、渝等地省级安徽商会,邀请一批战略性新兴产业和现代服务业徽商企业来皖投资考察。进一步做好"徽商回归"项目统计工作,分析和通报"徽商回归"落地项目。(责任单位:省发展改革委。协同单位:省商务厅、省工商联)

8. 省市协作联动招商。指导各市结合本地实际,有针对性地组织开展招商引资活动,并在客商资源、联络协调等方面给予支持。(责任单位:省商务厅、省发展改革委,各市人民政府)

(三)打造转型升级园区载体

9. 创新体制机制。认真落实国家级经济技术开发区转型升级创新发展促进措施,以及《安徽省人民政府办公厅关于促进全省开发区转型升级的实施意见》(皖政办〔2015〕7号)。探索有条件的开发区与行政区融合发展体制机制,鼓励开发区创新行政管理体制,提高行政效率和透明度。鼓励开发区与境内外各类主体探索跨区域合作共建新机制,推动我省开发区与上海、江苏、浙江等省市开发区建立对口联系机制,共建跨区合作园区和合作联盟,吸引与我省经济发展和产业契合度相适应的东部地区产业向我省转移。创新园区投融资机制,支持符合条件的开发区开发、运营企业发债筹资。(责任单位:省发展改革委、省商务厅)

10.推进园区升级。支持转型升级成效突出的省级开发区按照国家标准争创各类国家级开发区。实施开发区动态管理,根据国家级经济技术开发区综合发展水平评价办法等规定,指导我省开发区改善投资发展环境,增强综合竞争优势。严格扩区管理,提高省级开发区扩区标准和土地节约集约利用水平。研究制定筹建省级开发区"去筹转正"的原则和标准,强化约束和倒逼机制,细化监督评估工作。(责任单位:省商务厅、省发展改革委)

11.打造特色园区。加快培育新兴产业、先进制造业、高新技术产业、现代服务业、现代农业等各类特色产业园区,鼓励开发区积极创建国家循环化改造示范试点园区、生态工业园区、新能源应用示范产业园区和知识产权示范园区。鼓励有条件的省级以上开发区设立台湾工业园或台湾农民创业园等。(责任单位:省发展改革委、省科技厅、省环保厅、省商务厅、省台办)

(四)改革创新推动招商工作

12.跟踪落实外资管理改革。密切关注外资"三法"修订、外商投资普遍备案和有限核准管理、外商投资准入前国民待遇加负面清单管理、上海自贸区改革试点经验推广、外商投资指导目录修订等外资管理改革动态,按照国家授权,结合我省实际,认真组织落实,提升外商投资便利化水平。(责任单位:省商务厅、省发展改革委)

13.探索事中事后监管。依法明确外资企业监管的目标、内容、方式,逐步建立完善外资企业信息备案、信息报告、信息共享等制度,发挥行业商协会的作用,促进外商投资企业规范、健康发展。组织做好年度外商投资企业联合年报工作。(责任单位:省商务厅)

14.依法依规用活用好招商引资政策。立足新形势和新要求,认真贯彻《国务院关于清理规范税收等优惠政策的通知》(国发〔2014〕62号),在规范清理招商引资政策的基础上,加强新形势下招商引资政策研究和创新,依法依规用活用好招商引资政策,提高政策的规范性、科学性、针对性和实效性。(责任单位:省商务厅、省发展改革委、省财政厅、省经济和信息化委、省科技厅、省人力资源社会保障厅、省国土资源厅、省台办,各市人民政府)

15.拓展利用外资方式。加强国际并购研究,积极引导和推动外资并购我省企业,鼓励外资参与国有企业股权重组,发展混合所有制经济。支持符合条件的企业在境外资本市场上市融资、并购先进技术及优质资产。(责任单位:省商务厅、省发展改革委、省经济和信息化委、省国资委、省政府金融办、省工商联)

16.强化业务能力培训。组织开展全省开发区招商引资培训,重点围绕开发区建设、招商引资、产业转型升级等内容,分批次对省级以上开发区分管负责人及相关人员进行培训。开展外商投资管理体制改革、外商投资企业备案管理等业务培训,指导各市县、开发区做好新形势下外商投资管理和促进工作。(责任单位:省商务厅、省发展改革委)

(五)进一步优化招商引资环境

17.加强诚信服务。各地在招商引资和经贸合作中要依法依规签订合作协议、赋予政策、履行承诺。探索建立外来投资企业跟踪服务体系,依法保护投资者合法权益。(责任单位:省发展改革委、省商务厅,各市人民政府)

18.加强宣传推介。按照国际通行做法,编制发布安徽省投资环境白皮书,为投资者提供权威的安徽投资政策、投资环境、发展优势和专业化服务等信息。组织各类新闻媒体和借助境内外商协会,开展适合外商需求和习惯的投资环境宣传推介。(责任单位:省商务厅、省发展改革委、省政府新闻办。协同单位:省外办、省贸促会、省侨联)

【简析】

这是一则工作方案。工作方案是工作计划中内容较为复杂的一种。由于具有某种职能的具体工作比较复杂,不做全面部署不足以说明问题,因而工作方案的内容构成应全面、具体,一般由指导思想、主要目标、工作重点、实施步骤、政策措施、具体要求等部分构成。

本工作方案的前言部分,由实施方案的指导思想与预期目标构成;主体部分即重点工作,分五个方面论述,目标明确、具体,措施得当,责任落实到单位,便于执行。本工作方案既有对全局的总体把握,又与各地区实际相结合,便于各地区在总体指导下结合当地的实际情况有效执行。

2. 工作要点

教育部2009年工作要点

2009年教育工作的总体要求是:全面贯彻党的十七大和十七届三中全会精神,以邓小平理论和"三个代表"重要思想为指导,深入贯彻落实科学发展观,全面贯彻党的教育方针,继续解放思想,坚持改革开放,谋划发展,提高质量,促进公平,加强管理,办好人民满意教育,努力建设人力资源强国。

一、深入学习实践科学发展观,制定国家中长期教育改革和发展规划纲要

1.以开展深入学习实践科学发展观活动为主线,促进教育事业优先发展、科学发展。深入推进教育部机关学习实践活动,着力抓好直属高校学习实践活动,配合各地推进大中小学积极开展学习实践活动。以"谋划教育事业科学发展,努力办好人民满意教育"为载体,全面落实学习实践活动的指导思想、目标要求和主要原则,确保教育系统学习实践活动取得实效。

2.在党中央、国务院领导下,研究制定国家中长期教育改革和发展规划纲要,做好全国教育大会筹备工作。总结和宣传新中国成立60周年特别是改革开放30年来教育事业改革发展的成绩与经验,动员和组织全国教育系统与全社会力量广泛开展教育大调研、大讨论活动,把规划纲要的制定过程作为解放思想、形成共识、推进工作的过程。面向现代化、面向世界、面向未来,制定一个人民群众满意、符合中国国情和时代发展要求的规划纲要,对未来十二年教育事业改革发展做出全面规划和部署。

3.认真贯彻党的十七届三中全会精神,坚持农村教育重中之重的战略地位,大力办

好农村教育事业。以提高质量为核心,巩固农村义务教育普及成果;以深化改革为动力,大力加强农村教师队伍建设;以中等职业教育为重点,加快普及农村高中阶段教育;以服务"三农"为方向,增强高校为农输送人才和服务能力;以强化政府责任为关键,推动形成大力办好农村教育事业的合力。

4. 认真落实中央保增长、调结构、扩内需的要求和部署,以加强薄弱环节为重点,继续增加教育投入,集中力量办一些让社会公众满意、给教育发展添动力的事情。保质保量完成中央新增教育投资项目。统筹城乡教育发展,继续将新增教育经费主要用于农村,扶持贫困地区、民族地区和边远地区教育事业发展。积极化解农村"普九"债务,争取三年内基本化解历史欠账。开展化解高校债务风险工作。加强教育经费统计和监测,依法推动落实教育经费"三个增长"。坚持勤俭办教育、办学校,加强规划项目和资金的管理,提高教育经费使用效益。

5. 大力加强教育法制建设。加快修订《职业教育法》进程;配合国务院法制办,继续做好《考试法》的修订;加快起草《学位法》《终身学习法》,深入落实我部制定的教育立法规划。加大教育法律贯彻实施和执法监督检查力度。全面落实教育系统"五五"普法规划,大力推进依法治教、依法治校。

二、切实推进素质教育,着力培养学生创新精神和实践能力

三、大力办好农村义务教育,促进义务教育均衡发展

四、大力发展职业教育,重点加强农村中等职业教育

五、提高高等教育质量,增强培养高素质人才、科技创新和社会服务的能力

六、积极发展成人继续教育,推动全民学习、终身学习的学习型社会建设

七、重点加强农村教师队伍建设,全面提高教师素质

八、落实教育惠民政策,努力办好人民满意教育

九、深入推进改革开放,进一步提高教育管理水平

十、加强教育系统党的建设,提高领导教育事业科学发展的能力

(全文共55条,第二至第十部分的具体条目省略。内容略有改动)

【简析】

这是一则年度工作要点,是教育部对2009年度工作计划的概述。前言部分,是年度教育工作的总体要求。然后,主体部分分十个部分,点面结合、纵横结合、分层次地讲述各类教育工作。第一部分,主要讲述要深入学习实践科学发展观,制定国家中长期教育改革和发展规划纲要,这是当前最基本的任务。第二至第六部分,是教育的不同类型,从推进素质教育入手,来谈农村义务教育、职业教育、高等教育、成人继续教育等几方面。第七至第十部分,是教育工作的保障层面,从农村教师队伍建设、教育惠民政策、教育管理水平、教育系统党的建设等几方面来加强教育工作的保障。

任务实施

1. 严格按照工作计划的格式和写法,为自己拟订一份下学年的学习或工作计划。

2. 淮海职业技术学院工商管理系将组织第一届电子商务策划竞赛,请代为拟订一份工作计划。

任务二　工作日志的写作

知识目标
◆ 了解工作日志的概念、类型与作用；
◆ 掌握工作日志的写作格式与结构要求。
能力目标
◆ 提高对工作日志相应工作情景的理解与分析能力；
◆ 掌握工作日志的结构与格式要求，能够熟练进行各类工作日志的写作。
素质目标
◆ 培养学生良好的工作态度与踏实的工作作风。

课程思政点
◆ 指导学生完成本学期工作日志。

任务引入

为加强考核，便于员工的自我管理，淮海职业技术学院要求全员进行工作日志的撰写。请代办公室制作一份《淮海职业技术学院工作日志》的模板。

任务分析

从某种程度上说，工作日志就是当日的工作内容与次日的工作计划的结合，可以借助于计算机软件来进行编辑和撰写，如"日事清"等。

相关知识

一、工作日志的概念

工作日志，就是针对自己的工作职责与内容，每天记录工作的内容及所花费的时间、在工作过程中遇到的问题及解决问题的思路和方法的办公文书。撰写工作日志时，最好详细、客观地记录所面对的选择、观点、方法、结果和决定，这样每天日事日清，经过长期积累，可以达到通过工作日志提高自己的工作技能的目的。

二、工作日志的类型

工作日志有以下几种分类方法。
(1)按照使用对象来分，有班主任工作日志、学生工作日志、销售工作日志、采购工作日志、行政工作日志、客户服务工作日志、研发工作日志、管理工作日志等。

（2）按照日志属性来分，有结构化工作日志和非结构化工作日志。结构化工作日志是指具有通用模板的日志，如服装行业的门店工作日志（每天统计进店人数、客流量、试穿率等）、IT企业服务器维护日志（每天统计服务器的负荷、维护状态、内容）等。结构化工作日志具有固定的格式和指标。非结构化工作日志是指没有固定格式的工作日志，如新员工试岗日志等。

小思考

一篇好的工作日志，可以从时间、内容和感想三个维度来考量。吾日三省吾身，你做好每天坚持做工作日志的准备了吗？

三、工作日志的作用

1. 提醒作用

撰写工作日志是记录任务来源及任务输出的过程。员工在实际操作过程中，可能会同时进行多项工作，可能会因为注意细节而忽略重要的事情，及时查看工作日志，并进行标注，可以起到提醒作用，因此对企业的每一位员工都有重要作用。

2. 跟踪作用

不同员工的工作岗位不一样，其工作职责与内容就会有本质的不同，企业员工的工作效率及工作的及时性也就非常难以进行控制，企业管理者可以把工作日志看成是跟踪的重要手段。企业管理者可以根据工作日志所记录的内容，对相关员工的重要事件进行跟踪，在跟踪过程中增加资源支持，把风险降低到最低限度。

3. 证明作用

企业员工之间的合作需要一个公平、公开的平台。如果企业内部不建立这样的平台，就会出现工作效率日益低下的现象，这种现象一旦出现，企业内部就会出现矛盾，企业的发展也就成了一种奢望，因此企业必须建立一个证明业绩的平台。工作日志，就是一个企业员工交流、沟通与合作的平台。

四、工作日志的结构与格式要求

工作日志的内容一般分为当日工作内容和次日工作计划两部分。

1. 当日工作内容

当日工作内容，可以按照时间的先后顺序，分为上午、下午、晚上（如有加班）分别撰写，每个时间段又可以具体细分，以明确时间性。当日工作内容由工作时间、工作内容、执行情况等方面构成。

2. 次日工作计划

次日工作计划是对第二天工作的简单安排。通过连续撰写工作日志，可以总结经验、教训,提高工作效率。

五、例文评析

淮海职业技术学院工作日志

2015 年 6 月 5 日

当日工作内容			
	工 作 时 间	工 作 内 容	执 行 情 况
上 午	8:30—9:30	"工作日志的写作"备课	已完成
	9:30—10:00	批改学生作业	完成 60%
	10:10—11:40	"工作日志的写作"上课	课堂教学情况正常
下 午	13:30—14:55	"秘书与领导的关系"上课	有学生上课玩手机
	15:20—16:30	召开班会	已完成
晚 上			
次日工作计划			
	工 作 时 间	工 作 内 容	
上 午	8:30—10:00	"工作总结的写作"备课	
	10:00—11:40	科研论文材料的收集与整理	
下 午	13:30—16:30	科研论文材料的阅读与分析	
记 录 人	王晓亮	上 级 领 导	张刚

【简析】

这是一则工作日志,比较详细地记录了当日的工作内容及执行情况,同时对次日的工作计划做出了安排,有利于对后续工作的把握。

任务实施

请结合自身的学习、生活与工作情况,撰写为期一周的工作日志。

应用文写作

任务三　工作总结的写作

知识目标
◆ 了解工作总结的概念、特点与分类；
◆ 掌握工作总结的写作格式、内容要求与写作的注意事项。

能力目标
◆ 提高对工作总结相应工作情景的理解与分析能力；
◆ 能够熟练进行各类工作总结的写作。

素质目标
◆ 培养学生的总结分析能力。

课程思政点
◆ 指导学生完成年度学习总结。

任务引入

2015年12月20日，江苏厚生机电有限公司年度总结表彰大会即将召开。本次会议内容包括总结表彰、企业文化培训、营销技巧培训等。

会议召开时，业务部主管刘强卫要总结2015年销售工作取得的成绩，并指出工作中的不足，同时为业务部今后的发展明确工作思路，以鼓舞业务人员。

岁末将至，颇让部门主管或员工头疼的事就是写年终总结。很多人抓耳挠腮，不知年终总结应该如何写。许多人的年终总结也往往是为了应付差事，大唱高调，对成绩大吹大擂，对问题不疼不痒，分析起问题来全是客观原因。刘主管责令业务部助理陈强拟写一份部门年终总结。那么，一份高质量的年终总结究竟应该如何写呢？

任务分析

工作总结既是对自身实践活动的回顾，又是人们的思想认识从感性阶段向理性阶段不断上升的过程。工作总结是为了对过去的行为进行归纳、分析，并找出经验与教训，从而指导今后的工作。本任务的目标是了解工作总结的概念、特点与分类，掌握工作总结的写作格式、内容要求与写作的注意事项，能够熟练进行工作总结的写作。

相关知识

一、工作总结的概念

工作总结是国家机关、社会团体、企事业单位或个人对过去某个时期、某个阶段、某个方面的实践活动进行回顾和评价,通过归纳、分析与研究,从中找出经验与教训,引出规律性的认识,以明确今后工作方向的一种事务文书。

工作总结可以使人们对某系统、某地区、某单位或某个人的某一项工作的实践活动的思想认识由感性阶段上升到理性阶段,以便发扬优点,克服缺点,使今后的工作多出成果,少走弯路;也可以为各级领导机关提供基层工作的情况和经验,以便加强科学管理和指导;还可以用于表彰先进,树立典型,交流、推广先进经验,指导和推动工作。

二、工作总结的分类

1. 全面总结

全面总结主要用于对一个部门、一个单位、一个地区在一定时期内的各项工作进行全面的总结,如年终总结、阶段总结等。这类总结,一般是对过去的工作进行一次总体的回顾与检查,从中找出经验和教训,以便发扬优点,克服缺点,将之后的工作做得更好。

全面总结要"全",但这种"全"并不是包罗万象,面面俱到,把什么都写进去,而是要点面结合,突出重点,"点"要详,"面"要略,有详有略,主次分明。

2. 专题总结

专题总结主要用于对某一项工作或某一方面的问题进行专门的总结,一般选取工作中的突出成绩、典型经验或者存在的问题进行分析、研究,以便指导工作。专题总结,针对性强,使用广泛,写这类总结,要明确总结的重点,不能把面铺得过宽。

专题总结常用于推广典型经验或揭露问题。

3. 个人总结

个人总结主要用于对个人在某个阶段或某个问题上的工作情况进行总结。

三、工作总结的特点

1. 内容的自我性

工作总结是对自身的社会实践活动进行回顾的产物,它以自身的工作实践为材料,采用的是第一人称的写法,其中的成绩、做法、经验、教训等,都有自我性的特征。

2. 思维的回顾性

工作计划是预想未来,对将要开展的工作进行安排。工作总结是回顾过去,对前一阶段的工作进行检验,其目的是更好地完成下一阶段的工作。因此,工作总结和工作计划这两种文体的关系是十分密切的,工作计划是工作总结的标准和依据,工作总结又是制订下一步工作计划的重要参考。

3. 材料的客观性

工作总结是对前一阶段的社会实践活动进行全面回顾、检查的文种,决定了工作总结有很强的客观性。工作总结是对自身的社会实践活动进行回顾的产物,所列举的事例和数据都必须完全可靠,确凿无误,任何夸大、缩小、随意杜撰、歪曲事实的做法都会使工作总结失去应有的价值。

4. 总结的理论性

工作总结还必须从理论的高度概括经验和教训。凡是正确的实践活动,总会产生物质和精神两个方面的成果。作为精神成果的经验和教训,因为它对今后的社会实践有着重要的指导作用,所以从某种意义上说,它比物质成果更加宝贵。拟写工作总结必须坚持"实践是检验真理的唯一标准"的原则,正确地反映客观事物的本来面目,找出经验与教训,引出规律性认识,这样才能达到总结的目的。

小思考

撰写班级工作总结,应从哪几个方面来组织内容?

四、工作总结的结构与格式要求

1. 标题

1)公文式标题

公文式标题有以下三种形式。

(1)由单位名称、时间、事由与文种四部分构成,如《××市地方税务局2015年税收工作总结》。

(2)只写明单位名称、时间与文种,或者单位名称、事由与文种,如《××市××区计划生育工作总结》。

(3)只写明事由与文种,或者时间与文种,如《教育工作总结》《2003年上半年工作总结》。

2)根据内容概括标题

此类标题有以下两种形式。

(1)单标题,如《从增强责任感入手加强思想政治教育》。

(2)双标题,即正标题概括工作总结的内容,副标题一般标明单位名称、文种等,如《构建农民进入市场的新机制——运城麦棉产区发展农村经济的实践与总结》《加强医德修养 树立医疗新风——南方医院惠侨科精神文明建设的经验》。

2. 前言

工作总结的前言主要用来概述基本情况,包括单位名称、工作性质、主要任务、指导思想、总结目的、主要内容等。拟写前言部分,要注意简明、扼要,不需要过多铺陈。

3. 主体

这是工作总结的主要部分,主要包括以下四个方面。

(1)基本情况。要写明做了哪些工作,采用了什么方法和措施,取得了哪些成绩,遇到了什么问题,问题是如何解决的。

(2)主要做法、成绩和经验。这部分是工作总结的重点,写法多种多样,主要根据工作总结的性质和内容来确定。主要有两种写法:一种是先谈主要做法、成绩,后写经验,这种写法的好处是做法和经验分明，便于先集中力量写好过程，然后深入阐述经验；另一种是按照内容要求把主要做法、成绩和经验综合在一起，或以主要做法带经验，或以经验带主要做法，夹叙夹议，这种写法的好处是材料与观点结合得比较紧密，文章的整体性比较突出。不论采用哪种写法，都必须写明取得了哪些经验、有什么体会，要上升到理论高度加以分析，以找出规律性的东西。

（3）问题、教训及其原因。要写出工作中存在的问题、错误以及产生的原因和从中吸取的教训，或写出没有完成的工作及有待解决的问题。目的在于引以为戒，以推动此后的工作顺利开展。

（4）改进措施与今后的打算。要针对前面总结的经验、教训和存在的问题来写，指出今后努力的方向，规定任务，表明决心，展望前景，要注意明确、具体、言之有物。

这四个方面在工作总结中可以灵活组合，根据工作总结的目的、内容、要求有所侧重，不必面面俱到。主体部分常见的结构形态有以下三种。

（1）纵式结构，即按照事物发展或实践活动的过程安排内容。写作时，把工作总结所包括的时间段划分为几个阶段，按时间顺序分别叙述每个阶段的成绩、做法、经验与体会。这种写法的好处是事物发展或实践活动的全过程清楚、明白。

（2）横式结构，即按照事物性质和规律的不同分门别类依次展开写作，使各层次之间呈现出相互并列的态势。这种写法的好处是各层次的内容鲜明、集中。

（3）纵横式结构，即安排内容时，既考虑到时间的先后顺序，体现事物的发展过程，又注意到内容的逻辑关系，从几个方面总结经验、教训。这种写法，多数是先采用纵式结构，写事物发展的各个阶段的情况或问题，然后用横式结构总结经验、教训。

4. 结束语

结束语应在总结经验、教训的基础上，指出今后努力的方向，表明决心，展望前景。结尾要与开头相照应，篇幅不宜过长。有些工作总结在主体部分已将这些内容表达过了，就不必再写结束语。

五、拟写工作总结的注意事项

拟写工作总结时，应注意以下几点。

（1）要坚持实事求是的原则。实事求是，一切从实际出发，是工作总结写作的基本原则。有人在写工作总结时喜欢夸大成绩，隐瞒缺点，报喜不报忧，这种弄虚作假、浮夸邀功的坏作风，对国家、单位、个人都没有任何益处，必须坚决防止与杜绝。

（2）要注意共性，把握个性。工作总结很容易写得千篇一律、缺乏个性。当然，工作总结不是文学作品，无须刻意追求个性和特色，但千篇一律的工作总结是不会有独到价值的。工作总结要写得有个性，就要有独到的发现、独到的体会、新鲜的角度、新颖的材料。

（3）要详略得当，突出重点。有人写工作总结总想把一切成绩都写进去，不肯舍弃任何正面材料，结果写得很拖沓，没有重点，不能给人留下深刻的印象。工作总结的选材不能求全贪多、主次不分，要根据实际情况和总结目的，把那些既能显示本单位、本地区特点，又有一定普遍性的材料作为重点选用，写得详细、具体，而一般性的材料则要略写或舍弃。

六、例文评析

南涧县质量技术监督局2005—2007年度工作总结

南涧县精神文明建设指导委员会：

在州局党组及县委、政府的正确领导下，南涧县质量技术监督局真抓实干，结合南涧实际，认真落实县委、政府和州局相关工作会议精神，树立和落实科学发展观，努力实践"三个代表"重要思想，紧紧围绕州局党组和县委、政府中心开展工作。以保护人民生命健康、财产安全为重点，维护消费者合法权益，促进我县社会经济健康、和谐发展。经过全局同志的辛勤努力，已全面完成三年来的既定目标，各项工作稳中求进，为下阶段工作的顺利开展打下了坚实的基础。现将三年来的工作总结如下。

一、二〇〇五至二〇〇七年我局工作开展情况

（一）深入开展理论学习活动

1.我局在完成各项业务工作的同时，认真抓队伍建设，结合实施"云岭先锋"工程，"保持共产党员先进性"教育活动狠抓干部队伍素质建设。提高队伍依法行政和为人民服务的觉悟与素质。按照省、州、县党委的要求，以党支部为主，抓《中国共产党章程》、胡锦涛同志在中纪委六次全会上的讲话及关于"八荣八耻"的重要论述的学习。通过学习，全体党员的党性更加纯洁，严格要求自己，争做先锋，全体职工严格按公务员要求工作，令行禁止，无一违纪者，在工作中争当表率，处处体现和发挥共产党员先锋模范作用，极大地增强了队伍战斗力，全体职工精神饱满，斗志昂扬，充满信心，有决心全面完成今年的各项工作任务。

2.高度重视党风廉政和行风建设工作。对此项工作全面安排和布置，并与州局党组签订了党风廉政建设目标责任书，把党风廉政建设和行风建设纳入年度工作目标，使各项措施落实到位，做到了党风廉政和行风建设工作齐安排、齐布置。结合以实践"三个代表"重要思想为主要内容的"保持共产党员先进性"教育活动和云南省委《关于实施"云岭先锋"工程，全面推进党的基层组织建设的规定》，制定了《南涧县质量技术监督局"保持共产党员先进性"教育活动实施方案》（以下简称《实施方案》），成立了以局长为组长的领导组。按照县委"保持共产党员先进性"教育活动领导组的安排布置和《实施方案》，扎实、认真、有效地开展了教育活动，使党员干部进一步明确了新时期共产党员先进性的基本要求，完成了三个阶段的工作，达到了提高党员素质、加强基层组织、服务人民群众、促进各项工作的目标要求。在活动开展的同时建立了完善的《学习制度》《首问首办责任制度》等相关制度，强化了内部管理和政务公开，把涉及我局行政许可的事项、时限、程序、条件、收费情况进行公示，在州监察局组织的全州行政许可法执行情况大检查中受到好评，在县企业保障委组织的民主评议经济管理部门和公共服务部门的评议中满意率逐年上升。

3.以学习十七大精神为主的学习活动成效明显。全局干部职工认真开展学习十七大报告、十七大通过的新的《中国共产党章程》、胡锦涛同志在中央党校的重要讲话、《江泽民文选》《行政机关公务员处分条例》等学习活动，理论学习做到学有工作计划、有安排、有笔记、有测试。全局8名干部职工积极参加学习教育活动，在学习中还通过建立和完善相

应的制度,加强对学习的组织和管理,党员素质有了新提高,党组织有了新气象,执政为民有了新举措,各项工作有了新成效。

(二)行政执法工作成绩斐然

(三)标准化工作

(四)计量检定工作

(五)安全监察工作力度进一步加大,确保各类特种设备安全运行

(六)扎实开展产品质量和食品安全工作,为打造"和谐南涧"做出新贡献

(七)认真开展普洱茶专项整治

(八)队伍建设

(九)继续发挥好协会的联系作用

(十)党委政府交办的其他工作

二、存在的问题

虽然我局取得了可喜的成绩,但是仍然存在不足和差距,主要存在以下问题。

(一)人员少,工作多,矛盾突出,特别是对食品质量安全的监管工作难度大

(二)队伍整体执法素质有待进一步提高

(三)执法大环境差、阻力大,执法工作难度较大

(四)执法装备差,难以适应发展需要,特别是交通工具,难以适应南涧山区山高、坡陡、路窄的工作环境

(五)帮助企业的时间少,受技术限制,帮扶效率不高

三、后三年的工作计划

(一)加强学习,提高队伍素质,提高服务本领,继续抓好打假治劣、食品生产专项整治

(二)积极支持小湾电站国家重点工程的建设,切实抓好特种设备安全监察,杜绝重特大安全事故发生

(三)落实党风廉政建设工作责任制,抓好治理商业贿赂工作,促进本单位行风建设各项工作,落实政务公开,树立质监部门的良好形象

(四)坚持帮扶企业联系制度,发展地方产品,壮大经济

(五)开展计量强制检定工作,服务烟叶收购和粮食入库工作

(六)加大标准执行检查力度,提高标准的有效性,做好新一批农业标准化示范项目立项前期的准备工作

(七)加大培训力度,狠抓队伍建设,不断提高战斗力,确保各项工作顺利开展

(八)围绕党委政府中心工作,充分发挥部门职能作用,为县域经济发展做好服务工作

以提高干部队伍素质为核心,以"忠于职守、勇于负责、严格把关、保国安民"的质监工作职能,投身于服务社会、服务经济、服务企业、服务人民的实际行动,为全面贯彻实现我县"优一、兴三、强二"的经济发展战略,构建和谐社会做贡献。

南涧县质量技术监督局

2008年6月6日

(内容有省略和改动)

【简析】

　　这则工作总结,时间长度为三年,涉及南涧县质量技术监督局的全面工作。首先,前言部分简要概述三年来的基本工作情况,简明扼要,没有过多的修辞和描述。然后,分别从工作开展情况、存在的问题与后三年的工作计划三方面进行总结,主要讲经验与方法,但也不回避问题。不足之处在于,不应仅仅指出问题,还应该找出原因,这样才能更好地"对症下药"。

任务实施

　　1. 请为自己的大学生活做一次总结,要求严格按照总结的格式与内容要求来写。

　　2. 根据下面的材料,为××职业技术学院第一届电子商务竞赛活动拟写一份总结。

　　为了全面考察我院电子商务专业学生在电子商务领域的综合应用能力,挖掘我院大学生中优秀的电子商务人才,培养团队合作精神,积极推动电子商务事业的发展,在学院与工商管理系相关领导的大力支持下,4月26日到7月31日,我院组织了第一届电子商务竞赛。

　　本次竞赛的主题是诚信、实践、创业。大赛不收取学生任何费用,组委会设立了多种奖项,鼓励学生学好电子商务知识,进行电子商务实践,尝试电子商务网上创业,体验电子商务新生活。大赛以促进青年人才成长,强化电子商务人才资源建设为目标。本次竞赛面向全院学生,旨在提高在校学生的电子商务理论水平和电子商务实际操作技能。

　　竞赛包括个人网上创业比赛、大学生网上"创业之星"的选拔以及团体赛等系列活动。团体赛以代表队的形式举行,三个学生为一个团队,既充分考察每个学生的个人水平,也考察团队合作精神。团体赛内容由三种考试题型组成:知识比赛、模拟比赛、创意比赛。网上创业比赛是让参赛者在淘宝上开设网上商店,在规定的比赛期限内卖出物品,并获得良好的信用评价。其中,交易额、交易数量、交易评价都是影响打分的关键因素。

　　本次竞赛获得了全院各系、各部门的热烈响应,来自全院的24个代表队参加了团体赛。最后,工商管理系电子商务071班代表队获得了团体赛冠军,沈玉清同学以积分380分的高分获得了"创业之星"的荣誉称号。

任务四　工作简报的写作

知识目标
◆ 了解工作简报的概念与特点；
◆ 掌握工作简报的内容要求、写作格式与写作的注意事项。

能力目标
◆ 提高对工作简报相应工作情景的理解与分析能力；
◆ 能够熟练进行工作简报的写作。

素质目标
◆ 培养学生的审美意识与版式设计能力。

课程思政点
◆ 指导学生制作班级工作简报。

任务引入

全球金融危机以来，由于经济的全球化、一体化，我国的外向型经济受影响颇大。为了更好地应对金融危机，应该对全球经济环境和区域经济环境进行分析。请根据下面的材料以江苏厚生机电有限公司办公室的名义编制一份简报。

调查显示，我国企业景气状况回升，企业用工将增加

新华网北京 11 月 14 日电（记者郭小兰、白洁纯）　中国企业家调查系统 2009 年 11 月 14 日发布的调查报告显示，企业经营者对中国经济形势持谨慎、乐观的态度。随着中国经济的回升，国内企业的景气状况也在温和回升。六成企业经营者预计本企业下半年将处于盈利状态，这将带动用工随之增加。

在被调查的企业中，认为目前企业经营状况"良好"的企业经营者占 33％，认为"不佳"的占 18.9％，认为"良好"的比认为"不佳"的多 14.1 个百分点，比 2008 年略高 1 个百分点，比 2009 年第一季度的调查结果高 26 个百分点，表明我国企业整体经营状况正在好转。61.5％的企业经营者预计 2009 年下半年将有"较大盈利"或"略有盈余"，比上半年盈利的企业多 10.1 个百分点。

金融危机以来，西部和东北地区企业盈利状况好于东部和中部地区，大型企业盈利状况明显好于中小型企业，国有及国有控股公司盈利状况明显好于非国有企业。

上半年盈利状况较好的行业包括：交通运输、仓储和邮政业，批发和零售业以及制造业中的医药、橡胶等行业。预计下半年批发和零售业以及制造业中的医药、化纤、通信设备和仪器仪表等行业经营状况相对较为乐观，数据表明，上述行业中超过七成的企业经营者预计下半年本企业"盈利较大"或"略有盈余"。

从企业订货情况看，60.9%的企业订货"正常"或"高于正常"，明显高于2009年第一季度的水平，接近2008年的调查结果，但与2006年和2007年相比，仍有20个百分点左右的差距。

从企业产销形势看，认为企业的生产（服务）量、销售量"增加"的企业经营者分别占39%和40%，比认为"减少"的分别多20.5个百分点和19.3个百分点，这一结果虽然低于2007年的水平，但比2008年分别高出12.1个百分点和12.4个百分点。

调查结果显示，与上半年相比，27%的被调查企业用工"增加"，比用工"减少"的多7.4个百分点。西部地区用工"增加"的比"减少"的多11.6个百分点，高于其他地区。

本次调查是由中国企业家调查系统组织的第17次全国性企业经营者年度跟踪调查，该项调查每年组织两次。与前16次年度跟踪调查一样，本次调查以企业法人代表为主的企业经营者群体为调查对象。调查采用邮寄问卷的方式进行，共发放问卷16 000份，回收有效问卷5 016份。该调查是由国务院发展研究中心人力资源研究培训中心、国务院研究室工交贸易研究司、国务院国有资产监督管理委员会企业分配局、国家统计局国民经济综合统计司等多家权威部门和单位联合组织实施的。

任务分析

现代社会是一个信息社会，政府机关、企事业单位、社会团体在传递信息时，经常制定定期与不定期的工作简报，以在各级机关间做到信息的有效沟通。与行政公文相比，工作简报具有快捷、方便、简短等优点，并且在格式上具有较强的灵活性。

本任务的目标是了解工作简报的概念与特点，掌握工作简报写作的格式要求与注意事项。要注意工作简报的文面格式与行政公文的文面格式的区别与联系。

相关知识

一、工作简报的概念

工作简报是行政机关、社会团体、企事业单位内部或之间用来下情上报、上情下达和互通情况、交流信息的一种事务文书。

"简"主要是指内容简要，篇幅简短，言简意赅；"报"除了说明它具有报道、报告、通报的某些性能外，还说明它在制作形式上像是一种内部报刊：有固定刊名、出刊期号、编辑部门、稳定的发送对象、编印日期和印制份数等。简报只在单位内部和有联系的单位之间运转。

二、简报的特点

1. 内容的专业性

简报不同于公开的报纸、杂志，它一般由有关单位、部门主办，专业性十分明显，如《人口普查简报》《防汛抗旱简报》等，由主办单位组织专人撰写，传递有关工作的情况、经验、问题和对策等，专业性的信息多说，一般性的信息少说，无关的信息不说，这样，才能使简报的读者了解工作情况,增强责任感,推进工作进展。

2. 风格的简明性

简报的篇幅特别简短,一期简报一般只有一篇文章,有时有几段信息或几篇文章;提倡千字文,以适应现代快节奏工作的需要;语言简明精练,直截了当;内容言简意赅,主旨集中,重点突出。

3. 制发的及时性

简报写作要快,制作及发送也要迅速,尽量让读者在第一时间了解到最新的实际情况,这就要求编写者具有预见性和洞察力,准确把握时代脉搏,眼疾手快地写作、编制与传递简报。

4. 交流的局限性

简报一般在编报机关管辖范围内的各单位之间交流,不宜甚至不能公开传播,特别是涉外机关主办的简报更是如此。有的简报往往是专给某一级领导人看的,有一定的保密要求,不能任意扩大阅读范围。

三、简报的分类

1. 工作简报

工作简报是为迅速反映中心工作或某项重要工作的进展情况、措施方法及其取得的成绩而编发的简报。它的任务是反映工作开展情况,介绍工作经验,报告工作中的问题等。工作简报又可分为综合工作简报和专题工作简报两种。工作简报时效性较强。

2. 会议简报

会议简报是会议期间为反映会议进展情况、会议发言中的意见和建议、会议决议事项等内容而编发的简报。一些规模较大的重要会议,会议代表并不能了解会议的整体情况,譬如分组讨论时的重要发言、有价值的提案等,需要依靠简报来了解会议的基本面貌或片段情况。重要会议的简报往往具有连续性的特点,即通过多期简报将会议进程中的情况接连不断地反映出来。会议简报一般由会议秘书处或会议主持单位编写。

3. 科技简报

科技简报是为反映最新科学技术研究成果,介绍推广新产品、新工艺、新技术、新理论、新动向而编写的简报。这类简报内容新、专业性强,有的属于经济情报或技术情报,有一定的机密性。

4. 动态简报

动态简报是为反映本单位、本系统的思想、政治、经济、文化等方面的情况及信息而编写的综合性简报。动态简报着重反映与本单位工作有关的正反两方面的新情况、新动向、新问题,为领导和有关部门的研究工作提供第一手资料,向群众报告工作、学习、生产、思想等方面的最新动态。

5. 典型经验简报

典型经验简报是专门用来推广典型工作经验的简报,有很强的针对性。

四、简报的结构与格式要求

（一）报头

简报的报头，相当于公文的眉首部分，主要用来标明简报的名称、期号、编制单位和编制日期，其格式安排以约定俗成为原则。如果涉及不宜公开的事项，应在报头左上方标明"内部参考　注意保存"等字样。

（二）报核

报核是简报的核心，包括目录、按语、标题、正文等部分。

1. 目录

集束式的简报可编排目录。由于简报内容单纯，容易查找，目录一般不需要标序码和页码，只需要将编者按、各篇标题排列出来即可。

2. 按语

编写简报，必要时可加按语，主要内容是工作任务来源、本期重点稿件的意义和价值、征稿通知、征求意见等。按语主要有以下三种。

(1)提示性按语，将按语的中心内容提示出来，便于读者迅速把握文章的精华。

(2)评价性按语，表明编者对事实的看法，引导读者掌握政策界限。

(3)批示性按语，根据领导的意见，指出简报的内容和借鉴的原则要求。

3. 标题

简报的标题跟新闻的标题有些类似，可分为单标题和双标题两种基本类型。

(1)单标题，即将报道的核心事实或其主要意义概括为一句话作为标题，如《查摆突出问题，研究"三讲"教育方案》。标题中间可以用空格的方式表示间隔，也可以加标点符号。

(2)双标题，有两种情况：一是正题加副题，正题概括事实的性质，副题补充叙述基本事实；二是引题加正题，引题指出作用和意义，正题概括主要报道内容。

4. 正文

1)导语

导语就是简报的开头语，要用简短的文字，准确概括报道内容，说明报道宗旨，引导读者阅读全文。导语的具体写法可根据主题需要，分别采用叙述式、描写式、提问式、结论式等几种形式。用概括叙述的方法介绍简报的主要内容，叫作叙述式。对简报里的主要事实或某个有意义的侧面进行形象的描写，以引起读者的阅读兴趣，叫作描写式。将简报反映的主要问题用设问的形式提出来，以引起读者的思考，叫作提问式。先将结论用一两句话在开头点出来，再在主体部分做必要的解释和说明，叫作结论式。

2)主体

主体是简报的主要部分，它的任务是用足够的、典型的、富有说服力的材料将内容具体化，用材料来说明观点。写好主体是编写好简报的关键。主体的内容，或是反映具体的情况，或是介绍具体的做法，或是叙述取得的成绩和经验，或是指出存在的问题，或是几项兼而有之，要视具体情况而定。

主体的层次安排有纵式和横式两种结构。纵式结构按事件发生、发展的时间顺序安排材料,横式结构按事理的类别安排材料。如果内容比较丰富,各层次可加小标题。

3)结尾

简报要不要结尾,根据内容来确定。事情比较单一,篇幅比较短小,可以不单写结尾,主体部分写完就结束,干净利落。事情比较复杂,内容较多,可以写结尾,对全文做总结,以加深读者的印象。有些连续性的简报,为了让人们关注事态的发展,可用一句交代性话语作为结束语,如"对事情的发展我们将继续报告""我们将在下期报告处理结果"。

(三)报尾

报尾在简报末页。通常用间隔横线将报核和报尾分开。报尾内容比较简单,只需要写明报什么机关、送什么机关、发什么单位即可。

五、拟写工作简报的注意事项

拟写工作简报时,应注意以下几点。

(1)明确编写宗旨。工作简报主要用来反映新情况、新动态,提出新问题、新做法,交流新经验、新成效等,为推动工作服务,在实际工作中往往起着辅助领导决策、协助领导管理、促进部门交流、指导基层实践、推动全局发展等作用。因此,工作简报的编写要紧紧围绕大事、要事、难事、新情况、新问题、新做法等来进行,在思想内容上要保持前瞻性、预见性、典型性、代表性、针对性和指导性。

(2)熟悉采编渠道。一是定期收集,在本地、本行业和本系统有关单位设立固定的信息网络;二是预约采编,围绕一个时期上级党委政府的决策重点及本地贯彻实施的意见,提前给基层信息员出题目、拟观点、定要求,让其有的放矢地编写;三是热点跟踪,围绕某一时期的工作重心以及重点、热点、焦点、难点问题,密切关注相关领域的新动态、新进展,及时予以采编;四是重点"求索",对综合性强、工作性质比较重要的部门或单位,采取经常走访、联系、沟通、询问的办法,从中索取更多的信息点、信息源、信息面;五是观察捕捉,随时留心观察经济社会生活的动态和动向,悉心体会身边的社情民意,及时从中获取有利用价值的各类动态性、动向性信息;六是综合处理,通过对相关会议、文件材料、领导讲话等的分析、判断,从中提炼出信息,并从简报的角度予以加工整理,形成富有特色的信息,这也是最为常用的一种便捷的方法。

(3)注重编写方法。一是平中寻亮,对于语言平淡、层次不高,但又有其可取之处的"基层来稿",要通过仔细阅读、分析和判断,找出其中的亮点,施以"去粗存精"式的内容调整、文字加工和润色,使其合乎规范;二是浅者掘深,对于内容浅显,但尚具可用性、可读性的"问题性"信息,可采取"热点跟踪、难点透视、实地调查"等方式予以进一步挖掘,增加分量,提高档次;三是狭者拓宽,对于观点新颖、事例典型,但范围较狭窄的信息点,要站在全局的高度,通过分析、综合、提炼,从中找出带有规律性、普遍性和代表性的东西,以拓宽其内涵和外延;四是陈者换新,对于那些看似普通、平凡,但有借鉴意义的信息源,可采取另辟蹊径如换位思考、逆向思维、"旧瓶装新酒"等办法,从全新的角度加工出富有新意的信息;五是零者储备,对于一些内容单一、零碎,貌似残缺不全,暂时好像用不上的信息,要

"多长个心眼",及时予以"储备",以便需要时可以"化零为整"地使用;六是深度加工,对于多视点、内容宽、含量重,又具有普遍性和指导意义的信息,可通过"顺藤摸瓜"等进一步调查、研究的办法,由表及里、由点及面地进行拓展、延伸,使其上升为有分量的简报,以指导和推动实际工作。

任务实施

1. 请以下面提供的材料为依据,以孝感市孝昌县政府的名义撰写一份简报的主要内容。

要求:①撰写简报的主要内容,包括按语、标题和正文三个部分;②按语准确精要,标题简明新颖,正文层次分明,详略得当。

2005年7月10日,孝感市孝昌县丰山镇长春村,由青年农民程志初捐款30万元修建的一条水泥公路,正式建成通车,全村2000多村民敲锣打鼓庆祝,他们的农产品可以直运孝感市区、省城武汉,他们再也不用为运输犯愁了。

捐款的程志初1986年初中毕业后,就离开了长春村老家,外出到哈尔滨、宜昌等地的建筑工地打工。丰山镇属贫困山区,落后的交通条件是制约该镇经济发展的瓶颈,也是当地乡亲的一块心病。程志初当时就立下誓言,"等我赚钱了,一定要把村里的道路修通。"在哈尔滨建筑工地,他从抹灰、粉墙开始,逐步搞起了单项承包,慢慢地做起项目来。1989年,他到北京发展,通过自己的努力,于2002年成立了一家房地产公司,打工农民当上了老板。2004年底,听到家乡人说起国家扶持乡村路网建设的优惠政策,程志初觉得这是报效家乡的机会。要修通长春村至丰山镇的水泥公路,需要资金40多万元,国家和县里只能补15万元,资金缺口30万元。2005年5月8日,程志初赶回老家,给了村里15万元,5月22日又从北京汇款15万元给村里。该公路5月9日开工,7月10日竣工,并经县交通局验收合格。

程志初一个人捐款30万元修路的事一下子传遍了全镇和全县。2006年,丰山镇23个行政村共有50多个在外打工的农民向家乡捐款80多万元修路,已有15个村修了村级水泥公路。

2. 江苏厚生机电有限公司于2015年10月开展了"产品质量活动月"活动,以此为题编写一份工作简报。

模块四　会议管理文书的写作

任务一　会议筹备方案的写作

知识目标
◆了解会议筹备方案的概念；
◆掌握会议筹备方案的格式要求与写作的注意事项。

能力目标
◆提高对会议筹备方案相应工作情景的理解与分析能力；
◆掌握会议筹备方案的写作格式与写作的注意事项，能够熟练进行会议筹备方案的写作。

素质目标
◆培养学生的创意策划与组织协调能力。

课程思政点
◆团支部团日活动的策划筹备与组织实施。

任务引入

为了开拓夏季服装市场，华美服装集团拟举行一次服装展示会，推出一批夏季新款时装。秘书小李拟写了一个方案，内容如下。

1. 会议名称：2015年华美服装集团夏季时装秀。
2. 参会人员：上级主管部门领导2人，行业协会代表3人，全国大中型商场总经理或业务经理以及其他客户约150人，主办方领导及工作人员20人，另请模特公司服装表演人员若干人。
3. 会议主持人：华美服装集团负责销售工作的副总经理。
4. 会议时间：2015年5月18日上午9点30分至11点。
5. 会议程序。
(1)来宾签到，发调查表。
(2)展示会开幕，上级领导讲话。
(3)时装表演。
(4)展示会闭幕，收调查表，发纪念品。

6. 会议文件：会议通知、邀请函、请柬、签到表、产品意见调查表、华美服装集团产品介绍资料、订货意向书、购销合同。

7. 会议地点：华美服装集团小礼堂。

8. 会场布置：蓝色背景帷幕，中心挂服装品牌标识，上方挂展示会标题横幅；搭设T型服装表演台，安排来宾围绕表演台就座；会场外悬挂大型彩色气球及广告条幅。

9. 会议用品：纸、笔等文具，饮料，照明灯，音响设备，背景音乐资料，足够的椅子，纪念品。

10. 会务工作：安排提前来的外地来宾在市中心花园大酒店报到、住宿，安排交通车接送来宾，展示会后安排工作午餐。

任务分析

从秘书小李拟写的这个方案可以看出制订会议筹备方案是一项综合性很强的工作。一个好的会议筹备方案，应该是科学、详尽、可行的。会议筹备方案的制订要求较高，需要秘书人员不断积累经验，认真、细致地做好工作。

小李的方案还有一些需要改进的地方：①会议名称不能使用口语，应该用正规的书面语，如"时装秀"应改为"时装展示会"；②展示会是为了打响品牌、开拓市场，应请记者到会报道，以扩大影响；③会议地点不应设在华美服装集团内部，既不方便来宾，也难以起到扩大宣传的作用，应该改设在来宾住宿的花园大酒店会议厅；④会议用品中没有提及应该准备的用于展示的新款时装样品。

相关知识

一、会议筹备方案的概念

会议筹备方案就是会议计划，它包括会议主题、会议名称、会议时间、会议地点、与会人员、会议议程、会议日程及会议经费预算等项目。

二、会议筹备方案的结构与格式要求

（一）会议主题和议题

确定会议主题应注意以下三点：一是要有切实的依据；二是必须要结合本单位的实际；三是要有明确的目的。议题是对会议主题的细化。议题是会议需要讨论的问题，它反映了会议的目的和任务。安排议题应注意以下三点：一是要将同类性质的问题放在一起讨论；二是要按轻重缓急程度安排；三是保密性较强的议题要放在后面。

（二）会议名称

会议名称要妥当，不宜太长，但也不能随便简化，要用确切、规范的文字表达。

会议名称一般由单位和内容两个要素构成，如"中国共产党第十五次全国代表大会"，有的会议名称由单位、时间、内容构成，如"广东省人民政府办公厅1997年总结表彰大会"，有的会议名称由时间、内容和会议类型构成，如"2002年浙江省公路春运票价听证会"。

有些会议的名称是固定的,有些会议的名称是不固定的,应根据会议的议题或主题来确定,有些会议的名称中还可以包括时间、范围等因素,如"江苏厚生机电有限公司2015年全体员工总结大会"。

(三)会议步骤

会议步骤,即会议三程:议程、程序、日程。议程是对已确定的议题列出的先后顺序,是程序的基础。程序是对会议中的各项活动(如各种仪式、报告、发言等)按先后顺序做出的安排(由领导审定)。日程是对会议活动逐日做出的安排,是程序的具体化。

1. 会议议程

会议议程是对会议所要通过的文件、所要解决的问题的大致安排。它是为完成议题而制订的计划,是对会议所要讨论、解决的问题的大致安排,会议主持人要根据议程主持会议。拟订会议议程是秘书人员的任务,通常由秘书人员拟写议程草稿,交领导批准后,在会前复印分发给所有与会者。会议议程是对会议内容的大致安排,它通过会议日程具体地表现出来。

大中型会议的议程一般安排如下:①开幕式,领导向来宾致辞;②领导做报告;③分组讨论;④大会发言;⑤参观或其他活动;⑥会议总结,宣读决议;⑦闭幕式。

在为类似会议拟写议程时,尽量将议程列在一页纸上,给每一项标出序号,并给每一项分配一个开始时间,以方便那些不需要参加整个会议的与会者。

会议议程是包含所需讨论的问题或项目的清单,应当简洁、一目了然。若有许多问题要讨论,应当给每一个问题分配一个时间限度,以保证不会超过规定的时间。

2. 会议日程

会议日程是指会议在一定时间内的具体安排,一般采用简短的文字或表格形式,将会议时间分别固定在每天上午、下午、晚上,使人一目了然,如有说明可附于表后。会议日程应在会前发给与会者。会议日程是根据议程逐日做出的具体安排,它以天为单位,包括会议全程的各项活动,是与会者安排个人时间的依据。会议日程的制订要明确具体、准确无误。

3. 安排会议议程和会议日程要注意的问题

安排会议议程和会议日程时,要注意以下问题。

(1)把握会议目的,即了解会议召开的原因,先安排关键人物的时间,保证关键人物能够出席会议,再根据多数人的意见安排日程,保证尽可能多的人员都有时间参加会议。

(2)例会原则上要定时召开,且间隔时间不宜过长。例会时间应控制在一个半小时左右,避免会议给人们带来疲劳的感觉。

(3)如果有几个议题,应按其重要程度安排,最重要的安排在最前面。要考虑人们的生理规律,尽量保证在最佳时间开会,上午8:00—11:30和下午3:00—5:30是人们精力最旺盛、思维能力及记忆力最佳的时间,所以,安排会议议程和日程要注意将全体会议安排在上午,将分组讨论安排在下午,晚上则安排一些文娱活动。

小知识

会议筹备方案里的"时间"有两种。第一种,是会议策划筹备、组织实施、总结反馈的工作时间,也就是"工作进度";第二种,是会议实施过程的时间,也就是"会议日程"或"会议议程"。

(四)会议规模与规格

确定会议规模与规格,就是要确定与会人员范围或名单。

会议由哪一级人员参加,由哪些单位派人出席,由哪些单位派人列席,事先都应考虑好。秘书部门平时应掌握本地区或本系统的机关和干部人员的基本资料。在确定会议规模之后,应进一步确定会议人数及名单。大型会议一般设有组织组负责这些工作。

确定会议规模与规格的依据是会议的内容或主题。确定会议规模与规格应遵循精简、高效的原则。

会议的规模有大型、中型和小型,会议的规格有高档次、中档次和低档次。

(五)会场选择和布置

召开会议要借助于一定的场所,会场诸方面条件的好坏、舒适程度的高低,会对与会人员的心理状态起到不可忽视的作用,而与会人员的心理状态会直接影响会议效果,因此,要重视会场的选择和布置。选择和布置会场时应注意以下几点。

(1)选择会场,要结合开会人数和会议内容综合考虑:大小适中——太大显得松散,太小显得小气;地点适中——尽量离与会者的住所近一点,使与会者免受奔波之苦。

(2)附属设施,如通风设备、电脑、扩音设备等应齐全。

(3)布置会场,不同的会议对会场气氛要求不同:人民代表大会——隆重、庄严;庆祝大会——喜庆、热烈;纪念性会议——肃穆、典雅;座谈会——和谐、亲切。

(4)会场形式依会场的大小和形状、会议的需要、与会人数多少而定,还要符合美学原理和与会者的审美观。圆桌式会场适合于召开15人至20人的小型会议。如果出席会议的人较多,可将桌子摆成"口"字形。采用"U"字形和"V"字形会场时,要注意主席的位置,要有黑板或银幕,这种形式的会场适合召开研讨会。

(5)排列座次:主席座次位于正中间,面向会场。会场座次可以按汉字笔画排列,可以按地理位置排列,也可以按行业系统排列。座次排列方案需要报领导审定。

(六)会议所需设备和工具

会议必备用品是指各类会议都需要的用品和设备,包括文具、桌椅、茶具、扩音设备、照明设备、空调设备、投影设备和音像设备等。特殊用品是指一些特殊类型的会议,例如谈判会议、庆典会议、展览会议等所需要的用品和设备。

会议前,应做好下列准备工作。

(1)检查空调设备,必要时做好开机准备,一般要在会议前两小时开机预热或预冷。

(2)检查灯光、扩音设备;检查黑板、白板,确保已擦干净;准备好粉笔、指示棒等;安放图架,准备好配套图表和足够的纸张。

(3)如果有陌生人或外来人员参加会议,会议前应摆放好姓名牌,注意文字要大小适当、清楚易认。在每人座位前摆放好纸和笔。

(4) 多媒体电视需要安放投影仪、屏幕、录音设备等。

(5) 如果有选举、表决、表彰的议程,还需要准备好投票箱、计数设备和奖励用品。

(6) 时间较长的会议,要安排好茶水、饮料,并指定专人服务。

(7) 如果是电话会议、广播会议,应提前检查线路,保证音响效果良好。

上述工作完成后,必须提前半天至一天进行全面检查,以便及时发现问题,进行修整。一个构建良好的会议室并不能保证一定会有一个好的会议,但是它可以显著增加这种机会。大多数会议的主要目的是与会者之间通过口头交谈来分享信息,所以优良的音响效果是必需的。音响效果对于有众多与会者参加的会议尤其重要。如果使用了视觉辅助装置,视听效果都必须良好,所有椅子的摆放位置都不能阻碍视线。

(七) 会议经费预算

会议经费主要包括以下几项。

(1) 文件资料费,包括文件资料的制作、印刷费用,文件袋、证件的制作、印刷费用等。

(2) 邮电通信费用,如发会议通知,则有发传真或打电话进行联络的费用。若召开电视、电话等远程会议,则使用有关会议设备系统的费用也应计算在内。

(3) 会议设备和用品费,如各种会议设备的购置和租用费用。

(4) 会议场所租用费,如会议室、大会会场的租金,以及其他会议活动场所的租金。

(5) 会议办公用品费,如会议所需办公用品的支出费用、会场布置等所需要的费用。

(6) 会议宣传交际费,如现场录像的费用、与有关协作各方交际的费用。

(7) 会议住宿补贴费,一般情况下,住宿费由与会人员自理一部分,由会议主办单位补贴一部分,也有主办单位全部承担的情况。如果无住宿要求,应明确与会人员完全自理这一项,预算中可不列此项。

(8) 会议伙食补贴费,会议伙食费用通常由主办单位补贴一部分,由与会者承担一部分。

(9) 会议交通费,即与会人员往返的交通费用,如果由会议主办单位承担,则应列入预算。会议期间的各项活动如果需要使用车辆等交通工具,其费用也应列入预算。

(10) 其他开支,包括各种不可预见的临时性开支。

审核经费预算时要逐项细审,要让起草人员将部分费用的明细表一并承上。如计算设备租用费时,应了解:都租用了哪些设备?设备租用的行情是怎样的?不同型号、功能的设备的费用差距有多大?主审秘书对这些都要了然于胸。

对经费的把关,不可太松,否则会造成浪费,也不可太紧,否则会影响会议质量。

(八) 会议筹备机构

会议筹备机构主要包括会务组、宣传组、秘书组、文件组、接待组、保卫组等,主要承担会议组织、文书、生活管理和安全保卫等工作。

1. 组织工作

组织工作的内容主要包括:协助领导确定会议议题;根据议题安排议程、日程;发会议通知,负责会议报到;对与会人员进行编组;布置会场,安排座次;印发会议证件(出席证、列席证、工作证等);负责会议签到;会中组织和协调;会场其他组织和管理;会外的联络和协调(负责与会议有关的邀请、乘车、参观、文体娱乐活动等方面的联系和组织);会议的结束收尾工作。

2. 文书工作

文书工作的内容主要包括:会议文书的起草;会议文书的编写;会议文书的印发及管理。

3. 生活管理工作

生活管理工作的内容主要包括:与会人员的食宿管理;会议的财务管理;会议的交通保障;会议的文化活动管理;与会人员的医疗保健。

4. 安全保卫工作

安全保卫工作的内容主要包括:会议的保密工作;会议的警卫工作;会场内外的安全保卫工作。

三、例文评析

江苏厚生机电有限公司技术训练专题研讨会筹备方案

一、会议主题

为了增强本公司的综合竞争力,提高产品质量和管理水平,特召开此次技术训练专题研讨会。会议的重点是讨论研究如何在全公司开展技术发明和创新竞赛,并提出提高技术训练质量的对策,探讨新的技术训练方法。

二、会议时间与地点

拟定于3月5日上午9:00至下午4:00,在公司1号会议厅召开。3月5日上午8:30报到。

三、与会人员

公司总经理、副总经理、人力资源部总监、生产部总监、培训部总监,以及公司下属各部门的技术骨干30人,总计50人。

四、会议议题

1. 技术训练与增强企业综合竞争力。
2. 技术训练与技术创新。
3. 如何提高技术训练的质量。
4. 技术训练方法的再讨论。

五、会议议程

会议由主管副总经理主持。

上午:

1. 总经理做关于技术训练问题的工作报告。
2. 培训部总监专题发言。
3. 生产部总监专题发言。

下午:
1. 分组讨论。
2. 人力资源部总监宣读公司开展技术竞赛的计划草案。
3. 主管副总经理做总结报告。

六、会场设备与用品的准备

准备会议所需的投影仪、白板和音像设备,由公司前台秘书负责。

七、会议材料的准备

由总经理办公室牵头准备。
1. 总经理的工作报告。
2. 培训部总监、生产部总监的专题发言稿。
3. 公司开展技术竞赛的计划草案。
4. 主管副总经理的总结报告。

八、会议服务工作

由行政部综合协调。
1. 会议通知。
2. 会议日程表。

【简析】

本会议是公司内部会议,属于小型会议,筹备方案不需要列出经费预算等项目。会议主题明确,议题合理,议程清晰,分工明确,便于会议的筹备工作,也有利于会议的有效管理。

任务实施

1. 2016年9月,江苏厚生机电有限公司拟组织"安全生产月"活动。为了有效地组织本次活动,需要召开一次由总经理及各部门负责人参加的动员会议。请代为拟写一份会议筹备方案。

2. 某高校团委定于2015年5月举办以"阅读,提升自我"为主题的系列活动。请你以＊＊社团的名义为该活动撰写一份300字左右的策划书。要求:内容充实,文体规范,语言得体;文中不得出现与考生相关的信息,如涉及校名、人名等,请用××代替。(2015年江苏省专转本考试语文试卷)

任务二　会议通知的写作

> **知识目标**
> ◆了解会议通知的概念；
> ◆掌握会议通知的格式要求。
> **能力目标**
> ◆提高对会议通知相应工作情景的理解与分析能力；
> ◆掌握会议通知的格式要求，能够熟练进行会议通知的写作。
> **素质目标**
> ◆培养学生的逻辑思维能力。
>
> **课程思政点**
> ◆团日活动的主题提炼及其确定。

任务引入

2016年暑假，淮海职业技术学院拟召开暑期教学工作会议，要求院领导、各院系领导、教研室主任、副教授以上专业技术人员参加。请结合暑期教学工作会议的特点，代为拟写一份会议通知。

任务分析

会议通知是一种常见的应用文体。在拟写会议通知时，通知事项应全面、细致，具有可操作性。

相关知识

一、会议通知的概念

会议通知是上级对下级、组织对成员或平行单位之间召开会议时所使用的应用文体，是一种特殊类型的通知。会议通知是我国各级机关及企事业单位、群众团体经常使用的公文文种，是应用文写作中常见的一种文体。

小思考

会议通知与会议筹备方案有哪些区别与联系？

二、会议通知的格式要求

会议通知的格式要求基本遵循通知的写作要求，除此之外，还有一些具体要求。

(一) 标题

会议通知的标题由发文单位、事由与文种三部分构成,如《淮海职业技术学院关于召开 2016 年暑期教学工作会议的通知》。

(二) 正文

会议通知的正文由以下三部分组成。

(1) 通知缘由,主要回答"为什么开会"的问题,由背景、目的、原因、依据等构成。

(2) 通知事项,主要回答"怎么开会"的问题,要全面、细致,具备可操作性,一般由会议时间、会议地点、与会人员、会议内容、注意事项等几部分构成。

(3) 结束语,可以"特此通知"来结束,也可以提出执行要求。

三、例文评析

国土资源部办公厅关于召开全国国土资源信息化工作会议的通知

各省、自治区、直辖市国土资源厅(国土环境资源厅、国土资源局、国土资源和房屋管理局、规划和国土资源管理局),副省级城市国土资源行政主管部门,国家海洋局,国家测绘局,新疆生产建设兵团国土资源局,各派驻地方的国家土地督察局,中国地质调查局及部有关直属单位,部机关各司局:

为进一步明确全国国土资源信息化工作的指导思想,解决好思路、工作部署和推广应用问题,统一思想,提高认识,促进全国国土资源信息化工作再上新台阶,经部领导同意,拟于 2009 年 11 月上旬召开全国国土资源信息化工作会议。现就会议有关事项通知如下。

一、会议主要内容

系统总结 10 年来国土资源信息化工作,交流建设经验,尤其是各地在推进金土工程一期建设中的典型经验和做法。结合"十二五"国土资源工作面临的形势,进一步明确今后一个时期信息化工作的主要思路和内容。部署金土工程二期、国土资源信息服务集群化和产业化,以及全国国土资源"一张图"建设等工作。进一步统一思想,提高认识,加快信息化的应用,以信息化带动国土资源管理的科学化、规范化和精细化。同时,进行全国国土资源信息化建设成果展示。

二、参会人员

1. 国土资源部领导。

2. 国家海洋局和国家测绘局负责同志(各 2 人)。

3. 部机关各司局和有关直属单位负责同志(各 1 人)。

4. 9 个派驻地方的土地督察局负责同志(各 1 人)。

5. 31 个省(区、市)、副省级城市、新疆生产建设兵团国土资源管理部门负责信息化工作的厅(局)负责同志和信息办主任、信息中心主任(2~3 人)。

三、会议时间及地点

会议时间拟定在 11 月上旬。会议地点:上海。(具体时间、地点另行通知)

四、有关要求

（一）报名及典型交流材料

请各单位于 10 月 15 日前，将参会名单回执（附件 1）传真至部信息办。

请典型交流单位（部信息办另行通知）于 10 月 20 日之前将交流材料电子文档提交至部信息办。

（二）成果展示内容及要求（附件 2）

五、其他事项

会议食宿费自理。

附件：1. 全国国土资源信息化工作会议参会名单回执
2. 全国国土资源信息化建设成果展示工作要求

二〇〇九年九月三十日

（内容有删减，略有改动）

【简析】

会议通知用来通知召开某项会议，一般包括会议召开的时间和地点、会议内容、参会人员、准备材料、参会费用等方面。这则会议通知基本具备会议通知的相关要素，要求明确、具体，便于参会人员理解、执行。

任务实施

1. 2016 年 9 月，江苏厚生机电有限公司拟组织"安全生产月"活动。为了有效地组织本次活动，需要召开一次由总经理及各部门负责人参加的动员会议。请代为拟写一份会议通知。

2. 某高校拟于 2017 年 5 月 4 日 19 点在校大礼堂举行"中华经典诗词吟诵"大赛，参加对象为大一学生。请以该校团委的名义，拟写一份下发到各院（系）二级团组织的通知。要求：字数 300 字左右；内容充实，格式规范，语言得体；文中不得出现与考生本人有关的信息，如涉及校名、人名等，请用××代替。（2017 年江苏省专转本考试语文试卷）

任务三　会议记录与会议纪要的写作

知识目标
◆理解会议记录与会议纪要的概念和特点；
◆掌握会议记录与会议纪要的格式要求；
◆掌握拟写会议记录与会议纪要的注意事项。

能力目标
◆提高对会议记录与会议纪要相应工作情景的理解与分析能力；
◆掌握拟写会议记录与会议纪要的格式要求与注意事项，能够熟练进行会议记录与会议纪要的写作。

素质目标
◆培养学生的速记能力。

课程思政点
◆培养学生认真负责的工作态度与严谨务实的工作作风。

任务引入

2016年暑假，淮海职业技术学院拟召开暑期教学工作会议，要求院领导、各院系领导、教研室主任、副教授以上专业技术人员参加。请制作好会议记录的模板，以便各会场记录人员使用。会后，按照领导要求，拟写暑期教学工作会议纪要，下发给全院教职工，以便有效传达会议精神。

任务分析

会议记录与会议纪要是两种不同的应用文体，既有区别，又有联系。从某种意义上说，会议记录是会议纪要的基础，会议纪要是对会议记录的概括和提炼。

相关知识

一、会议记录的写作

（一）会议记录的概念

会议记录是在会议过程中，由记录人员将会议的组织情况和具体内容记录下来形成的文字记录。

"记"有详记与略记之分。略记是记会议概要，记会议上的重要或主要言论。详记则要求记录的项目必须完备，记录的言论必须详细、完整。若需要保留包括上述内容的会议记录则要靠"录"。"录"有笔录、录音和录像几种。对会议记录而言,录音、录像通常只是手段,最终还是要将录下的内容还原成文字。笔录常常也要借助录音、录像,以保证最大限度地再现会议情境。

(二)会议记录的特点

1. 综合性

会议记录是在对会议中各种材料、与会人员的发言以及会议简报等进行综合分析和提炼的基础上形成的,因此,会议记录具有综合性的基本特点。

2. 指导性

这一特性包含两层含义:一是会议本身具有权威性;二是会议记录集中反映了会议的主要精神和决定事项。因此,会议记录一经下发,将对有关单位和人员产生约束力,起着类似于指示、决定或决议等指挥性公文的作用。会议记录还可以作为与会人员向单位领导汇报、向群众传达的文字依据。

3. 备查性

有些会议记录主要不是为了贯彻执行,而是为了向上级汇报情况或向下级通报情况,必要时可作查阅之用。

(三)会议记录的格式要求

1. 标题

会议记录的标题一般由会议名称加"会议记录"构成。

2. 会议基本情况

会议基本情况由会议时间、会议地点、主持人、出席人员、列席人员、缺席人员、记录人等构成。如果是群众性大会,只需要记录参加的总人数,以及出席会议的较重要的领导人即可。如果是重要会议,出席人员来自不同单位,则应设置签名簿,请出席人员签署姓名、单位、职务等。

本部分内容可在会议召开前准备好。

3. 会议上的发言、有关动态及会议结果

会议上发言的内容是记录的重点。其他会议动态,如发言中的笑声、掌声、临时中断以及别的重要的会场情况等,也应予以记录。

发言内容的记录可分为摘要式与全文式两种。多数会议只需要记录发言要点,即把发言人讲了哪几个问题、每一个问题的基本观点与主要事实、对别人发言的态度等做摘要式记录,不必"有闻必录"。某些特别重要的会议或特别重要的人物的发言,需要记下全部内容。有录音设备的,可先录音,会后再整理出全文;没有录音设备的,应由速记人员担任记录人;没有速记人员的,可以多配几个人担任记录人,以便会后互相校对、补充。

会议记录要忠于事实,不能夹杂记录人的任何个人情感,更不允许有意增删发言内容。会议记录一般不宜公开发表,如需发表,应征得发言人的同意。

（四）会议记录的重点

会议记录的重点包括以下几个方面。

(1)会议中心议题以及围绕中心议题展开的有关活动。

(2)会议讨论、争论的焦点及各方的主要见解。

(3)权威人士或代表人物的发言。

(4)会议开始时的定调性言论和结束前的总结性言论。

(5)会议已议决的或议而未决的事项。

(6)对会议产生较大影响的其他言论或活动。

（五）会议记录的原则性要求

会议记录的原则性要求包括以下几个方面。

(1)真实、准确。会议记录要如实地记录别人的发言，不论是详细记录，还是简略记录，都必须忠于事实，记录者不得添加自己的观点、主张，尤其是会议决定等，不能有丝毫出入。真实、准确的要求具体包括：不添加，不遗漏，依事实而记；书写清楚；条理清晰，重点突出。

(2)不漏记要点。记录的详细与简略，要视情况而定。一般来说，决议、建议、问题和发言人的观点等要记得具体、详细；一般情况的说明，可抓住要点，略记大概意思。

(3)始终如一。始终如一是记录人应有的态度，记录人从会议开始到会议结束都要认真、负责地做好记录。

（六）撰写会议记录的技巧

撰写会议记录有以下技巧。

一是记得快。字写得小一些、轻一点，多写连笔字。

二是择要而记。围绕会议议题、会议主持人和主要领导发言的中心思想、与会者的不同意见或有争议的问题、结论性意见、决定或决议等做记录。就记录一个人的发言来说，要记录其发言要点、主要论据和结论，论证过程可以不记录。就记一句话来说，要记录这句话的中心词，修饰语一般可以不记录。要注意上下句的连贯性，一篇好的会议记录应当可以独立成篇。

三是在记录过程中正确使用省略法，如使用简称、简化词语或统称。省略词语和句子中的附加成分，如"中国人民大学"可以记为"人大"。对于引文，记下起止句或起止词即可，会后补全。

四是用较为简便的写法代替复杂的写法，如用姓代替全名，用笔画少、易写的同音字代替笔画多、难写的字，用一些国际上通用的符号代替文字，用汉语拼音代替生词、难字，用外语符号代替某些词汇。

(七)会议记录模板

淮海职业技术学院经济管理系
班主任例会会议记录
2015年第1次

会议时间：_____

会议地点：_____

会议主持人：_____

出 席 者：_____

列 席 者：_____

缺 席 者：_____

记 录 者：_____

(以下为会议记录的内容)

二、会议纪要的写作

(一)会议纪要的概念

会议纪要，是在会议后，根据会议的宗旨和要求，对会议的基本情况、讨论事项和主要结论进行归纳、整理，以通报会议精神，指导工作而形成的文件。

(二)会议纪要的特点

1. 内容的纪实性

会议纪要应如实地反映会议内容，撰写人不能脱离会议实际搞再创作，不能人为地拔高、深化，否则，会议纪要就会失去内容的客观真实性，违反纪实的要求。

2. 表达的纪要性

会议纪要是依据会议情况综合而成的。撰写会议纪要应围绕会议主旨及主要成果来整理、提炼和概括，重点是介绍会议成果，而不是叙述会议的过程，切忌记流水账。

3. 称谓的特殊性

会议纪要一般采用第三人称写法。因为会议纪要反映的是与会人员的集体意志和意向，所以常以"会议"作为表述主体。"会议认为""会议指出""会议决定""会议要求""会议号召"等就是称谓特殊性的表现。

(三)会议纪要的种类

根据会议纪要的性质和内容，会议纪要可分为以下三种。

(1)决议性会议纪要，主要记载和反映领导层制定的重要决策事项，以作为传达和部署工作的重要依据，主要用于领导层办公会。

(2)研讨性会议纪要，记载和反映会议的研讨情况，主要用于学术性会议。

(3)协议性会议纪要，记载双边或多边会议的协议情况，作为会后各方执行公务和履行职责的依据。

根据会议的内容与方式,会议纪要可分为工作会议纪要、专业会议纪要和专题会议纪要等。

(四)会议纪要的格式要求

1. 标题

会议纪要的标题主要有两种情况:一是会议名称加"纪要",如《全国农村工作会议纪要》;二是由召开会议的机关、会议内容与文种组成,如《省经贸委关于企业扭亏会议纪要》。

2. 正文

会议纪要的正文部分主要包括以下两个方面的内容。

(1)会议概况,主要包括会议时间、会议地点、会议名称、主持人、与会人员、基本议程等。

(2)会议的精神和议定事项。常务会、办公会、日常工作例会的纪要,一般包括会议内容、议定事项,有的还可概述议定事项的意义。工作会议、专业会议和座谈会的纪要,往往还要写出经验、做法、今后工作的措施和要求等。

会议纪要有以下三种写法。

(1)集中概述法。这种写法是将会议的基本情况、讨论研究的主要问题、与会人员的认识、议定的有关事项(包括解决问题的措施、办法和要求等),用概括叙述的方法进行阐述和说明。这种写法多用于讨论的问题比较集中、单一,意见比较统一的小型会议。这种会议纪要的篇幅相对短小。

(2)分项叙述法。大中型会议或议题较多的会议,一般要采取分项叙述的写法,即将会议的主要内容分成几个大的方面,然后加上序号和小标题,分项来写。这种写法侧重于横向分析阐述,内容相对全面,问题也说得比较细,常常包括对目的、意义、现状的分析,以及对目标、任务、政策、措施等的阐述。这种会议纪要一般用于需要基层全面领会、深入贯彻的会议。

(3)发言提要法。这种写法是对会上具有典型性、代表性的发言加以整理,提炼出内容要点和精神实质,然后按照发言顺序或内容的不同,分别进行阐述和说明。这种写法能如实地反映与会人员的意见。某些根据上级机关布置,需要了解与会人员不同意见的会议纪要,可采用这种写法。

(五)拟写会议纪要的注意事项

拟写会议纪要时应注意以下几点。

(1)会议纪要是对所有会议材料的概括、综合和提炼,因此,要写好会议纪要必须先做好会议材料的处理工作:广泛搜集会议材料,全面掌握会议情况;按照会议精神和领导的工作意图,对会议材料进行分类和筛选;对选用的会议材料进行分析和综合,围绕中心组织好材料。

(2)会议纪要的篇幅不宜过长,语言应简明、扼要。

(3)会议纪要必须全面、准确地反映会议的情况和基本精神,其内容必须真实、准确,因此,会议记录人员一定要聚精会神,尽最大努力做好会议记录。

(4)会议纪要与会议记录是有区别的:①性质上,会议纪要是法定党政公文,会议记录是机关、单位内部用于记录会议发言的事务文书;②内容上,会议纪要是经过整理、加工的会议上达成的一致认识,是会议内容的要点,会议记录是会议发言的原始记录;③形式上,会议纪要基本上按照党政公文的规范格式,会议记录没有统一的格式,多由各单位自定;④发布方式上,会议纪要按公文发文程序发布,但没有主送机关和抄送机关,会议记录仅作为内部资料保存,不公开发布。

(六)例文评析

校长办公会会议纪要

(第 12 次会议)

会 议 时 间:2004 年 2 月 19 日上午 8:30—12:30

会 议 地 点:办公楼 605 会议室

会议主持人:王广谦

出 席 者:李俊生 陈 明 袁 东 王国华 梁 勇 计金标

列 席 者:倪海东 赵丽芬 杨晓波 石 刚 张晓红 蔡彩时 吕世彦 巴 图 叶 飞 蒋西河

签 发 者:王广谦

签 发 日 期:2004 年 2 月 26 日

记 录 者:杨禹强

会议议题:

(1)讨论研究 2004 年工作重点。

(2)关于为 2004 年 2 月底到达退休年龄人员办理退休或延聘手续的问题。

(3)审定 2004 年本科生招生工作计划。

一、讨论研究 2004 年工作重点

2003 年,学校各项事业都取得了很大进展,整体办学水平明显提高。目前,学校正处在快速发展时期,2004 年的工作任务依然很重,必须抓住机遇,努力工作,采取有力措施,切实把学校的各项事业全面向前推进。

为了给党委全面制订 2004 年学校工作计划做好准备,使一些重要工作尽早展开,根据教育部和北京市委教育工委、北京市教委 2004 年工作要点,结合我校实际,王广谦校长就学校行政方面的工作,从十二个方面提出了具体意见和要求,经过与会人员充分讨论与补充,达成如下共识。

(一)加大师资队伍建设力度,实施"人才强校"战略,全面提高教师队伍的整体水平

1.加大经费投入力度,制定办法,创造条件,让更多教师到国内外大学进修;继续做好教师在职攻读学位工作,鼓励教师到外校攻读在职学位;通过教学改革立项、科研项目补助等方式,改善教师科研工作条件,提高待遇;继续做好接收优秀应届毕业生工作,严把进人关,确保进人质量。

2.加大引进高层次人才力度,对学科建设急需的高水平学科带头人、学术带头人和骨干教师人才采取更为优惠的政策,特别要注意引进那些学术研究组织管理能力强的学科带头人。

3.建立稳定的兼职教师队伍,并充分发挥他们的作用;加强研究生导师队伍建设,分别做好博士生导师和硕士生导师队伍建设规划工作;研究制定学校授予"名誉教授"和"名誉博士"的具体办法;建立专家学者来校做学术报告的稳定工作机制。

4.制订并落实第五轮人事分配制度改革校内津贴方案,适当提高校内津贴标准;继续进行人事分配制度可行性研究;对新调入的行政人员试行人事代理制度;实行学术休假制度。

(二)加强教育教学改革研究,不断提高教学质量

1.继续保持良好的教学秩序;加强各层次的教育教学研究;建立教学名师制;做好"精品课程建设"和"精品教材建设"工作;提前规划,认真做好参加2005年国家级教学成果奖评选的准备工作;加强日常管理工作,认真解决师生提出的各种意见和建议。

2.围绕教育部《普通高等学校本科教学工作水平评估方案(试行)》的要求,按"优秀"的标准,提前做好各项准备工作,成立工作机构,明确职责,深入研究有关评估指标的分解与落实工作。

3.加强研究生的培养与管理工作,努力提高研究生培养质量。

4.认真调研、积极探索继续教育的新模式和新路子,特别要加大短期培训工作力度;理顺机制,充分调动有关部门和院系的积极性。

(三)切实加强科研工作,提高科研水平与应用水平

1.以申报国家重点科研基地为重点,整合校内科研资源,建设若干富有特色的科研院所;积极争取向国家其他部委申请建立科研基地;以国家级、省部级纵向课题申报为契机,加大科研经费投入力度,特别是要规划好我校骨干教师申报国家和教育部各项教育工程和基金的评审工作,为高水平人才和重点课题提供更多的科研经费,同时要增设校内科研课题,健全科研统计口径。

2.做好科研成果应用工作,适时出版《中央财经大学科学研究报告》,为决策部门提供参考,使一批高水平科研成果能够转化为现实经济政策;继续举办"部长论坛""财经论坛"等高水准的学术报告会并出版相关论文集;积极申请成立中央财经大学出版社,继续做好学报工作,不断提高办刊水平。

3.积极创造条件,鼓励和支持更多有条件的教学科研人员开展国内外学术交流。

(四)提高教育国际化水平,做好国际合作办学项目,积极争取更多的国际合作办学机会,在原有国际合作伙伴的基础上,力争再同若干实力、水平相当的国外大学建立姊妹学校;加大招生宣传力度,扩大留学生规模,筹建国际文化交流学院,做好人才储备工作

(五)巩固学科与院系调整成果,明确相关学科的建设方向;新设立若干个校级重点学科和重点支持学科;全力以赴地做好会计硕士和公共管理硕士(MPA)专业学位申报工作;建立学科带头人选拔制度,加快学科带头人的培养;加强博士后流动站的管理

(六)认真做好毕业生就业工作,特别要做好今年的专科生就业工作;认真研究自主招生事宜

（七）结合沙河新校区建设，组织力量，充分调研，修订完善学校战略发展规划、学科和师资队伍建设发展规划、校园建设发展规划；继续完善学校"十五"规划，为制定学校"十一五"规划及申请"211"工程做好准备。

（八）做好新学院论证与筹建工作，根据论证情况筹建相关学院；充分论证和调研，在教学、科研、人事、学生管理和财务等方面对校院两级管理体制进行试点。

（九）加强行政管理，提高服务意识，认真解决师生反映的热点、难点问题；稳步推进校务公开工作，坚持依法治校；采取切实措施，提高青年教工的生活待遇；认真做好离退休老同志工作，共享改革成果；加强临时工管理，提高人员素质并适当提高工资待遇；加强校园安全保卫工作，尤其要做好防火和公共卫生安全工作；完善后勤社会化改革，提高服务质量与管理水平；大力做好增收节支，堵塞漏洞，健全审计制度，提高资金使用效益，提倡勤俭节约、艰苦奋斗的优良作风；研究扩展学校收入的渠道和方式；进一步完善收入分配制度；加强财务规范管理工作。

（十）认真做好沙河新校区建设与校内建设

尽快完成沙河新校区总体规划方案，积极筹集资金，争取早日动工兴建沙河新校区；周密部署，妥善协调，认真做好西山分部过渡时期的各项工作；抓紧完成本部学生公寓（学五楼）内外装修和室内家具配置等各项工作，加快进行学校综合楼（中财大厦）的审批、招标和开工建设工作；做好图书馆维修和篮、排、网球场规划建设工作，完成电改造工程。

（十一）理顺关系，完善机制，加快校园网硬件改造，推进校园网主页和二级网站建设，不断充实网页内容；充分利用校园网络资源，推进"电子政务"工作；积极完成校园网二期工程建设工作，做好沙河新校区网络规划工作；改进多媒体教室电脑操作系统。

（十二）加强对外宣传工作，努力提高学校的知名度与美誉度；做好新闻中心的成立工作，建立工作机制，整合资源，调动各单位、部门提供信息的积极性，与校外新闻媒体密切联系，进一步树立学校的良好形象。

会议还强调了加强调查研究的重要性，希望领导深入基层调研，在适当的时候召开全校性的学科建设、师资队伍建设、科研、国际合作与交流、财务管理、安全保卫等方面的工作会议。

二、关于为2004年2月底到达退休年龄人员办理退休或延聘手续的问题

会议听取了人事处负责人杨晓波做的关于为2004年2月底到达退休年龄人员办理退休或延聘手续问题的汇报，经讨论，同意信息管理系董承章教授等6人按期办理退休手续，同意财政与公共管理学院赵雪桓等9人办理延聘手续。

会议决定，女高级专家满55周岁，经本人申请、院系同意、符合延聘条件并提出延聘申请的，经校长办公会讨论通过，即可将聘期延长到60周岁，不需要再在校长办公会上进行一年一次的延聘讨论。在55～60周岁期间，如果本人或院系提出不再延聘，由人事处按退休程序办理。

三、审定2004年本科生招生工作计划

教务处和人事处负责人分别汇报了2004年本科生招生专业和分省招生工作计划，经讨论，做出如下决定。

（一）2004年我校14个院系30个专业共招生1250人，根据人才需求和我校实际情

况,会议确定了具体招生工作计划。

(二)为了做好退役运动员和体育优秀生招生工作,加强对外宣传,会议决定成立招收退役运动员和体育优秀生资格审查工作小组,由李俊生副校长任组长,由学生处处长叶飞和体育经济与管理系主任高涵任副组长,成员由学生处、监察审计处和体育经济与管理系等单位的有关人员组成。

(三)会议要求有关部门认真做好2004年招生工作,遵守国家和学校规定的有关招生纪律,共同维护学校的良好形象。

送:党委常委、校长办公会会议成员
发:教务处、研究生部、科研处、国际合作处、宣传部、发展规划处、人事处、学生处

学校办公室
2004年2月26日

(共印25份)
(内容有改动和省略)

【简析】

这是一般的常规性工作会议纪要。校长办公会是定期召开的常规例会,因此有专门的会议纪要版头。会议概况部分,采用条目式的写作方法,清晰自然,准确明白。会议纪要正文从三个方面来写,讲述三个方面的工作。以个人名义发言的,采用一般性的第三人称;与会人员达成共识的,采用"会议"这一特殊的第三人称。

任务实施

1. 2016年9月,江苏厚生机电有限公司拟组织"安全生产月"活动。为了有效地组织本次活动,需要召开一次由总经理及各部门负责人参加的动员会议。请代为制作本次会议记录的模板。

2. 班级组织召开一次班会,进行会议记录与会议纪要的写作训练。

模块五　人力资源管理文书的写作

任务一　职位分析说明书的写作

知识目标
◆理解职位分析说明书的概念和作用。
能力目标
◆提高对职位分析说明书相应工作情景的理解与分析能力；
◆掌握职位分析说明书的格式要求与编制要点，能够熟练进行职位分析说明书的写作。
素质目标
◆培养学生的责任意识与以身作则的工作作风。

课程思政点
◆班委会与团支部职位分析说明书的编制。

任务引入

淮海职业技术学院进行院系调整，新成立人文社科系。人文社科系主要有文秘、会展、旅游管理等专业。人文社科系的组织结构主要有主任室、系办公室、学生管理办公室、教研室等。请收集材料，参照其他院校人文社科系的职位分析，代为拟写职位分析说明书。

任务分析

职位分析是人力资源管理工作中的重要一环，是招聘、培训、薪酬、绩效、社保等管理环节的基础，需要合理地规划、设置，做到权责清晰、权限分明。

相关知识

一、职位分析说明书的概念

职位分析说明书是对企业岗位的任职条件、岗位目的、指挥关系、沟通关系、职责范围、负责程度和考核评价内容做定义性说明的一种应用文体。

二、职位分析说明书的作用

职位分析说明书具有以下作用。

(1)职位分析说明书有助于实现组织优化。职位分析,即对部门职责进行列举和归类,对工作流程、各职位间的职责分配进行分析和规划,从而最大限度地发挥组织效力。重点思考的是:人员配置是否合理?职责是否相互重叠?部门职能是否细化到每个岗位上?是否忙闲不均?职责接口是否得当?工作流程是否顺畅、简易?

(2)职位分析说明书有助于员工各司其职,上下目标一致。职位分析说明书可以使员工了解组织目标、相应的责任和职权。新员工在上岗之际能拿到一份详尽的职位分析说明书,有助于尽快了解工作的全貌,顺利进入角色,同时便于主管和下属共同拟定试用期的考核目标与考核方式。员工和主管共同签字的职位分析说明书,意味着双方对工作内容达成了共同的理解,意味着对工作目标和规范的承诺。

(3)职位分析说明书是各部门制定绩效管理标准的依据之一。好的职位分析说明书,既要按照重要性列明每项职责的主要内容,又要说明该职责是全责,还是部分责任。同时,好的职位分析说明书还要列明相应的考核方法,考核指标可以是反映质量的,也可以是反映数量的。

(4)职位分析说明书是进行职位评估、确定职位等级的前提条件。职位评估的内容通常包括职责范围大小、工作难易程度、劳动强度、劳动条件等要素。有了职位等级和薪酬调查结果,才便于确定每个职位的薪酬水平。

(5)职位分析说明书是进行人员招聘、制订培训计划的依据。人力资源部门在发布招聘启事、甄选面试、确定培训内容、设计员工的职位升迁路线时,都离不开职位分析说明书。

三、职位分析说明书的结构与格式要求

根据用途的不同,职位分析说明书有不同的标准,通常使用的是具有内部管理用途的职位分析说明书。具有内部管理用途的职位分析说明书一般由以下几个部分构成。

(1)职位名称,如人力资源部经理。

(2)部门名称,如人力资源部。

(3)任职人。写上任职人的名字,同时要有任职人签字的地方,以示有效性。

(4)直接主管,如人力资源部经理的直接主管应该为分管副总经理,同时要提供直接主管签字的地方,以示有效性。

(5)任职时间。任职时间也就是生效时间,一般与劳动合同上的时间一致。

(6)任职条件。任职条件包括学历、工作经验、知识水平、特殊技能等,如人力资源部经理的特殊技能是指掌握现代人力资源管理运作模式,熟悉国内人力资源管理政策法规及人才市场动态等。

(7)工作内容与职责。这是职位分析说明书最重要的地方,所耗费的笔墨也最多。这一部分包括了职责范围、负责程度、衡量标准等,如人力资源部经理的职责包括以下几个

方面：组织体系与制度、培训、人事考核、绩效评估、招聘、薪酬激励政策、职位管理、部门管理与建设等。

(8) 工作权限。工作权限指在公司所拥有的财务权限和行政审批权限等。

(9) 工作关系。工作关系一般分为外部与内部两个层面，如人力资源部经理内部的工作关系主要指与分管副总经理、部门经理和员工进行沟通，外部的工作关系主要指与上级主管部门、所在城市的人事劳动部门、各主要媒体或招聘网站、各主要培训机构、应聘人员、相关行业协会等进行沟通。

(10) 职业生涯发展规划。职业生涯发展规划包括职位关系与理论支持，职位关系又分为直接晋升的职位、相互转换的职位、升迁至此的职位，理论支持是指学习和培训所要达到的相关要求。

四、职位分析说明书的编制要点

编制职位分析说明书时应注意以下几点。
(1) 对职位的描述，不仅仅是指任职者现在所做的工作。
(2) 不局限于现状，而应着眼于组织设定岗位的需要。
(3) 针对岗位而不是针对人。
(4) 归纳而非罗列。

五、例文评析

××市××广告公司职位分析说明书

职务概况	岗位名称	人事专员	所属部门	行政人事部	定员人数	1
	直接上级	行政人事部部长	职务编号	X02	薪酬等级	
工作概述	负责员工招聘、员工入职和离职管理、人事档案管理、劳动合同签订及管理、社会保险办理					
工作内容与职责	1.根据公司情况，执行招聘计划，充分利用各种渠道满足公司的人才需求。 2.按照面试流程安排应聘人员面试，参与公司组织机构及部门架构设计等工作。 3.应聘人员材料、证件的鉴别及管理。 4.负责人员的招聘、入职、培训、调动、解聘等工作。 5.负责建立、健全员工的人事档案，并做好档案的保管工作。 6.负责劳动合同的签订。 7.负责对劳动合同的执行情况进行检查，并配合劳动部门进行检查。 8.负责各类社会保险、商业保险的办理。 9.负责考勤管理和纪律检查。 10.负责公司证照管理，办理与政府对口部门相关的事务。 11.负责编制年度薪资调整方案，每月核算员工工资。 12.负责受理和协调处理一般的劳资纠纷。 13.完成领导交办的其他工作任务					

续表

工作权限	1. 对应聘人员的资格审查权。 2. 劳动合同签订和实施的指导权和解释权。 3. 对劳动合同执行违规的纠正权和处罚建议权。 4. 对一般性劳资纠纷的处理权	
工作重点考核项目	1. 员工档案建立的及时性和完整性。 2. 劳动合同签订的及时性。 3. 文件管理的有效性。 4. 招聘的及时性和到岗率	
工作关系	所受监督	受行政人事部主任的监督
	所施监督	对主管工作范围内的工作进行监督
	内部关系	与行政人事部主任、本部门员工及各级人员进行沟通
	外部关系	与劳动监察部门、劳动保障部门进行沟通

任务实施

江苏厚生机电有限公司进行机构调整,成立市场部。市场部的主要工作包括:制订年度营销计划;建立和完善营销信息收集、处理、交流及保密系统;对消费者购买心理和行为的调查;对竞争品牌产品的性能、价格、促销手段等信息的收集、整理和分析;对竞争品牌的广告策略、竞争手段的分析;进行销售预测,提出未来市场的发展方向;制订产品企划策略;制定产品价格;新产品上市规划;促销活动的策划及组织;合理进行广告媒体和广告代理商的挑选及管理;制定及实施市场广告推广活动和公关活动;实施品牌规划和品牌的形象建设;负责产销的协调工作。

请代为编制市场部组织结构图,并对市场部各职位进行分析,撰写职位分析说明书。

任务二　招聘启事的写作

知识目标
◆理解招聘启事的概念。
能力目标
◆提高对招聘启事相应工作情景的理解与分析能力；
◆掌握招聘启事的格式要求与写作的注意事项，能够熟练进行招聘启事的写作。
素质目标
◆培养学生良好人际关系的处理与沟通能力。

课程思政点
◆学校品牌塑造及其知名度与美誉度的提升。

任务引入

为选拔优秀人才，优化人才结构，加强师资队伍建设，淮海职业技术学院将面向全社会进行2016年度工作人员招聘工作，主要招聘思想政治辅导员5名、档案管理人员2名、人力资源管理专业和旅游管理专业带头人各1名。请参照其他高职院校的招聘启事，结合淮海职业技术学院的人才工作实际，代为拟写淮海职业技术学院2016年度招聘启事。

任务分析

本任务为招聘启事的写作，旨在通过对招聘启事的知识介绍，使学习者掌握招聘启事的格式要求与写作的注意事项。招聘启事的写作，要注意招聘效果的有效实现。

相关知识

一、招聘启事的概念

招聘启事是用人单位面向社会公开招聘有关人员时使用的一种应用文体，是企业获得社会人才的一种方式。招聘启事撰写的质量，会影响招聘的效果和招聘单位的形象。

小思考
招聘启事，还是招聘启示？你知道为什么吗？

二、招聘启事的结构与格式要求

（一）标题

招聘启事的标题有以下三种格式。

(1)直接写"招聘启事"。

(2)由招聘单位、招聘时间、"招聘启事"构成，如《淮海职业技术学院2015年招聘启事》。

(3)由招聘单位、招聘时间、招聘事项构成，如《江苏厚生机电有限公司2015年面向全社会公开招聘人力资源总监》。

（二）正文

1. 招聘单位简介

这一部分简要介绍招聘单位的单位性质、所在城市、地理位置、组织规模、组织文化等，如学校可以从办学历史、隶属关系、所属区域、组织机构、特色专业、教师及学生规模等方面进行介绍，企业可以从企业形态、企业文化、企业规模等方面进行介绍。

2. 招聘职位介绍

招聘职位介绍一般包括以下三个方面的内容。

(1)招聘职位的名称、招聘人数及工作职责。工作职责的表述要清晰、明确。

(2)招聘职位的任职资格。任职资格可以从性别、年龄、学历、专业、工作经历、知识技能等方面进行要求。

(3)招聘职位的工资待遇。

3. 招聘程序

招聘程序一般由报名、资格审查、笔试、面试、体检等环节构成。

（三）结尾

招聘启事的结尾处应有招聘单位的名称、地址、电话、联系人、网址等。

三、拟写招聘启事的注意事项

拟写招聘启事时，应注意以下几点。

(1)引起兴趣，以良好的形象吸引人。招聘单位简介，其实就是一个展示组织形象的窗口。良好的组织形象，先进的运营理念、管理制度、组织文化，适宜的发展规模等，都会对应聘者的选择产生积极影响。但是，不同发展阶段、不同行业的招聘单位在单位简介方面，侧重点应有所不同：初创期的单位侧重机遇，发展期的单位侧重管理；研发型企业的规模侧重研发成果的运用量，生产型企业的规模侧重产量与营业额。

(2)设置门槛，以匹配的工作发展人。招聘岗位的工作职责与任职资格，其实就是为招聘工作设置了一个门槛。满足任职资格与胜任工作职责，是求职者应聘的必要条件。准确、合理的工作职责与任职资格描述，会对招聘质量的提高产生积极的影响。如何解决招聘质量与数量之间的矛盾,是招聘者必须认真应对的一个课题。招聘岗位的层次与性质、工作职责与任职资格都会对应聘者的选择产生影响。对于基层岗位、专业技术岗位与管理岗位而言,招聘者的要求是不同的,求职者对于岗位的认知度、理解度及接受度也是不同的。比如专业技术岗位,招聘者会更加注重应聘者的专业技术及创新能力,以实现应聘者与招聘岗位的准确匹配,求职者则更加注重岗位的技术含量、晋升前景及自我发展等,以满足个人对工作的期待。因此,在对招聘岗位的工作职责与任职资格的描述中,应当注意岗位的层次、性质等方面的区别。与招聘岗位紧密联系的,应当准确描述;与岗位联系不紧密的,可以模糊描述。

(3)激发动力,以适当的待遇引诱人。招聘岗位的福利待遇、晋升空间及培训等,也会对应聘者产生影响。关于这方面的描述,可以突出薪酬分配的制度化与合理化、福利结构的多元化、员工的特别待遇及培训机会。

(4)提供便利,以明确的程序方便人。合理的招聘程序可以提高人力资源部门招聘工作的效率,方便应聘者投递简历、笔试、面试、体检等,便于招聘工作的组织和实施。大规模、重要的招聘活动,通常注重招聘程序的合理设计,程序也相对复杂、严肃;普通企业的招聘程序则相对简单。招聘程序,应做到"公开、公平、公正",为求职者提供便捷、明确的求职通道,从而有利于招聘单位更加准确地招聘到匹配的人才,实现招聘的目的。

四、例文评析

中国科学院办公厅(北京)公开招聘1名工作人员启事

中国科学院是国务院直属事业单位。根据工作需要,中国科学院办公厅面向社会公开招聘工作人员1名。

一、招聘岗位

安全保卫保密办公室业务主管(或业务助理)1名。

二、岗位职责

负责全院安全、保卫、保密、信访工作的宏观指导与综合协调;制定和修订相关管理标准与规章制度;采集分析全院安全、保卫、保密工作信息;组织全院安全保密检查;配合国家有关部门查处重大案件、事故;负责本处的日常公文处理及归档工作。

三、应聘条件

1. 热爱管理工作,责任心强,吃苦耐劳,有较强的进取精神和团队合作精神,具有较强的协调沟通能力及创新能力。

2. 具有较强的文字和口头表达能力,能熟练使用计算机办公软件,独立撰写具有一定水平的研究报告、信息统计及工作总结等。

3. 具有本科及以上学历、学位。

4. 有北京市户口,身体健康,年龄一般不超过35周岁。

四、招聘方式及程序

(一)自发布招聘通知起,凡符合招聘条件的人员均可报名。报名可采用信件或电子邮件方式(请注明岗位竞聘),报名截止时间为2009年3月10日(以收到报名表的时间为准)。

(二)应聘者须提供以下材料。

1. 中国科学院机关岗位竞聘申请表(见附件)。

2. 能证明本人能力、水平的相关资料(学历和学位证书、获奖证书、专业技术职务任职证明材料、重要论文等)。

3. 学习和工作简历。

(三)资格审查。

根据应聘者所提供的材料进行初审。初审通过者将于2009年3月底前通知面试。未通过初审者将不被通知参加面试,材料恕不退回。

(四)岗位竞聘。

公开进行竞聘。应聘人员做10~15分钟竞聘报告,答辩5~10分钟。竞聘报告内容包括本人基本情况、工作业绩、对应聘岗位的理解和认识及工作设想等。竞聘时间及地点另行通知。

(五)组织考核,择优遴选。

对通过评审的候选人进行组织考核,对合格者,确认为聘任人选。

五、聘后管理

1. 招聘岗位属于事业编制岗位,实行合同管理。

2. 录用人员待遇执行中国科学院机关工作人员的相应政策。

六、联系方式及联系人

地　址:北京市西城区三里河路××号(邮编:××××××)

联系人:中国科学院办公厅　　王××

电话:010—××××××××

传真:010—××××××××

电子邮箱:××××@cashq.ac.cn

附件:中国科学院机关岗位竞聘申请表

中国科学院办公厅

二〇〇九年二月十九日

(内容略有改动)

【简析】

这是中国科学院办公厅公开招聘工作人员的启事,首先介绍中国科学院的性质,然后说明招聘的岗位、岗位职责及应聘条件,接着说明招聘方式与程序,以及聘后管理方法与相关待遇,最后说明联系方式,包括单位地址、电话、联系人与电子邮箱等。这则招聘启事符合招聘启事的格式要求,结构合理,内容明确,通过应聘条件的设置可以节省招聘成本,也可以较好地完成招聘任务。

任务实施

1. 因公司发展需要,江苏厚生机电有限公司经董事会研究决定,拟招聘10名销售人员与5名采购人员,请代为拟写一则招聘启事。

2. 请你自取信息,写一份招聘启事。要求:格式正确,信息量充分,语言规范,表达准

确;字数 100 字左右。(2006 年江苏省专转本考试语文试卷)

3.某高校团委拟举办"中华传统文化进校园"系列活动,现面向全校师生有奖征集本活动的形象标识(LOGO),请以该校团委的名义拟写一份征集启事。要求:字数 300 字左右;内容充实,格式规范,语言得体;文中不得出现与考生本人有关的信息,如涉及校名、人名等,请用××代替。(2020 年江苏省专转本考试语文试卷)

任务三　员工培训方案的写作

知识目标
◆理解员工培训方案的概念。
能力目标
◆提高对员工培训方案相应工作情景的理解与分析能力；
◆掌握员工培训方案的格式要求，能够熟练进行员工培训方案的写作。
素质目标
◆培养学生的组织协调能力。

课程思政点
◆职业素养培训。

任务引入

根据江苏省高校师资培训中心有关通知精神，为促进新教师认真贯彻执行党的教育方针，树立正确的教育思想观念，形成良好的职业道德和敬业精神，掌握教育教学的基本知识和技能，尽快适应高校新工作岗位的要求，淮海职业技术学院将组织新教师岗前培训。培训范围为新补充的从事教育教学工作的人员，包括专任教师、实验技术人员、教学辅助人员、教学管理人员、学生思想政治工作人员、以前参加岗前培训成绩没有通过的人员。岗前培训内容包括教师职业道德规范、教育政策法规、现代教育理论、教育教学基本技能等。培训以集中授课为主，采取统一培训和个人自学相结合的方式进行。高校本科师范类专业毕业生、教育学学科门类硕士及以上毕业生参加岗前培训，可免修高等教育学和高等教育心理学，除此之外，一律不予免修、免考。统一培训及考试的课程包括教师职业道德概论、教育法教程、高等教育学和高等教育心理学。

请参照其他高职院校新教师岗前培训方案，代为拟写淮海职业技术学院新教师岗前培训方案。

任务分析

员工培训方案在整个培训体系中占有重要的地位。员工培训方案的制订，要以员工培训需求及组织需要为基础，依据培训对象的特点，设定合理的培训内容与培训方法。

相关知识

一、员工培训方案的概念

员工培训方案,即员工培训计划,是指根据组织需要对未来某一个时期的培训进行的工作安排。

二、员工培训方案的结构与格式要求

员工培训方案主要包括培训目的、受训对象、培训内容、培训场地、培训方式、培训的风险及防范等内容。

1. 培训目的

培训目的要明确,要用简洁、准确的语言表述出来,以作为培训的纲领。

2. 培训的管理人员与培训师

受聘的培训师必须具有广博的知识、丰富的经验及专业的技术,这样才能得到培训学员的信赖与尊敬,同时,还要有卓越的培训技巧和对培训的执着、耐心与热心。

3. 受训对象

受训对象,即培训学员,一般由各部门推荐,或自行报名后经甄选决定。

4. 培训内容

培训内容根据培训的需求、对象来确定,包括增长员工的专业技能与知识、改变员工的工作态度等。

5. 培训时间与期限

培训的时间与期限,一般根据培训的目的、场地、受训对象的能力来确定。新员工可以在实际从事工作前集中培训;在职员工可以利用休息时间培训,也可以脱产培训。

6. 培训场地

培训场地主要有内部训练场地与外部专业机构培训场地两种。

7. 培训方式

根据培训的目的、内容、对象的不同,所采取的培训方式也有区别。培训方式主要有讲课、学习、研讨、演练等。不同的培训方式所带来的培训效果是不一样的,培训方式需要在制订培训方案前与培训师共同研讨确定。

8. 培训的预算与费用

培训预算应该遵循如下原则:速度性、准确性、合作性。培训费用一般包括培训师费用、场地费、进修费、资料费、奖励费、管理费等。

9. 培训的风险及防范

培训存在着风险,要做好应急预案,依法进行防范。

三、例文评析

员工培训方案

一、总体目标

1. 加强公司高管人员的培训，提升经营者的经营理念，开阔思路，增强决策能力、战略开拓能力和现代经营管理能力。

2. 加强公司中层管理人员的培训，提高管理者的综合素质，完善知识结构，增强综合管理能力、创新能力和执行能力。

3. 加强公司专业技术人员的培训，提高技术理论水平和专业技能，增强科技研发能力、技术创新能力、技术改造能力。

4. 加强公司操作人员的技术等级培训，不断提升操作人员的业务水平和操作技能，增强严格履行岗位职责的能力。

5. 加强公司员工的学历培训，提升各层次人员的科学文化水平，增强员工队伍的整体文化素质。

6. 加强各级管理人员和行业人员执业资格的培训，加快持证上岗工作步伐，进一步规范管理。

二、原则与要求

1. 坚持按需施教、务求实效的原则。根据公司改革与发展的需要和员工多样化培训的需求，分层次、分类别地开展内容丰富、形式灵活的培训，增强教育培训的针对性和实效性，确保培训质量。

2. 坚持自主培训为主，委外培训为辅的原则。整合培训资源，建立健全以公司培训中心为主要培训基地，临近院校为委外培训基地的培训网络，立足于自主培训，搞好基础培训和常规培训，通过委外培训基地搞好相关专业培训。

3. 坚持"公司＋院校"的联合办学培训方式。根据公司需求与相关院校进行联合办学，开办相关专业的专、本科课程进修班，组织职工利用周末和节假日集中学习，结合自学完成学业，取得学历。

4. 坚持培训人员、培训内容、培训时间三落实原则。高管人员参加经营管理培训累计时间不少于30天；中层管理干部和专业技术人员业务培训累计时间不少于20天；一般职工操作技能培训累计时间不少于30天。

三、培训内容与方式

（一）公司领导与高管人员

1. 中央、国家和政府的政策、方针的学习，国内外政治局势、经济形势的分析，国家有关政策法规的研究与解读。上级主管部门统一组织培训。

2. 开阔战略思维，提升经营理念，提高科学决策能力和经营管理能力。参加企业家高端论坛、峰会、年会；到国内外成功企业参观学习；参加国内外著名企业高级培训师的高端讲座。

3. 学历学位培训、执业资格培训。参加北大、清华以及中央、省委党校的学历进修或MBA、EMBA学习；参加高级经营师等执业资格培训。

（二）中层管理干部

1.管理实务培训。生产组织与管理、成本管理与绩效考核、人力资源管理、激励与沟通、领导艺术等。请专家、教授来公司集中授课；组织相关人员参加专场讲座。

2.学历进修和专业知识培训。积极鼓励符合条件的中层管理干部参加大学（专、本科）函授、自考或参加MBA等硕士学位进修；组织经营、企业管理、财会专业管理干部参加执业资格考试，获取执业资格证书。

3.强化项目经理（建造师）培训。大力组织对在职项目经理和后备项目经理的培训，重点提高他们的政治素养、管理能力、人际沟通能力和业务能力。要求公司各单位选拔符合建造师报考条件，且有专业发展能力的员工，进行强化培训，参加社会建造师考试。

4.开阔眼界，拓展思路，掌握信息，汲取经验。组织中层管理干部分期、分批到上下游企业和关联企业参观学习，了解生产经营状况，借鉴成功经验。

（三）专业技术人员

1.由各专业副总工程师、工程师定期进行专题技术讲座，并建设公司的远程教育培训基地，进行新工艺、新材料及质量管理知识等专项培训，培养创新能力，提高研发水平。

2.组织专业技术人员到同行业先进企业学习先进经验，开阔视野。

3.加强对外出培训人员的管理，要求其培训后写出书面材料，必要时对一些新知识在公司内进行推广。

4.对会计、经济、统计等需要通过考试取得专业技术职务的专业技术人员，通过计划培训和考前辅导，提高职称考试的合格率。对工程类等通过评审取得专业技术职务的专业技术人员，聘请相关专业的专家进行专题讲座，提高专业技术人员的技术等级。

（四）职工基础培训

1.新员工入厂培训。

2.转岗职工培训。

3.职工技术等级培训。

4.加快高技能人才的培养和职业技能鉴定步伐。

5.加强复合型、高层次人才的培训。

6.抓好工程施工人员的培训。

（五）开展学历教育

1.与一些高等院校联合办学，开办土木工程、市政工程、电气工程及机电一体化等技术专业的大专班。通过全国成人高考，对符合录取条件的公司员工进行有计划的集中培训。

2.与一些高等院校联合办学，开办市政建筑工程及电气类、机电类专业的函授本科班，推荐优秀的中层以上管理人员到一些高等院校攻读硕士学位。提高公司高管人员的学历、业务水平和决策能力，使其更好地为公司服务。

3.调动员工自学的积极性。为员工自学考试提供良好的服务，帮助员工报名，提供函授信息；制定或调整在岗职工学历进修的奖励标准；将学历水平作为上岗和行政、技术职务晋升的条件，增加员工学习的动力。

四、措施及要求

1. 领导要高度重视，各基层单位及业务部门要积极参与、配合，制订切实有效的培训实施计划，积极构建"大培训格局"，确保培训计划开班率达90%以上，全员培训率达35%以上。

2. 培训的原则和形式。按照"谁管人、谁培训"的分级管理、分级培训原则组织培训。公司重点抓管理层领导、项目经理、总工、高技能人才及"四新"推广培训；各部门和基层单位要紧密配合培训中心抓好新员工和在职员工的轮训及复合型人才的培训。在培训形式上，要因地制宜、因材施教，外培与内训相结合，基地培训和现场培训相结合，采取技能演练、技术比武、鉴定考试等灵活多样的形式。在培训方法上，要将授课、角色扮演、案例分析、研讨、现场观摩等方法相结合。选择最佳的方法和形式，开展培训。

3. 加强培训基础设施的建设和开发。一是加强和高等院校联合办学的力度，在附近院校设置培训实习基地，并充分利用他们的培训资源和专业特长，积极整合，合理开发，使其在公司人力资源培训开发中发挥骨干作用；二是根据公司内部自身的专业特长，建设自己的培训基地，选择专业或课题，组织编写适合企业特点的培训教材或讲义；三是加强企业专、兼职培训师队伍建设，实行有偿服务。

4. 确保培训经费投入的落实。按工资总额的1.5%足额提取培训经费，由培训主管部门掌握使用，由财务部门监督，其中0.5%上缴公司，由公司统一协调使用，严禁将培训经费挪作他用。

5. 确保培训效果的真实、有效。一是加大检查与指导的力度，建立、完善职工培训机构及场所，并对培训中心的培训情况进行不定期的检查与指导；二是建立表彰和通报制度，对培训工作成绩显著的单位和培训机构给予表彰奖励，对培训计划落实不到位、员工培训工作滞后的单位和培训机构给予通报批评；三是建立员工培训情况反馈制度，坚持将培训考核情况及结果与本人培训期间的工资、奖金挂钩，实现员工自我培训意识的提高。

6. 加强为基层单位现场培训工作服务的意识，充分发挥业务主管部门的主观能动性，积极主动深入现场解决培训中的实际问题，扎扎实实地把年度培训计划落实到位。

7. 公司办班培训及员工外送培训要严格按照《人力资源管理办法》的程序和要求组织落实和实施。各主办部门（单位）要做好开班前的策划及教学设计，各单位要做好学员的选送工作，确保培训质量的有效性。培训是帮助员工提高生存能力和岗位竞争能力的有效途径，努力提高员工学习的主动性，建设一支高素质的队伍是人力资源部义不容辞的职责。我们一定要高度重视员工的学习和成长，从加快职业教育和培训事业的发展入手，提升员工队伍的整体素质，构筑人力资源的核心竞争力，以此提高员工参与企业市场竞争的能力。

在企业改革大发展的今天，企业面临着新时期的机遇和挑战，只有保持员工教育培训工作的生机和活力，才能为企业造就一支能力强、技术精、素质高，适应市场经济发展的员工队伍，使其更好地发挥聪明才智，为企业的发展和社会的进步做出更大的贡献。

【简析】

本员工培训方案主要由总体目标、原则与要求、培训内容与方式、措施及要求四部分构成，在公司层面提出了原则性要求，有利于下级各部门培训方案的制订。

任务实施

代人力资源管理部门制订《江苏厚生机电有限公司2016年中层管理人员培训方案》,要求结构合理、层次清晰、目标明确、方法得当。

任务四　规章制度的写作

> **知识目标**
> ◆理解规章制度的概念、格式要求。
> **能力目标**
> ◆提高对规章制度相应工作情景的理解与分析能力；
> ◆掌握规章制度的格式要求，能够熟练进行规章制度的写作。
> **素质目标**
> ◆培养学生的规则意识。
>
> **课程思政点**
> ◆规章制度的权威性与约束性。

任务引入

为切实提升学院管理和服务水平，构建职责分明、务实高效、流程清晰的管理体系，为学院科学管理、民主办学、依法治校提供依据和保证，淮海职业技术学院决定在全院范围内开展规章制度清理工作。在规章制度的清理工作中，要注意如下问题。

（1）合法性问题，即规章制度的法律、法规或政策依据，是否仍然现行有效。

（2）必要性问题，即规章制度是否符合学院目前的实际需求和未来发展的需要，是否存在与实际情况不一致的内容。

（3）规范性问题，即规章制度的格式是否符合公文的格式要求，具体内容是否与主题一致，文字是否精练、准确。

（4）可操作性问题，即规章制度所规定的内容、主体、程序、对象是否明确、具体，是否具有可操作性，相关文件内容是否重复、矛盾，执行效果是否达到预期目标。

任务分析

在依法治国的时代背景下，制定合理、合法的规章制度，对于政府机关、企事业单位的管理来说，是至关重要的。

相关知识

一、规章制度的概念

规章制度，是党政机关、社会团体、企事业单位等为了维护党和人民的利益，在其职权范围内，以一定的强制力推行的用以规范和约束人们行为的各种制度的统称。

党的十八大以来,习近平总书记提出"全面建成小康社会、全面深化改革、全面依法治国、全面从严治党"的"四个全面"重要思想。完善规章制度建设,对于构建社会主义和谐社会,大力加强社会主义民主和法制建设,建立和完善社会主义市场经济体制,具有极其重要的作用。

二、规章制度的特点

1. 执行的强制性

各类规章制度在规定的时间、空间范围内,对其所适用的所有单位和人员,都具有法定的强制性。规章制度一旦正式公布,有关单位和人员就必须遵照执行,否则就会受到行政处罚、纪律处分或法律的制裁。

2. 内容的周密性

规章制度在内容上要求面面俱到,具有周密性,对所涉及的对象的各个方面,都要做出相应的规定:应该怎样,不应该怎样,做好了怎么奖励,违反了怎么处理,奖惩由谁办理,什么时间办理等,都要逐条逐项说清楚,不能有丝毫的疏忽和遗漏。为了保证每条规定都有明确的含义,其语言必须准确、清晰,不能有不清楚、不周全、不严密的地方。

3. 表达的条款性

规章制度在表达上采用条理分明的章断条连式结构或条文并列式结构。

4. 运行的依附性

规章制度可以直接发布,也可以依附令、公告或通知予以发布,在运行时具有依附性,令、公告或通知是其赖以运行的载体。

小思考

在制定单位规章制度时,应如何处理单位规章制度与国家法律法规及上级规章制度的关系?

三、规章制度的结构与格式要求

1. 标题

规章制度的标题有以下三种形式。

(1)由法定作者、事由、文种三部分构成,如《北京市人民政府工作规则》,"北京市人民政府"是法定作者,"工作"是事由,"规则"是文种。

(2)由单位名称、文种两部分构成,如《中国作家协会章程》,"中国作家协会"是单位名称,"章程"是文种。

(3)由事由、文种两部分构成,如《长江三峡工程建设移民条例》,"长江三峡工程建设移民"是事由,"条例"是文种。

2. 题注

题注在标题正下方,用小括号括起来,用以注明通过该文件的会议名称和批准生效或发布的日期,如下所示。

中国水利学会章程

(第八次全国会员代表大会通过 二〇〇四年四月十日)

3. 正文

规章制度的正文通常采用章断条连式和条文并列式两种结构。

1)章断条连式

正文由章、条、款组合而成,适用于内容较复杂、篇幅较长的规章制度。其基本内容包括三部分:第一章为总则,阐明制定规章制度的法律依据或事实根据、行文目的、适用范围或基本要求等,相当于总纲;第二章及其后为分则,是规章制度的具体内容;最后一章为附则,将不适宜放入分则的内容归入附则部分,以增强其严肃性与约束力,如实施要求、生效日期、解释与修改权限、与原有文件的关系及其他未尽事宜的处理办法等。

2)条文并列式

全文从头到尾不分章节,皆用条文组织内容,前几条相当于总则,中间几条相当于分则,最后几条相当于附则。

四、规章制度的具体类型

(一)章程

1. 章程的含义

章程,是政党、团体、企事业单位等社会组织对本组织的性质、宗旨、任务、组织机构、组织成员、活动规则或企业的权利、义务、经济性质、业务范围、活动制度等所制定的准则和规范。它是某一组织的纲领性文件,是有条理、有程式的规章。

2. 章程的特点

章程具有以下特点。

(1)内容纲领性强。章程规定一个组织的组织规程和办事规则,具有纲领的性质,下属的所有组织和成员都必须共同遵守。章程是组织的最高准则,组织的一切活动都必须遵循章程,体现章程的基本精神。

(2)通过合法程序制定。章程一定要通过合法的程序制定,这样才能要求下属的所有组织和成员认可,才能要求所有的组织和成员遵守。通常是先成立起草小组拟出章程草案并征求意见,然后由该组织的最高级会议——代表大会通过,成为正式章程。

3. 企业章程的内涵及特点

企业章程是指企业依法制定的规定企业名称、住所、经营范围、经营管理制度等重大事项的基本文件,也是企业必备的规定企业组织及活动规则的书面文件。企业章程是股东共同一致的意思表示,载明了企业组织和活动的基本准则。企业章程具有法定性、真实性、自治性和公开性的基本特征。作为企业组织与活动的基本准则,企业章程对企业的成立及运营具有十分重要的意义,它既是企业成立的基础,也是企业赖以生存的灵魂。

4. 章程的格式要求

1)标题

章程的标题通常由单位或团体的名称、活动、事项加"章程"构成,有的还在标题下面注明此章程通过的时间和会议名称。

2)正文

(1)总则。

总则是章程的纲领。一般来说,组织章程的总则部分要阐明该组织的名称、性质、宗旨、任务、指导思想和组织本身的建设要求等内容;企业章程的总则部分一般要写明企业名称、宗旨、经济性质、隶属关系、业务范围等;业务章程的总则部分一般要写明业务内容、范围、服务对象、办理机构等。

(2)分则。

组织章程的分则部分一般由下列几部分构成。

① 组织成员,包括加入组织的条件、手续、程序,承担的义务和享有的权利,对成员的纪律规定及开除条件与办法等。

② 组织机构,包括领导机构、常务机构和办事机构的设置、规模、产生方式和程序、职责、相互关系等。

③ 组织经费,包括经费的来源和管理方式。

④ 组织活动,如活动的内容和方式等。

⑤ 其他事宜,视不同组织、团体的需要而定。

企业章程的分则部分主要需要写明资本、人事管理、资产管理、利润分配等内容。

业务章程的分则部分需要逐条写明该项业务的办理及运作程序等。

(3)附则。

附则是对主体部分的补充,主要说明解释权、修订权、实施要求、生效日期、本章程与其他规章的关系及其他未尽事宜等。组织章程的附则部分还需要说明办事机构地址及对下属组织的要求等。企业章程、业务章程的附则部分一般只写明公布施行与修改补充等问题。有的章程没有附则。

5. 拟写章程的注意事项

拟写章程时要注意以下几点。

(1)使用要规范。一是要注意不要将章程同其他文种,如规定、办法、规则等混用;二是要注意章程的使用要履行规范的程序。一般来说,章程主要用于制定组织准则,使用时必须先以草案形式发送到会员手中征求意见,在此基础上再经本组织最高级会议审议通过。如果是合资企业的章程,则必须在充分协商,条款内容经过反复讨论后才能使用,因为章程是合资企业的最高行为准则,未经充分协商或条件不成熟的章程,都不宜成文。

(2)结构要严谨。章程的结构要合乎规范。格式规范、结构严谨的章程有助于维护其严肃性。全文由总到分,要有合理的顺序。分则部分,一般是先讲成员,后讲组织;先讲全国组织,再讲地方组织,最后讲基层组织;先讲对内,后讲对外。全文要环环相扣,体现严密的逻辑性,使之成为有机的统一体。

(3)条款要简短、完整。除一些大型组织,由于其章程内容比较丰富,条款可以相对长一些外,一般章程的条款要写得简短。只有每条的内容表述一个完整、独立的意思,才便于执行。

(4)要注意章程与简章的区别。简章通常是对某项工作、某一事项的办理原则、要求、方式、方法做出规定的文书,其内容只是有针对性地说明某项工作或某一事项的办事程序,在性质上更接近规定和办法,而章程在适用范围和写法上均有所不同。

6. 例文评析

××××广告公司章程

第一章 总则

第一条 ××××广告公司通过设立公司组织形式,由股东共同出资筹集资本金,建立新的经营机制,为振兴经济做贡献。依照《中华人民共和国公司法》和《中华人民共和国公司登记管理条例》的有关规定,制定本公司章程。

第二条 公司名称:××××广告公司。

第三条 公司住所:××××××。

第四条 公司由2个股东出资设立,股东以认缴出资额为限对公司承担责任;公司以其全部资产对公司的债务承担责任。公司享有股东投资形成的全部法人财产权,并依法享有民事权利,承担民事责任,具有企业法人资格。

股东	名称(姓名)	证件号(身份证号)
甲×××	××××××××××××××××××	
乙×××	××××××××××××××××××	

第五条 经营范围:从事各类广告的制作、发布。(涉及经营许可的,凭许可证经营)

第六条 经营期限:20年。公司营业执照签发日期为本公司成立日期。

第二章 注册资本、认缴出资额、实缴出资额

第七条 公司注册资本为20万元人民币,实收资本为20万元人民币。公司注册资本为在公司登记机关依法登记的全体股东认缴的出资额,公司的实收资本为全体股东实际交付并经公司登记机关依法登记的出资额。

第八条 股东名称、认缴出资额、实缴出资额、出资方式、出资时间一览表。

(表格省略)

第九条 各股东认缴、实缴的公司注册资本应在申请公司登记前,委托会计师事务所进行验资。

第十条 公司登记注册后,应向股东签发出资证明书。出资证明书应载明公司名称、公司成立日期、公司注册资本、股东的姓名、缴纳的出资额和出资日期、出资证明书的编号和日期。出资证明书由公司盖章。出资证明书一式两份,股东和公司各执一份。出资证明书遗失,应立即向公司申报注销,经公司法定代表人审核后予以补发。

第十一条 公司应设置股东名册,记载股东的姓名、住所、出资额及出资证明书编号等内容。

第三章 股东的权利、义务和出资的转让

第十二条 股东作为出资者按出资比例享有资产收益、重大决策和选择管理者等权

利,并承担相应的义务。

第十三条　股东的权利。

(一)出席股东会,并根据出资比例享有表决权。

(二)股东有权查阅股东会会议记录和公司财务会计报告。

(三)选举和被选举为公司执行董事或监事。

(四)股东按出资比例分红。公司新增资本金时,股东可按出资比例优先认缴出资。

(五)公司新增资本金或其他股东转让出资时有优先购买权。

(六)公司终止后,依法分取公司剩余财产。

第十四条　股东的义务。

(一)按期足额缴纳各自所认缴的出资额。

(二)以认缴的出资额为限承担公司债务。

(三)公司办理工商登记注册后,不得抽回出资。

(四)遵守公司章程规定的各项条款。

第十五条　出资的转让。

(一)股东之间可以相互转让其全部出资或者部分出资。

(二)股东向股东以外的人转让出资时,必须经其他股东过半数同意。股东应就其股权转让事项书面通知其他股东征求同意,其他股东自接到书面通知之日起满三十日未答复的,视为同意转让。其他股东半数以上不同意的,不同意转让的股东应当购买该转让的出资,如果不购买该转让的出资,视为同意转让。经股东同意转让的出资,在同等条件下,其他股东对该转让的出资有优先购买权。两个以上股东主张行使优先购买权的,协商确定各自的购买比例;协商不成的,按照转让时各自的出资比例行使优先购买权。

(三)股东依法转让其出资后,公司应将受让人的姓名、住所以及受让的出资额记载在股东名册上。

第四章　公司机构及高级管理人员的资格和义务

第十六条　为保障公司生产经营活动的顺利、正常开展,公司设立股东会、执行董事、监事和经理,负责全公司生产经营活动的策划、组织、领导、协调、监督等工作。

第十七条　本公司设立业务部、财务部等具体机构,负责处理公司生产经营活动中的各项日常事务。

第十八条　执行董事、监事、经理应遵守公司章程、《中华人民共和国公司法》和国家其他有关法律的规定。

第十九条　公司研究决定有关职工工资、福利、安全生产以及劳动保护、劳动保险等涉及职工切身利益的问题时,应当听取公司工会和职工的意见,并邀请工会或者职工代表列席有关会议。

第二十条　公司研究决定有关生产经营的重大问题或制定重要的规章制度时,应当听取公司工会和职工的意见和建议。

第二十一条　有下列情形之一的人员,不得担任公司的执行董事、监事、经理。

(一)无民事行为能力或者限制民事行为能力的人。

(二)因犯有贪污、贿赂、挪用财产罪或者破坏社会经济秩序罪,被判处刑罚,执行期满未逾五年者,或者因犯罪被剥夺政治权利,执行期满未逾五年者。

(三)担任因经营不善破产清算的公司(企业)的董事长、厂长或经理,并对该公司(企业)破产清算负有个人责任的,自该公司(企业)破产清算完结之日起未逾三年者。

(四)担任因违法被吊销营业执照的公司(企业)的法定代表人,并对吊销营业执照负有个人责任的,自该公司(企业)被吊销营业执照之日起未逾三年者。

(五)个人数额较大的债务到期未清偿者。

公司违反此条规定选举、委派执行董事、监事或者聘用经理的,该选举、委派或者聘用无效。

第二十二条　国家公务员不得兼任公司的执行董事、监事、经理。

第二十三条　执行董事、监事、经理应当遵守公司章程,履行职责,维护公司利益,不得利用在公司的地位和职权为自己谋取私利。执行董事、监事、经理不得利用职权收受贿赂或者其他非法收入,不得侵占公司的财产。

第二十四条　执行董事、经理不得挪用公司资金或者将公司资金借给任何与公司业务无关的单位或个人。执行董事、经理不得将公司的资金以其个人名义或者以其他人的个人名义开立账户存储,也不得将公司的资金以个人名义向其他单位投资。执行董事、经理不得以公司资产为本公司股东或者其他个人的债务提供担保。

第二十五条　执行董事、经理不得自营或者为他人经营与公司项目相同或相近的项目,也不得从事损害本公司利益的活动。从事上述营业或者活动的,所得收入应当归公司所有。

第五章　股东会

第二十六条　公司设立股东会。股东会由公司全体股东组成,股东会为公司最高权力机构。股东会,由股东按照出资比例行使表决权。首次股东会由出资最多的股东召集主持,之后的股东会由执行董事召集主持。

第二十七条　股东会行使下列职权。

(一)决定公司的经营方针和投资计划。

(二)选举和更换执行董事,决定有关执行董事的报酬事项。

(三)选举和更换非由职工代表出任的监事,决定有关监事的报酬事项。

(四)审议批准执行董事的报告或监事的报告。

(五)审议批准公司年度财务预、决算方案,以及利润分配、亏损弥补方案。

(六)对公司增加或减少注册资本做出决议。

(七)对分立、合并、解散、清算公司或者变更公司形式做出决议。

(八)修改公司的章程。

(九)聘任或者解聘公司的经理。

(十)对公司债券的发行做出决议。

(十一)公司章程规定的其他职权。

股东会分为定期会议和临时会议。股东会每半年定期召开,由执行董事召集主持。执行董事不能履行或者不履行召集主持股东会职责的,由监事召集主持;监事不召集主持的,代表十分之一以上表决权的股东可以自行召集主持。召开股东会,应于会议召开十五日前通知全体股东。

股东会应对所议事项做出决议。对修改公司章程,增加或减少注册资本,分立、合并、解散公司或者变更公司形式等事项做出决议时,必须经代表三分之二以上表决权的股东通过。

股东会应对所议事项做好记录。出席会议的股东应在会议记录上签名,会议记录应作为公司档案材料长期保存。

第六章 执行董事、经理、监事

第二十八条 本公司不设立董事会,只设立执行董事一名。执行董事由股东会代表三分之二以上表决权的股东同意选举产生。

第二十九条 执行董事为本公司法定代表人。

第三十条 执行董事对股东会负责,行使下列职权。

(一)负责召集主持股东会,并向股东会报告工作。

(二)执行股东会的决议,制定实施细则。

(三)拟订公司的经营计划和投资方案。

(四)拟订公司年度财务预、决算方案,以及利润分配、亏损弥补方案。

(五)拟订公司增加或减少注册资本、变更公司形式、解散或设立分公司等方案。

(六)决定公司经理人选及其报酬事项。

(七)聘任或者解聘公司副经理、财务负责人,并决定其报酬事项。

(八)制定公司的基本管理制度。

第三十一条 执行董事任期为三年,可以连选连任。执行董事在任期届满前,股东会不得无故解除其职务。

第三十二条 经理对股东会负责,行使下列职权。

(一)主持公司的生产经营管理工作,组织实施股东会决议,组织实施公司年度经营计划和投资方案。

(二)拟订公司内部管理机构设置方案。

(三)制定公司的具体管理制度。

(四)向股东会提名聘任或者解聘公司副经理、财务负责人的人选。

(五)聘任或者解聘除应由执行董事聘任或者解聘以外的管理部门负责人。

(六)股东会授予的其他职权。

第三十三条 公司不设立监事会,只设立监事一名。监事由股东会代表三分之二以上表决权的股东同意选举产生。监事任期为三年,可以连选连任。本公司的执行董事、经理、财务负责人不得兼任监事。监事行使下列职权。

(一)检查公司财务状况。

(二)对执行董事、高级管理人员执行公司职务的行为进行监督,对违反法律、行政法规、公司章程或者股东会决议的执行董事、高级管理人员提出罢免的建议。

(三)当执行董事和经理的行为损害公司的利益时,要求执行董事和经理予以纠正。

(四)向股东会提交议案。

(五)依照《中华人民共和国公司法》的规定,对执行董事、高级管理人员提起诉讼。

（六）公司章程规定的其他职权。

第七章　财务、会计

第三十四条　公司依照法律、行政法规和国家财政主管部门的规定建立本公司的财务、会计制度。

第三十五条　公司在每一会计年度终了时制作财务会计报表，按国家和有关部门的规定进行审计，报送财政、税务、工商行政管理等部门，并送交各股东审查。

第三十六条　公司分配每年税后利润时，提取利润的百分之十列入法定公积金，公司法定公积金累计超过公司注册资本的百分之五十时可不再提取。

第三十七条　公司弥补亏损和提取法定公积金后所余税后利润，按照股东出资比例进行分配。

第三十八条　法定公积金转为资本时，所留存的该项公积金不得少于转增前公司注册资本的百分之二十五。

第八章　公司合并、分立和变更注册资本

第三十九条　公司合并、分立或者变更注册资本，应由公司股东会做出决议。

第四十条　公司合并、分立或者变更注册资本时，应编制资产负债表及财产清单，于10日内通知债权人，并于30日内在报纸上公告。债权人自接到通知书之日起30日内，未接到通知书的自公告之日起45日内，有权要求公司清偿债务或者提供相应担保。

第四十一条　公司合并、分立或者变更注册资本的，应当依法向公司登记机关办理变更登记；公司解散的，应当依法办理公司注销登记；设立新公司的，应当依法办理公司设立登记。

第九章　破产、解散、终止和清算

第四十二条　公司因《中华人民共和国公司法》第一百八十一条所列规定而解散的，应当在解散事由出现之日起15日内成立清算组，开始清算。逾期不成立清算组进行清算的，债权人可以向法院申请指定有关人员组成清算组进行清算。自公司清算组成立之日起10日内通知债权人，并于60日内在报纸上公告。债权人应当自接到通知书之日起30日内，未接到通知书的自公告之日起45日内，向清算组申报债权。公司财产在分别支付清算费用、职工工资、社会保险费用和法定补偿金，缴纳所欠税款，清偿公司债务后的剩余资产，按照股东出资比例进行分配。清算结束后，公司应依法向公司登记机关办理注销登记。

第十章　工会

第四十三条　公司按照国家有关法律设立工会。工会独立自主地开展工作，公司应支持工会的工作。

第十一章　附则

第四十四条　公司章程的解释权属于公司股东会。

第四十五条　公司章程经全体股东签字盖章后生效。

第四十六条　经股东会提议，公司可以修改章程，修改章程须经股东会代表三分之二以上表决权的股东通过后，由公司法定代表人签署并报公司登记机关备案。

第四十七条　公司章程与国家法律、行政法规、国务院规定等有抵触的,以国家法律、行政法规、国务院规定等为准。

全体股东签字盖章
××××年×月×日

【简析】

《××××广告公司章程》属于组织章程,结构上是章断条连式的。总则说明公司的名称、住所、经营范围与经营期限。分则由九部分组成,论述企业的组织机构、成员及其权责,结构严谨,层次分明。附则讲述企业章程的解释权与修改权等。通篇内容严谨,符合规章制度类文书的写作要求。

(二)条例

1. 条例的概念

条例是国家权力机关、行政机关或经过其授权的组织依照法律、法规和政策制定颁发的用以规定经济、政治、文化等领域的某些具体事项或机关团体等的职权问题的规章制度。条例具有法规性,由国家权力机关、行政机关或经过其授权的组织制定颁发,所规定的事项一般比较重要、全面、系统,且长期具有法定效力。

2. 条例的特点

条例具有以下特点。

(1)制发机关的特指性。只有国家权力机关、行政机关或经过其授权的组织才有权制发条例,地方党政机关一般不能制发条例。

(2)执行过程中的约束性。条例是依据法律条文制定的,并且是由国家权力机关、行政机关或经过其授权的组织制发的,所以条例具有法律的约束力和权威性,一经制定颁布,必须遵照执行。

(3)时间上的长久性。条例所涉及的内容一般是关于长期性工作的,一经制定,执行较长一段时间之后,只有出现明显的不适用或不合理,制发机关才会做出修订。

3. 条例的类型

根据权限的不同,条例可分为直接颁发的条例和批准颁发的条例。直接颁发的条例是由有权制定条例的机关直接制定并颁发的条例;批准颁发的条例是由被授权的组织制定,并由授权机关批准后颁发的条例。

根据内容的不同,条例可分为事务性条例和职权职责性条例。事务性条例是对有关方面的事务做出规定的条例,如《城市房屋拆迁管理条例》;职权职责性条例是对部门的权责做出规定的条例,如《中华人民共和国律师暂行条例》。

根据时效性的不同,条例可分为长期性条例和暂行条例。长期性条例是在一个时期内具有相对稳定性,时效性较长,不加"长期"标记的条例;暂行条例是临时性条例,要明确标明"暂行"字样,如《国家公务员暂行条例》。

4. 条例的格式要求

条例由首部和正文两部分构成。

1) 首部

首部包括标题和生效标识。标题一般有两种写法：一是由主题加文种构成；二是由适用范围、主题加文种构成。标题之下标明通过或发布的时间及制定单位或批准机关。如果条例有待完善，可标明"暂行"字样。生效标识可在标题之下注明，也可放在文尾部分。

2) 正文

正文由总则、分则、附则三部分构成。总则说明制定及颁发条例的目的、意义及制定的依据等；分则说明条例的具体内容；附则对分则的某些内容进行补充，包括生效日期、解释和修改权限等。

5. 拟写条例的注意事项

拟写条例时应注意以下几点。

(1) 首部要规范，主题要鲜明。首部由标题和生效标识构成，要按照规范来写。生效标识也可放在文尾部分，采用这种写法时，首部只有标题。标题一定要高度概括，形成鲜明的主题。

(2) 层次要清晰，要有严密的逻辑关系，主从关系不能混淆。内容复杂的条例要按层次写成章条式的，每章要具有相对独立性，第一章为总则，最后一章为附则，中间各章为分则，分则要将条例的具体内容进行合理分类，将每类写成一章，各章要按照逻辑关系排列先后顺序。

(3) 内容要具体、全面，不能空泛。条例是对某一政策、法律、法规或法令的补充说明和辅助规定，是一种立法手段，所以，每一条都应有实际的内容或要求，且条例的内容应当全面。

(4) 语言要简练，表达要准确，要做到言简意赅，通俗易懂。

6. 例文评析

企业信息公示暂行条例

第一条　为了保障公平竞争，促进企业诚信自律，规范企业信息公示，强化企业信用约束，维护交易安全，提高政府监管效能，扩大社会监督，制定本条例。

第二条　本条例所称企业信息，是指在工商行政管理部门登记的企业从事生产经营活动过程中形成的信息，以及政府部门在履行职责过程中产生的能够反映企业状况的信息。

第三条　企业信息公示应当真实、及时。公示的企业信息涉及国家秘密、国家安全或者社会公共利益的，应当报请主管的保密行政管理部门或者国家安全机关批准。县级以上地方人民政府有关部门公示的企业信息涉及企业商业秘密或者个人隐私的，应当报请上级主管部门批准。

第四条　省、自治区、直辖市人民政府领导本行政区域的企业信息公示工作，按照国家社会信用信息平台建设的总体要求，推动本行政区域企业信用信息公示系统的建设。

第五条　国务院工商行政管理部门推进、监督企业信息公示工作，组织企业信用信息公示系统的建设。国务院其他有关部门依照本条例规定做好企业信息公示相关工作。

县级以上地方人民政府有关部门依照本条例规定做好企业信息公示工作。

第六条 工商行政管理部门应当通过企业信用信息公示系统,公示其在履行职责过程中产生的下列企业信息:

(一)注册登记、备案信息;

(二)动产抵押登记信息;

(三)股权出质登记信息;

(四)行政处罚信息;

(五)其他依法应当公示的信息。

前款规定的企业信息应当自产生之日起20个工作日内予以公示。

第七条 工商行政管理部门以外的其他政府部门(以下简称其他政府部门)应当公示其在履行职责过程中产生的下列企业信息:

(一)行政许可准予、变更、延续信息;

(二)行政处罚信息;

(三)其他依法应当公示的信息。

其他政府部门可以通过企业信用信息公示系统,也可以通过其他系统公示前款规定的企业信息。工商行政管理部门和其他政府部门应当按照国家社会信用信息平台建设的总体要求,实现企业信息的互联共享。

第八条 企业应当于每年1月1日至6月30日,通过企业信用信息公示系统向工商行政管理部门报送上一年度年度报告,并向社会公示。

当年设立登记的企业,自下一年起报送并公示年度报告。

第九条 企业年度报告内容包括:

(一)企业通信地址、邮政编码、联系电话、电子邮箱等信息;

(二)企业开业、歇业、清算等存续状态信息;

(三)企业投资设立企业、购买股权信息;

(四)企业为有限责任公司或者股份有限公司的,其股东或者发起人认缴和实缴的出资额、出资时间、出资方式等信息;

(五)有限责任公司股东股权转让等股权变更信息;

(六)企业网站以及从事网络经营的网店的名称、网址等信息;

(七)企业从业人数、资产总额、负债总额、对外提供保证担保、所有者权益合计、营业总收入、主营业务收入、利润总额、净利润、纳税总额信息。

前款第一项至第六项规定的信息应当向社会公示,第七项规定的信息由企业选择是否向社会公示。

经企业同意,公民、法人或者其他组织可以查询企业选择不公示的信息。

第十条 企业应当自下列信息形成之日起20个工作日内通过企业信用信息公示系统向社会公示:

(一)有限责任公司股东或者股份有限公司发起人认缴和实缴的出资额、出资时间、出资方式等信息;

(二)有限责任公司股东股权转让等股权变更信息;

(三)行政许可取得、变更、延续信息;

(四)知识产权出质登记信息;

(五)受到行政处罚的信息;

(六)其他依法应当公示的信息。

工商行政管理部门发现企业未依照前款规定履行公示义务的,应当责令其限期履行。

第十一条 政府部门和企业分别对其公示信息的真实性、及时性负责。

第十二条 政府部门发现其公示的信息不准确的,应当及时更正。公民、法人或者其他组织有证据证明政府部门公示的信息不准确的,有权要求该政府部门予以更正。

企业发现其公示的信息不准确的,应当及时更正;但是,企业年度报告公示信息的更正应当在每年6月30日之前完成。更正前后的信息应当同时公示。

第十三条 公民、法人或者其他组织发现企业公示的信息虚假的,可以向工商行政管理部门举报,接到举报的工商行政管理部门应当自接到举报材料之日起20个工作日内进行核查,予以处理,并将处理情况书面告知举报人。

公民、法人或者其他组织对依照本条例规定公示的企业信息有疑问的,可以向政府部门申请查询,收到查询申请的政府部门应当自收到申请之日起20个工作日内书面答复申请人。

第十四条 国务院工商行政管理部门和省、自治区、直辖市人民政府工商行政管理部门应当按照公平规范的要求,根据企业注册号等随机摇号,确定抽查的企业,组织对企业公示信息的情况进行检查。

工商行政管理部门抽查企业公示的信息,可以采取书面检查、实地核查、网络监测等方式。工商行政管理部门抽查企业公示的信息,可以委托会计师事务所、税务师事务所、律师事务所等专业机构开展相关工作,并依法利用其他政府部门做出的检查、核查结果或者专业机构做出的专业结论。

抽查结果由工商行政管理部门通过企业信用信息公示系统向社会公布。

第十五条 工商行政管理部门对企业公示的信息依法开展抽查或者根据举报进行核查,企业应当配合,接受询问调查,如实反映情况,提供相关材料。

对不予配合情节严重的企业,工商行政管理部门应当通过企业信用信息公示系统公示。

第十六条 任何公民、法人或者其他组织不得非法修改公示的企业信息,不得非法获取企业信息。

第十七条 有下列情形之一的,由县级以上工商行政管理部门列入经营异常名录,通过企业信用信息公示系统向社会公示,提醒其履行公示义务;情节严重的,由有关主管部门依照有关法律、行政法规规定给予行政处罚;造成他人损失的,依法承担赔偿责任;构成犯罪的,依法追究刑事责任:

(一)企业未按照本条例规定的期限公示年度报告或者未按照工商行政管理部门责令的期限公示有关企业信息的;

(二)企业公示信息隐瞒真实情况、弄虚作假的。

被列入经营异常名录的企业依照本条例规定履行公示义务的,由县级以上工商行政管理部门移出经营异常名录;满3年未依照本条例规定履行公示义务的,由国务院工商行政管理部门或者省、自治区、直辖市人民政府工商行政管理部门列入严重违法企业名单,并通过企业信用信息公示系统向社会公示。被列入严重违法企业名单的企业的法定代表人、负责人,3年内不得担任其他企业的法定代表人、负责人。

企业自被列入严重违法企业名单之日起满5年未再发生第一款规定情形的,由国务院工商行政管理部门或者省、自治区、直辖市人民政府工商行政管理部门移出严重违法企业名单。

第十八条　县级以上地方人民政府及其有关部门应当建立健全信用约束机制,在政府采购、工程招投标、国有土地出让、授予荣誉称号等工作中,将企业信息作为重要考量因素,对被列入经营异常名录或者严重违法企业名单的企业依法予以限制或者禁入。

第十九条　政府部门未依照本条例规定履行职责的,由监察机关、上一级政府部门责令改正;情节严重的,对负有责任的主管人员和其他直接责任人员依法给予处分;构成犯罪的,依法追究刑事责任。

第二十条　非法修改公示的企业信息,或者非法获取企业信息的,依照有关法律、行政法规规定追究法律责任。

第二十一条　公民、法人或者其他组织认为政府部门在企业信息公示工作中的具体行政行为侵犯其合法权益的,可以依法申请行政复议或者提起行政诉讼。

第二十二条　企业依照本条例规定公示信息,不免除其依照其他有关法律、行政法规规定公示信息的义务。

第二十三条　法律、法规授权的具有管理公共事务职能的组织公示企业信息适用本条例关于政府部门公示企业信息的规定。

第二十四条　国务院工商行政管理部门负责制定企业信用信息公示系统的技术规范。

个体工商户、农民专业合作社信息公示的具体办法由国务院工商行政管理部门另行制定。

第二十五条　本条例自2014年10月1日起施行。

(内容略有改动)

【简析】

本条例在结构形式上属于一条到底式。从内容上看,本条例分为三个部分:总则为第一条到第四条,分别讲述制发目的、内涵确定、原则要求、指导单位;分则为第五条到第二十四条,分类讲述企业信息公示的内容与方法;附则为第二十五条,讲述实施日期。

(三)办法

1. 办法的含义

办法,是社会组织为实施法规或管理工作,做出具体安排或提出具体措施时制定的规章制度。

2. 办法的特点

办法具有以下特点。

(1)内容上的管理性。办法侧重于对有关事项、问题的落实和执行制定标准、做法。

(2)写法上的具体性。办法在写法上侧重于对某项工作的做法、措施、步骤、程序、标准等做出具体的说明。

(3)效用上的实践性、试行性。办法的涉及面比条例和规定窄,同时,不少办法属于实践探索阶段的产物,成熟程度比其他法规性文书要低。

3. 办法的类型

办法分为以下两类。

(1)实施办法。实施文件的办法通常叫"实施办法",实施办法以实施对象为成文的主要依据,具有附属性,是对原件的一种具体化,或提出实施办法,或提出实施意见。实施办法主要包括实施法律的办法、实施条例的办法与实施规定的办法,如《上海市实施〈中华人民共和国土地管理法〉办法》《江苏省实施〈医疗机构管理条例〉办法》《北京市失业保险规定实施办法》。

(2)管理办法。管理办法是各类机关单位在各自的管理权限范围内,在实际管理工作尚无条文可依的情况下制定的,如《下岗失业人员小额担保贷款管理办法》。

4. 办法的格式要求

1)实施办法

实施办法一般由标题和正文两部分构成。

标题有以下三种格式。

(1)由规范对象加"实施办法"构成,如《生猪、鲜蛋、菜牛、菜羊、家禽购销合同实施办法》。

(2)由施行区域(单位)、规范对象加"实施办法"构成,如《广东省科学技术进步奖励实施办法》。

(3)由原文件标题加"实施办法"构成,如《中华人民共和国学位条例暂行实施办法》。

实施办法的正文一般由缘由、规范和说明三部分组成。

2)管理办法

管理办法一般由标题和正文两部分构成。

标题有以下两种格式。

(1)由规范范围、规范对象加"办法"构成,如《国家行政机关公文处理办法》。

(2)由规范范围、规范对象、文种修饰语加"办法"构成,如《广东省音乐茶座管理暂行办法》。

管理办法的正文也由缘由、规范和说明三部分组成。

5. 拟写办法的注意事项

拟写办法时应注意以下几点。

(1)明确两类办法的不同写法。实施办法侧重于对原文件实施提出具体意见,多是诠释、说明有关条款,或结合实施范围的实际情况补充一些条款,要求写得比较具体,不求全面、系统。管理办法则一般比较全面,往往就管理的范围、原则、规范、责任和施行要求做出规定,要求写得比较系统、周全,针对管理对象制定条款。

(2)条款要具体、明确,对概念、范围、措施、方法、界限、要求做出具体的规定与表述。

(3)结构要严谨、清晰,能较好地反映内容之间的联系,方便阅读和检索。

6. 例文评析

金科地产集团股份有限公司员工跟投房地产项目公司管理办法

第一章　总则

第一条　金科地产集团股份有限公司(以下简称"公司")根据《中华人民共和国公司法》《中华人民共和国证券法》等有关法律、法规和《金科地产集团股份有限公司章程》制定《金科地产集团股份有限公司员工跟投房地产项目公司管理办法》(以下简称"本办法")。

第二条　为了更加充分地激励公司房地产项目运营团队的积极性,进一步提升获取项目的质量和项目运营效率,公司参考市场通行做法,制定本办法。

第三条　本办法将项目经营效益和跟投员工个人收益直接挂钩,实现收益共享、风险共担,不设本金保障和收益保证机制。

第二章　管理机构

第四条　公司股东大会负责本办法的批准和变更。

第五条　公司董事会每年审议由公司审计部门出具的年度总结报告,并在本办法通过批准的三年后决定是否继续实施。

第六条　公司总裁会议根据相关法律法规和本办法制定相应的实施细则报董事会主席批准,并组织实施。

第三章　跟投项目

第七条　跟投项目为2015年6月30日后首次开盘销售的项目,其中,销售型项目的跟投员工投资方案由总裁会议根据本办法审批,其他类型项目的跟投员工投资方案须经过公司董事会主席审批方能实施。

第八条　对于公司操盘不并表的项目,须通过项目公司相应的审批程序。

第九条　如出现因政策、环境或其他事项导致在本办法规定的跟投项目范围内的个别项目不适合跟投的情况,经公司总裁会议审核并报公司董事会主席批准后不实施本办法。

第四章　跟投员工投资人

第十条　跟投员工投资人分为必须跟投人和自愿跟投人。

第十一条　必须跟投人及跟投范围

区域公司经营班子(分管领导以上人员)、投资负责人、区域公司其他关键人员(包括但不限于:营销负责人、工程负责人、设计负责人、成本负责人、财务资金负责人),必须跟投区域公司管辖范围内符合本规定的所有项目。

城市公司经营班子(分管领导以上人员)、城市公司其他关键人员,必须跟投城市公司管辖范围内符合本规定的所有项目。

项目负责人、项目其他关键人员,必须跟投所管理的符合本规定的所有项目。

必须跟投人及跟投额度由区域公司负责人或直属省级城市公司负责人拟定。

第十二条　自愿跟投人及跟投范围

区域公司、城市公司及项目层级中与项目经营直接相关的正式员工,可自愿参与项目跟投。

在按照本办法第十九条的所有跟投员工投资人合计持有的项目公司股权比例限额内,首先满足必须跟投人的跟投;满足必须跟投人的跟投后如有剩余股权比例的,方可由自愿跟投人进行跟投。

第十三条　总裁会议批准跟投员工投资方案(包括必须跟投人及自愿跟投人、跟投额度等)。

第十四条　公司董事会主席和总裁不参与项目跟投。

第十五条　跟投资金全部由跟投员工投资人自行筹集。

第五章　投资架构

第十六条　跟投员工投资人通过有限合伙企业进行投资,一个有限合伙企业投资一个跟投项目。

第十七条　在对跟投项目投资决策时须预测为完成跟投项目开发经营,需要项目公司各方股东投入项目公司的资金最大值,即股东资金峰值。股东资金峰值由项目投资决策会批准。

股东资金峰值,由各方股东对负责开发跟投项目的项目公司投入资金来筹集;各方股东的投入资金包括股权资金、债权资金。

第十八条　有限合伙企业按照跟投员工投资方案的规定投入资金(包括股权资金和债权资金)后,不再承担追加投资的责任。

有限合伙企业以其实际投入资金(包括股权资金和未收回的债权资金)的金额为限,承担项目公司的经营风险和亏损风险。

第十九条　每个跟投项目中的所有跟投员工投资人合计持有的项目公司股权比例不超过10%;每个跟投项目中的单个跟投员工投资人持有的项目公司股权比例原则上不超过1.5%,如须超过,须经过总裁会议特别批准。

项目公司的股权资金、有限合伙企业占项目公司的股权比例等事项,在总裁会议制定的实施细则中具体规定。

有限合伙企业不能是项目公司的大股东,不参与项目管理,不向项目公司派驻董事及管理人员,不影响项目的对外合作,放弃项目公司股权的优先购买权。

第二十条　有限合伙企业按照占项目公司股权比例×2的比例,在项目公司分取利润或承担亏损。本条的比例原则同时适用于本办法第二十六条退出管理时有限合伙企业持有项目公司股权收购价格的计算确定,以及项目公司清算时有限合伙企业分配项目公司剩余资产的计算确定。

第二十一条　投资架构可以根据国家相关法律法规,由总裁会议适时调整,但本章原则依然适用。

第六章　出资管理

第二十二条　必须跟投和自愿跟投资金的到位时间为下列孰晚时间点:

召开项目投资决策会后三个月内;

公司或项目公司支付第一笔土地出让金(保证金除外)前,或公司支付项目公司第一笔股权收购款(保证金除外)前。

第二十三条(内容省略)

第七章 分配管理

第二十四条 项目公司在累积净现金流量为正数,并保证项目运营所需资金、充分考虑项目经营风险及项目合作方(如有)同意后,经总裁会议批准,项目公司向有限合伙企业归还债权资金。

项目公司在累积净现金流量为正数,并保证项目运营所需资金、充分考虑项目经营风险后,如项目公司产生利润并符合项目公司利润分配的相关规定,经项目公司股东会通过,项目公司向有限合伙企业分配利润。

第八章 退出管理

第二十五条 项目已销售建筑面积达到拟销售建筑面积的90%时,或按照《金科地产集团股份有限公司募集资金管理制度》决定将项目作为募集资金投资项目时,为有限合伙企业退出启动点。总裁会议有权决定推迟退出启动点,但推迟时间最多不超过六个月。

第二十六条 退出启动点发生后,由公司选择独立评估机构,参照独立评估机构对退出启动点项目公司净资产的市场公允价值,由总裁会议批准退出启动点项目公司净资产价值。

根据批准的启动点项目公司净资产价值,结合项目公司在退出启动点前(含)的全部利润或全部亏损状况,按照本办法第二十条中有限合伙企业以占项目公司股权比例×2的比例分取全部利润或承担全部亏损的原则,计算确定有限合伙企业持有项目公司股权的收购价格。

第二十七条 对项目公司净资产评估时,其中未售物业的评估方法如下:

(一)已经开始销售的住宅未售物业和车位未售物业(主要为住宅配套),根据评估机构按照收益法评估(以退出启动点前一个季度同类型物业的平均销售价格及其后续销售计划为评估基础)得出的市场公允价格,再乘以80%~90%的折扣率参考确定。

(二)已经开始销售的车位未售物业(主要为商业配套)、已经开始销售的商业未售物业及未开始销售的物业,根据评估机构按照收益法评估得出的市场公允价格,再乘以70%~80%的折扣率参考确定。

第二十八条 有限合伙企业持有项目公司股权的收购事项及收购价格最终由总裁会议批准确定。

第九章 离职及调动

第二十九条 离职人员不得提前退出跟投。

第三十条 调动人员参与到岗后的新项目跟投,已发生的跟投按本办法第八章规定退出。

第十章 附则

第三十一条 本办法自公司股东大会审议通过后生效,并由公司董事会负责解释。

(部分内容省略,内容略有改动)

【简析】

本办法为金科地产集团股份有限公司在员工跟投房地产项目方面制定的管理办法。本办法在形式上为章断条连式,在内容上可以分为三个部分:总则为第一章,讲述制发本办法的依据、目的、原则;分则为第二章至第九章,分别讲述管理机构、跟投项目、跟投员工投资人、投资架构、出资管理、分配管理、退出管理、离职及调动等；附则为第十章，讲述效力来源与解释权限。本办法结构合理，层次清晰，表述准确，有利于项目的有效管理。

(四)守则

1. 守则的概念和特点

守则是国家机关、人民团体、企事业单位为了维护公共利益，向所属成员发布的一种要求自觉遵守的约束性公文。

守则是根据党和国家的各项方针、政策、法律、法规的精神，结合本单位、本部门、本系统的实际情况制定的用以规范、约束人们的道德行为的条文，具有约束性和规范性的特点，但不具备直接的法律制约作用。

2. 守则的格式要求

守则一般由首部和正文两部分组成。

1) 首部

守则的首部一般由适用对象和文种构成，如《中学生守则》。

2) 正文

守则的正文一般由总则、分则、附则组成：总则包括制定守则的指导思想、目的、意义等内容；分则是规范项目，要求条目清晰，逻辑严密，表述准确、精练；附则是关于执行要求的说明。有的守则内容比较单一，全文由分则内容组成，没有总则和附则部分。

3. 例文评析

国家电网公司员工守则

第一，遵纪守法，尊荣弃耻，争做文明员工。
第二，忠诚企业，奉献社会，共塑国网品牌。
第三，爱岗敬业，令行禁止，切实履行职责。
第四，团结协作，勤奋学习，勇于开拓创新。
第五，以人为本，落实责任，确保安全生产。
第六，弘扬宗旨，信守承诺，深化优质服务。
第七，勤俭节约，精细管理，提高效率效益。
第八，努力超越，追求卓越，建设一流公司。

【简析】

本守则高度概括，坚持与时俱进，体现时代特征与企业特色，紧密结合国家电网公司建设"一强三优"现代公司的实际，把符合"三个代表"重要思想与以人为本、全面协调可持续的科学发展观等的具有鲜明时代特征的现代发展理念都尽可能地吸收进来，忠实反映了国家电网公司近年来关于公司发展的一系列管理理念，突出了安全生产、优质服务、经济效益等公司核心工作，体现了国家电网公司作为关系国家能源安全和国民经济命脉的国有重要骨干企业承担的重要经济责任、政治责任和社会责任。

（五）公约

1. 公约的含义

公约是指一定范围或行业的社会成员在自觉、自愿的基础上，经过充分酝酿和民主讨论制定的共同遵守的行为准则和道德规范。公约多用于规范公共事业方面的道德和行为。

2. 公约的特点

公约具有以下特点。

(1)公众约定性。公约虽有约束性，但它不是有关管理部门制定的强制性的法规，而是订约单位或订约人自愿协商缔结的行为准则。它产生于社会团体或民众之间，有一定的民间特色，不是正式的法律和法规，对参与者只有道德约束力，没有法律效力。

(2)长期适用性。公约具有长期适用性，不会在短时间之内因为时过境迁而被废止。制定公约时应该充分考虑到这一点，要选择大家共同关心的有长期意义的原则性事项写入公约。

(3)集体监督性。公约一经共同认定，就是订约人或订约单位的行为准则和道德规范，每个人都有履行公约的义务，不得违反。同时，公约也是人们互相监督的依据，每个人都有以公约为准则监督别人的义务。一旦发现有违背公约的行为，其他订约人或订约单位都有权进行批评和谴责。

(4)基本原则性。公约的内容在多数情况下都是一些基本道德准则和精神文明建设的原则要求，一般不涉及具体的行动方法和实施措施，不像细则那样详尽、具体，因而公约大多短小、精练。

(5)一致认同性。公约是在共同协商的基础上拟定的，应得到每个订约者的认同。就一般情况而言，有弃权票，不影响公约的通过，但若有否决票，则公约不能被通过，即每个订约者都有"一票否决权"。在特殊情况下，在有否决票的情况下，公约可以被强制通过，但投否决票者可以选择不加入该公约，如美国就没有加入《联合国海洋法公约》。

3. 公约的格式要求

公约一般由标题、正文、署名与日期组成。

1)标题

公约的标题有三种写法：一是适用人加文种，如《教师公约》；二是适用范围加文种，如《花园小区公约》；三是涉及事项加文种，如《护林公约》。

2)正文

公约的正文通常分为引言和主体两部分。引言部分，用来写明制定公约的目的、意义，常套用"为了……特制定本公约"的固定格式。主体部分，一般采用条文式写法，将具体内容一一列出，要做到结构完整，层次清楚，言简意明，朴实通畅。

3)署名与日期

对于有些公约而言，署名与日期是很重要的一项，因为署名意味着承诺，表明署名者遵守公约的意向，表明其愿意为违背公约承担责任，特别是行业公约，这一点显得更为突出。

4. 例文评析

互联网金融行业自律公约

1.打造开放平台,融通普惠百姓;2.推崇自律精神,坚持阳光运营;
3.接受各界监督,提升行业公信;4.强化风控体系,完善披露标准;
5.探索业务创新,推动经济繁荣;6.寻求合作共赢,反对恶性竞争;
7.尊重客户权益,支持信息共享;8.回归金融本质,履行社会责任。

【简析】

公约在语言上追求口语化、通俗化,以便于记诵;在形式上,工整、美观。

任务实施

1.为了加强员工管理,请为华美广告有限公司拟定一份《员工守则》。

2.为了增强班级凝聚力、向心力,创造一个良好的班级环境,请在民主协商的基础上,为你班拟定一份《班级公约》。

3.淮海职业技术学院人文社会科学系拟加强课堂教学管理,请代为拟定一份《淮海职业技术学院人文社会科学系关于加强课堂教学管理的办法》。

4.指出下面章程中存在的问题。

××大学校友会章程

本会是××大学校友的群众组织,本会宗旨是遵循党的方针政策,发挥校友作用,倡导民族精神,为学校争光,为四化建设服务。为此,特拟定以下细则。

第一条　活动内容

1.加强与母校的联系,为母校做贡献,为校友知识更新提供方便,创造条件。

2.密切校友之间的联系,沟通信息,互相协作,提供方便,把各位校友所辖的企业或单位搞得锦上添花。

第二条　会员条件

凡在××大学毕业,并且担任领导职务的人,均可加入本会。

第三条　会员义务

遵守本会章程,执行本会决议,完成本会交办的工作;积极参加本会活动,为建设好本会献计献策,出钱出力,充分利用手中的权力为本会服务。

第四条　权力机构

本会最高权力机构是领导小组,由处级以上职务的若干校友组成,职权是审查通过计划,审查工作报告,通过并修改章程。

第五条　会员权力

会员可以行使表决权、选举权、被选举权,可优先取得××大学和本会编印的有关学术资料。

第六条　领导小组

下设秘书部、信息部,吸收少量未兼领导职务的人做具体工作。

第七条　经费来源

动员职位高的会员单位提供赞助,按职位高低缴纳会费。

第八条　本章程从领导小组通过之日起实施。

5. 学习《中国共产党章程》,并评析其写作特点。

6. 经学院团委批准,沧海文学社即将成立,请代为起草《沧海文学社章程》。

任务五　劳动合同的写作

知识目标
◆理解劳动合同的概念；
◆掌握劳动合同的条款与订立原则。
能力目标
◆提高对劳动合同相应工作情景的分析与评价能力；
◆掌握劳动合同的格式要求与注意事项，能够熟练进行劳动合同的写作。
素质目标
◆培养学生的法律意识与契约精神。

课程思政点
◆全国普通高等学校毕业生就业协议书。

任务引入

请指出下面合同中存在的问题，并在保留其基本内容的前提下，对其进行修改。

买卖合同

卖方：四方食品公司

买方：兴隆商厦

一、卖方为买方提供速冻鱼丸1 000包，全部用买方提供的娃娃鱼制作。

二、自2009年7月12日起，分期分批供货。

三、买方付定金12 000元，其余货款38 000元收货时付清。

四、如买方不如期付款，卖方可行使留置权，在逾期一个月后，即可变卖留置的速冻鱼丸。

五、无论何方违约，均使用定金罚则，同时，支付5%的违约金。

六、本合同自双方签字盖章之日起生效。一式三份，买卖双方各执一份，买方法律顾问执一份。

卖方：四方食品公司
买方：兴隆商厦
合同签订日期：2008年10月31日

任务分析

本任务是劳动合同的写作。劳动合同在当前市场经济环境中具有极为重要的作用。本任务的目的是通过对劳动合同相关知识的介绍，使学习者掌握订立劳动合同的原则,注意劳动合同中基本条款的具体表述。

相关知识

一、劳动合同的概念

劳动合同,是指劳动者与用人单位之间确立劳动关系、明确双方权利和义务的协议。订立和变更劳动合同,应当遵循平等自愿、协商一致的原则,不得违反法律、行政法规的规定。依法订立的劳动合同具有法律约束力,当事人必须履行劳动合同规定的义务。

根据《中华人民共和国劳动法》第十六条的规定,劳动合同是劳动者与用人单位确立劳动关系、明确双方权利和义务的协议。根据这个协议,劳动者加入企业、个体经济组织、事业组织、国家机关、社会团体等用人单位,成为该单位的一员,承担一定的工种、岗位或职务,并遵守所在单位的内部劳动规则和其他规章制度;用人单位应及时安排被录用的劳动者工作,按照劳动者提供劳动的数量和质量支付劳动报酬,并且根据劳动法律法规的规定和劳动合同的约定提供必要的劳动条件,保证劳动者享有劳动保护及社会保险、福利等权利和待遇。

二、劳动合同的主体

劳动合同的主体即劳动法律关系的当事人,包括劳动者和用人单位。劳动合同的主体与其他合同的主体不同:第一,劳动合同的主体是由法律规定的,具有特定性,不具有法律资格的公民与不具有用工权的组织不能签订劳动合同;第二,劳动合同签订后,其主体之间具有行政隶属性,劳动者必须依法服从用人单位的行政管理。

1. 需要签订劳动合同的劳动者

按照全面实行劳动合同制的要求,需要签订劳动合同的劳动者包括:新招用的劳动者、原有的固定工以及原固定工身份的特殊人员。原固定工身份的特殊人员是指以下人员:①存在着劳动关系而没能履行劳动义务的特殊人员,如长期被外单位借用的人员、带薪上学的人员、请长期病假的人员、停薪留职人员、被派到合资或参股单位的人员;②企事业单位的党委书记、厂长或经理、工会主席等。

2. 需要签订劳动合同的用人单位

根据劳动法律法规的规定,需要与劳动者签订劳动合同的用人单位包括:①中国境内的企业法人;②个体、合伙制非法人经济组织;③国家机关、事业组织和社会团体;④特殊类型的经济组织,如租赁经营(生产)、承包经营(生产)的企业等。

三、劳动合同的特征

劳动合同除了具有合同的共同特征外,还有自己独有的特征,详述如下。

(1)劳动合同的主体具有特定性:一方是劳动者,即具有劳动权利能力和劳动行为能力的中国人、外国人和无国籍人;另一方是用人单位,即具有使用劳动力的权利能力和行为能力的个体经济组织、事业组织、国家机关、社会团体等。双方在实现劳动的过程中是支配与被支配、领导与服从的从属关系。

(2)劳动合同的内容具有劳动权利和义务的统一性和对应性。没有只享有劳动权利而不履行劳动义务的,也没有只履行劳动义务而不享有劳动权利的。一方的劳动权利是另一方的劳动义务,反之亦然。

(3)劳动合同的客体具有单一性,即劳动行为。

(4)劳动合同具有诺成合同、有偿合同、双务合同的特征。劳动者与用人单位就劳动合同条款内容达成一致意见,劳动合同即成立。用人单位根据劳动者提供劳动的数量和质量支付劳动报酬,不能无偿使用劳动力。劳动者与用人单位均享有一定的权利,并履行相应的义务。

(5)劳动合同往往涉及第三方的物质利益关系。劳动合同必须具备社会保险条款,同时劳动合同双方当事人也可以在劳动合同中明确规定有关福利待遇的条款,而这些条款往往涉及第三方的物质利益关系。

四、劳动合同的类型

根据《中华人民共和国劳动合同法实施条例》第十八条、第十九条的规定,劳动合同有固定期限劳动合同、无固定期限劳动合同和以完成一定工作任务为期限的劳动合同。

固定期限劳动合同,是指用人单位与劳动者约定合同终止时间的劳动合同。用人单位与劳动者协商一致,可以订立固定期限劳动合同。

无固定期限劳动合同,是指用人单位与劳动者约定无确定终止时间的劳动合同。

以完成一定工作任务为期限的劳动合同,是指用人单位与劳动者约定以完成某项工作为合同期限的劳动合同。

五、劳动合同的条款

(一)必备条款

《中华人民共和国劳动法》第十九条规定,劳动合同的法定形式是书面形式,其必备条款有劳动合同期限、工作内容、劳动保护和劳动条件、劳动报酬、劳动纪律、劳动合同终止的条件、违反劳动合同的责任七项。

1. 劳动合同期限

法律规定,劳动合同期限分为三种:①有固定期限,如 1 年期限、3 年期限等;②无固定期限,即劳动合同期限没有具体的时间约定,只约定终止合同的条件,无特殊情况,这种期限的劳动合同应存续到劳动者达到退休年龄;③以完成一定的工作任务为期限,如劳务公司外派一名员工去另外一个公司工作,两个公司签订了劳务合同,劳务公司与外派员工签订的劳动合同是以劳务合同的解除或终止而终止的,这种劳动合同就属于以完成一定的工作任务为期限的劳动合同。用人单位与劳动者在协商选择合同期限时,应根据双方的实际情况和需要来约定。

2. 工作内容

在这一必备条款中,双方可以约定工作数量和质量、劳动者的工作岗位等内容。在约定工作岗位时可以约定较宽泛的岗位概念,也可以另外签一个短期的岗位协议作为劳动合同的附件,还可以约定在何种条件下可以变更工作岗位等。掌握这种订立劳动合同的技巧,可以避免因工作岗位约定得过死而发生争议。

3. 劳动保护和劳动条件

在这一条款中,双方可以约定工作时间和休息休假的规定,各项劳动安全与卫生措施,对女职工和未成年工的劳动保护措施与制度,以及用人单位为不同岗位的劳动者提供劳动、工作的必要条件等。

4. 劳动报酬

此必备条款中可以约定劳动者的标准工资、加班加点工资、奖金、津贴、补贴的数额及支付时间和支付方式等。

5. 劳动纪律

此条款应当将用人单位制定的规章制度约定进来,可将规章制度印制成册,作为合同附件,并加以简要约定。

6. 劳动合同终止的条件

这一必备条款一般在无固定期限的劳动合同中约定,因为这类劳动合同没有约定终止的期限。其他有期限的劳动合同中也可以约定此条款。需要注意的是,双方当事人不得将法律规定的可以解除劳动合同的条件约定为终止劳动合同的条件,以避免出现用人单位将解除劳动合同时支付经济补偿金改为终止劳动合同时不予支付经济补偿金的情况。

7. 违反劳动合同的责任

一般有两种违约责任形式:第一种是违约的一方赔偿给对方造成的经济损失,即赔偿损失;第二种是约定违约金的计算方法,采用违约金方式时应当注意根据职工一方的承受能力来约定具体金额,避免出现有失公平的情形。违约,不是指一般性违约,而是指严重违约,致使劳动合同无法继续履行,如职工违约离职、单位违法解除劳动合同等。

(二)约定条款

按照法律规定,用人单位与劳动者订立劳动合同时,除上述七项必须具备的条款外,还可以协商、约定其他条款,一般简称为协商条款或约定条款,其实称为随机条款似乎更准确,因为必备条款的内容也是需要双方当事人协商、约定的。

这类约定条款,是在国家法律规定不明确,或者国家尚无法律规定的情况下,用人单位与劳动者根据双方的实际情况协商、约定的一些随机性的条款。劳动行政部门印制劳动合同样本时,一般都将必备条款写得很具体,同时留出一定的空白地方由双方随机约定一些内容,如试用期、保守用人单位商业秘密的事项、用人单位内部的一些福利待遇、房屋分配或购置等。

随着劳动合同制的实施,人们的法律意识和合同观念会越来越强,劳动合同中约定条款的内容会越来越多。这将改变劳动合同千篇一律的状况,劳动合同质量将会不断提高。

六、订立劳动合同的原则

1. 合法原则

劳动合同必须依法以书面形式订立,必须做到主体合法、内容合法、形式合法、程序合法。只有合法的劳动合同才能产生相应的法律效力,任何一方面不合法的劳动合同都是无效合同,不受法律承认和保护。

2. 协商一致原则

在合法的前提下,劳动合同的订立必须是劳动者与用人单位双方协商一致的结果,不能是单方意思表示的结果。

3. 合同主体地位平等原则

在劳动合同的订立过程中,双方当事人的法律地位是平等的。劳动者与用人单位不因为各自性质的不同而处于不平等的地位,任何一方不得对另外一方进行胁迫或强制命令,严禁用人单位对劳动者横加限制或强制命令。只有真正做到地位平等,才能使所订立的劳动合同具有公正性。

4. 等价有偿原则

劳动合同明确双方在劳动关系中的地位和作用,劳动者承担和完成用人单位分配的劳动任务,用人单位付给劳动者一定的报酬。

七、例文评析

编号_____

姓名_____

云南省劳动合同书

云南省劳动和社会保障厅印制

签订劳动合同须知

一、本劳动合同样本依据《中华人民共和国劳动法》《中华人民共和国劳动合同法》、劳动和社会保障部及云南省的有关规定制定。

二、订立劳动合同应当遵循合法、公平、平等自愿、协商一致、诚实信用的原则。

三、劳动合同应当用钢笔或毛笔认真填写。有约定事项的,经审查备案编号,双方签字盖章,以活页形式插入。劳动合同内容不得涂改。未经合法授权代签无效。

四、劳动合同依法订立后具有约束力,用人单位与劳动者应当按照劳动合同的约定,全面履行各自的义务。

五、劳动合同期限内合同条款发生变更或者劳动合同期满需续订的,应将签订的相关协议书附后。

甲方(用人单位)简明情况

名　称	
地　址	
所有制性质	法定代表人
备　注	

乙方(劳动者)简明情况

姓　名		性别		出生年月		
民　族		文化程度		籍贯		
居民身份证号码						照片
职称或技术等级		技术专长				
住　址						
本人简历(包括主要学历)	年　月至　年　月		在何处任何职(工种)			

一、劳动合同期限

　　第一条　固定期限:本合同期限自_____年_____月_____日起至_____年_____月_____日止。其中,试用期自_____年_____月_____日起至_____年_____月_____日止。

　　无固定期限:本合同期限自_____年_____月_____日起。其中,试用期自_____年_____月_____日起至_____年_____月_____日止。

　　以完成_____等工作任务为期限:本合同自_____年_____月_____日起,预计至_____年_____月_____日止。工作任务完成经甲方验收后,则本合同即行终止。

二、工作内容和工作地点

　　第二条　甲方安排乙方的工作岗位(工种)为_____,工作地点为_____,因生产工作需要,甲乙双方协商一致,可以变更岗位(工种)以及工作地点。

三、劳动保护、劳动条件和职业危害防护

　　第三条　甲方应当遵守国家法律法规,依法建立和完善劳动规章制度,保障乙方享有劳动权利、履行劳动义务。乙方应当自觉维护国家利益和甲方的合法权益,遵守甲方依照国家法律法规制定的各项规章制度,在本岗位的职责范围内,服从甲方的工作安排。

　　第四条　甲方依法为乙方提供符合国家规定的劳动安全卫生条件和必要的劳动防护用品。对从事有职业危害作业的,按国家规定进行定期健康检查。乙方应当认真履行工作职责,爱护生产工具和设备,按时、按质、按量地完成甲方规定的工作任务或劳动定额。

第五条　甲方对乙方进行安全教育,为乙方提供本职工作所必需的职业技能培训。

第六条　乙方应当保守甲方的商业秘密。对违反保密义务给甲方造成损失的,要承担经济赔偿责任。

四、工作时间和休息休假

第七条　甲方安排乙方执行＿＿＿＿＿＿＿＿＿＿＿＿＿＿＿＿工作制。

执行标准工作制的,甲方安排乙方每日工作时间不超过八小时,平均每周不超过四十小时。甲方保证乙方每周至少休息一日。甲方由于工作需要,经与工会和乙方协商后可以延长工作时间,一般每日不得超过一小时,因特殊原因需要延长工作时间的,在保障乙方身体健康的条件下延长工作时间每日不得超过三小时,每月不得超过三十六小时。

执行综合计算工时工作制的,平均日和平均周工作时间不超过法定标准工作时间。

执行不定时工作制的,在保证完成甲方工作任务的情况下,工作和休息休假由乙方自行安排。

第八条　甲方执行《中华人民共和国劳动法》第四章及国家关于休息休假的相关规定,保障乙方的休息休假权利。

五、劳动报酬

第九条　乙方在法定工作时间内为甲方提供了正常劳动后,甲方以货币形式按时支付不低于省人民政府规定的最低工资标准的工资。在履行合同期间,甲方支付给乙方的工资为:＿＿＿＿＿＿＿,其中,试用期工资为:＿＿＿＿＿＿＿。

第十条　非乙方原因造成的待岗,在待岗期间,甲方支付给乙方基本生活费,其标准为:＿＿＿＿＿＿＿。

第十一条　履行劳动合同期间,甲方视生产经营情况和乙方的工作实绩,按甲方的有关规定调整乙方的劳动报酬。

六、社会保险和福利待遇

第十二条　甲方依法为乙方缴纳各种社会保险,属乙方个人缴纳的部分,由甲方从乙方工资中代为扣缴,甲方接受乙方对缴纳情况的查询。

第十三条　乙方履行合同期间,患病、负伤、因工伤残、患职业病、退休、死亡以及女职工生育等社会保险及福利待遇,按照国家法律法规及甲方依法制定的劳动规章制度执行。

七、劳动合同的解除、终止和续订

第十四条　履行合同期间,甲乙双方若需解除或者终止劳动合同,应当按《中华人民共和国劳动合同法》第四章的有关条款执行。

第十五条　符合《中华人民共和国劳动合同法》第四十六条规定情形的,甲方应当向乙方支付经济补偿。经济补偿在双方当事人办理工作交接时支付。

第十六条　固定期限的劳动合同期满前30日,甲方应将终止或续订劳动合同的意向通知乙方。届时办理终止或续订手续。

第十七条　甲方在解除或者终止劳动合同时为乙方出具解除或者终止劳动合同的证明,并在十五日内为劳动者办结档案和社会保险关系转移手续。乙方应当按照双方约定办理工作交接。

八、约定事项

第十八条 经双方协商一致,约定以下款项:(选择打"√")

(一)见插入的活页(二)无

九、其他

第十九条 甲乙双方履行本合同期间如发生劳动争议,应当平等协商解决,协商无效时,可按法定程序申请调解、仲裁或提起诉讼。

第二十条 合同期内,所定条款与国家新颁布的劳动法律法规不符的,甲乙双方均应按新规定执行。

第二十一条 本劳动合同一式三份,甲乙双方各执一份,存乙方档案一份,自签订之日起生效。

甲方:(盖章) 乙方:(签字)

法定代表人(委托代理人):(签章)

合同签订日期:

劳动用工登记机关盖章:

劳动用工登记日期:

任务实施

组织大家学习《中华人民共和国劳动合同法》与劳动合同范本,并结合《中华人民共和国劳动合同法》的法律精神进行劳动合同的写作。

模块六　企业经营管理文书的写作

任务一　市场调查报告的写作

知识目标
◆了解市场调查报告的概念和种类；
◆理解市场调查的内容和方法；
◆掌握市场调查报告的格式要求与写作的注意事项。

能力目标
◆提高对市场调查报告相应工作情景的理解与分析能力；
◆通过对市场调查报告的学习，掌握市场调查报告的格式要求与写作的注意事项，能够熟练进行市场调查报告的写作。

素质目标
◆培养学生的调查研究能力与沟通协调能力。

课程思政点
◆"没有调查，没有发言权。""调查就是解决问题。"

——毛泽东：《反对本本主义》

任务引入

××市滨江职教园区是一个新开发的大学城，配套设施不太齐全。江苏厚生机电有限公司拟在滨江职教园区商业街筹建集餐饮与教学辅助于一体的商业综合体，请代为公司市场调研部拟写一份市场调查报告。

基本情况如下。

首期2平方千米启动区的"九通一平"和征地、拆迁、安置、社保等基本到位，道路绿化、亮化、美化同步跟上，景观雕塑工程即将完工，各项配套设施逐步完善，职教园区初具规模，职教氛围初步呈现。园区一期入驻院校6所，其中××××××学院等4所院校3万多师生已于2007年9月开学，××××××学校和××××××学校正在抓紧建设，也将陆续开学。届时园区共有近6万师生入驻。

任务分析

市场调查报告是市场调查研究成果的集中体现,其撰写质量的好坏将直接影响整个市场调查研究工作的质量。一份好的市场调查报告,对企业的市场经营活动有良好的导向作用,能为企业的决策提供客观依据。

本任务是市场调查报告的写作,要求了解市场调查报告的概念和种类、市场调查的内容和方法,掌握市场调查报告的格式要求与写作的注意事项。

从严格意义上来说,市场调查报告没有固定不变的格式。市场调查报告的写作格式,主要依据市场调查的目的、内容、结果以及主要用途来决定。

要注意市场调查报告与社会调查报告、市场预测报告的区别与联系。

相关知识

一、市场调查报告的概念

市场调查报告,是通过各种调查方法,全面、系统地收集商品生产、供应、需求等市场情况资料,经过综合整理、分析研究,得出合乎客观事物发展规律的结论,用书面形式表现出调查结果并做出预测的财经文书。

市场调查报告在经济活动中具有十分重大的意义,它可以为市场预测提供科学的依据,也可以为经济部门制定经济政策、开拓新市场、开发新产品、改善经营管理、提高经济效益提供科学的依据。

二、市场调查报告的种类

市场调查报告涉及的内容很多,范围很广,各企业的业务性质不同,经营范围与规模不同,经营过程中所需解决的问题不同,调查者对调查的内容各有侧重,因此市场调查报告可以分为不同的种类。归纳起来,市场调查报告大致有下述几种。

1. 市场供求调查报告

市场供求关系不是一成不变的,常常处于动态变化之中,某一因素变化,就会直接影响市场供求关系。

按照对市场商品性质需求总量的不同,市场供求调查报告可以分为生活消费品需求总量的调查报告与生产消费品需求总量的调查报告。

按照货币支付能力的不同,市场供求调查报告可以分为城乡居民购买力的调查报告、集团消费购买力的调查报告与工农业生产资料购买力的调查报告。

通过调查分析消费者的消费动态,即买什么、为什么买、怎样买、何时何地买等,了解消费者购买过程中的心态及家庭、群众、阶层等方面的因素,可以使经营者做出比较合乎实际的经营决策。

2. 市场营销组合调查报告

所谓市场营销组合调查,是指对产品、定价、销售渠道、促销手段等进行调查。这种调查报告又可分为产品调查报告、定价调查报告、销售渠道调查报告、促销手段调查报告。

3. 市场资源调查报告

按产品性质,市场资源调查报告可分为工业产品调查报告、农副产品调查报告等。

三、市场调查的内容和方法

(一)市场调查的内容

1. 市场环境

市场环境主要包括经济环境、政治环境、社会文化环境、科学环境和自然地理环境等。具体的调查内容包括市场的购买力水平、经济结构、国家的政策和法律法规、风俗习惯、科学发展动态、气候等各种影响市场营销的因素。

2. 市场需求

具体的调查内容主要包括消费者为什么购买、购买什么、购买数量、购买频率、购买时间、购买方式、购买习惯、购买偏好和购买后的评价等。

3. 市场供给

市场供给调查主要包括产品生产能力调查、产品实体调查等。具体的调查内容为某一产品市场可以提供的产品的数量、质量、功能、型号、品牌等,以及生产供应企业的情况等。

4. 市场营销因素

市场营销因素调查主要包括产品调查、价格调查、渠道调查和促销活动调查。产品调查主要是了解市场上新产品开发的情况、设计的情况、消费者使用的情况、消费者评价的情况、产品的组合情况等。价格调查主要是了解消费者对价格的接受情况及对价格策略的反应情况等。渠道调查主要是了解渠道的结构、中间商的情况、消费者对中间商的满意情况等。促销活动调查主要是了解各种促销活动的效果,如广告实施的效果、人员推销的效果、营业推广的效果和对外宣传的市场反应等。

5. 市场竞争情况

市场竞争情况调查主要是对竞争企业进行调查和分析,了解同类企业的产品、价格等方面的情况,以及它们所采取的竞争手段和策略,从而做到知己知彼,帮助企业确定竞争策略。

(二)市场调查的方法

1. 基本调查法

基本调查法包括以下几种调查方法。

(1)普遍调查法。普遍调查是指对调查对象进行全面调查,工作量大,费时、费力、费钱,一般比较少用。

(2)抽样调查法。抽样调查是指从调查对象中随机抽取一部分对象进行调查,从对部分调查对象的调查结果推断全部调查对象的状况,做出合理的论断。这种调查方法有数理统计上的科学依据,操作上经济、迅速、省时省力,被普遍采用。抽样调查法又可分为简单随机抽样法、系统抽样法、分层抽样法、整群抽样法、多阶段抽样法。

(3)典型调查法。典型调查是指选取在市场经济运转过程中,比较突出的、有代表性的一种或数种对象,对其进行调查。这种调查方法比较深入,具有普遍意义,有利于以点带面地做好工作。

2. 具体操作调查法

具体操作调查法包括以下几种调查方法。

(1)访问法。访问调查对象,从中获取一些情报资料。访问有两种,即口头访问和书面访问。口头访问是个体访问,可以到调查对象所在地面对面地交谈,也可以通过电话与调查对象交谈。这种访问方法范围小,费时费力,但比较实在。书面访问是群体访问的一种形式,先将所要询问的问题设计成问卷,再让调查对象迅速给予回答。

(2)观察法。对调查对象不直接提出问题,而是通过录音、录像、照片等形式对其进行观察,从而得出实质性的结论。其优点是调查对象不知不觉,所得情况比较真实。

(3)实验法。这种方法在生产上叫试产,在经营管理上叫试点,如通过对某项产品的设计、质量、价格、包装等是否符合市场需求的反馈,来推断产品的市场地位,预测市场销售量,从而决定是否批量生产。

(4)问卷调查法。问卷调查是指通过设计调查问卷,让调查对象填写调查问卷从而获得调查对象的信息。设计调查问卷,应注意如下几个方面的问题:问卷的基本结构;问卷的总框架;问卷语句的类型;对敏感问题的处理方式;封闭式问卷与开放式问卷两种问卷的优缺点。

四、市场调查报告的格式要求

(一)标题

市场调查报告的标题有以下四种形式。

(1)由调查单位或地区、时限、内容和文种四部分组成,如《湖北省1998年农村服装销售情况调查报告》。

(2)由调查单位或地区、内容和文种三部分组成,如《××市汗衫销售情况调查报告》。

(3)由正、副标题组成,正标题务虚,副标题点出实质内容,如《电器商机看好——某县农村电器市场的调查》。

(4)文章式标题,如《进口产品大兵压境,钢材产销体系受冲击》。

(二)正文

市场调查报告的正文由开头、主体、结尾三部分组成。

1. 开头

开头也称前言,一般说明市场调查的目的和意义,介绍市场调查工作的基本概况,包括市场调查的时间、地点、内容和对象以及采用的调查方法。这是比较常见的写法。也有市场调查报告在前言中,先写调查的结论或直接提出问题等,这种写法能增强读者阅读的兴趣。

2. 主体

市场调查报告的主体部分首先介绍市场调查所获得的情报资料，按问题的性质归纳整理，或按时间顺序加以整理，使之条理化，接着分析研究提出的问题及事物发展的内在联系，然后对上述所分析的问题得出结论，提出建设性意见，或对市场动向做出预测。

3. 结尾

市场调查报告的结尾部分主要是列出市场调查的基本结论，也就是对市场调查的结果做一个小结。有的市场调查报告还会提出对策或措施，供有关决策者参考。

有的市场调查报告还有附录，附录一般包括有关调查的统计图表、有关材料的出处、参考文献等。

五、拟写市场调查报告的注意事项

拟写市场调查报告时，应注意以下几点。

(1) 要认真做好调查研究工作。进行市场调查报告的写作，先要调查，只有深入、细致地做好调查研究工作，才能写出较有分量的市场调查报告。那么，怎样做好调查研究工作呢？一是调查前要明确调查的目的和任务，拟好调查提纲，包括拟好问卷等；二是调查过程中要对得到的情报资料反复核实，确保数据、事实准确；三是调查后要及时归纳整理，不明确的或有出入的问题，应做进一步调查。

(2) 要尊重事实。事实是立论的基础，事实包含数据、情况、例证。一切观点和看法，都是在事实的基础上产生和形成的，切忌唯心、唯上、唯书，一定要唯实。

(3) 重点要突出。市场的运转是很复杂的，在复杂的矛盾中，要善于分清主要矛盾和次要矛盾，抓住主要矛盾，其他矛盾就迎刃而解了。写作时切忌面面俱到，重点不突出。要做到重点突出，观点与材料相统一，就要对材料进行去粗取精、去伪存真、由表及里、由此及彼的分析，这样才能得出合乎实际的结论。

六、例文评析

大学生手机使用情况调查报告

随着社会信息化进程的加快，高新科技产品成为消费热点，手机作为其代表之一，受到了越来越多的消费者的关注，手机的使用情况成了生活方式研究的重要组成部分。而在校大学生作为一个特殊的消费群体，人数众多，在当前的经济生活中，尤其是在引领消费时尚、改善消费构成等方面发挥着不可替代的作用。同时，在校大学生的消费现状、消费特点在一定程度上可以折射出当代大学生的生活状态和价值取向。因此，进一步了解在校大学生的手机使用情况对于手机行业的发展具有重大的意义。

本次调查采用网上设计调查问卷、在线发布问卷、实时回收问卷的方式，并利用专业统计软件对收集的信息进行整理分析，得出相关结论。

一、调查目的

通过调查了解在校大学生所使用的手机品牌、手机价位，以便了解其对手机市场的影响。对在校大学生的消费倾向及消费行为进行分析,为手机生产企业制订营销策略提供客观依据。

二、调查内容

本次调查主要针对在校大学生群体,全面了解手机在大学生中使用的状况,包括常用品牌、手机价位、每月手机话费、更换手机的周期及原因等。

三、调查方式

采用网上调查问卷与电子邮件问卷相结合的调查方式。利用互联网络,在"腾讯问卷"服务平台上设计问卷,发布问卷,并利用新浪微博、腾讯QQ、电子邮件等方式向同学们分享问卷。

四、数据结果分析

本次关于在校大学生手机使用情况的调查共收集51份有效网络问卷,其中男生6人,女生45人。具体数据如下:

1. 在校大学生目前使用的手机品牌的数据统计分析

据调查数据显示,34%的在校大学生目前使用的手机是OPPO,21.6%的在校大学生使用的手机是vivo。总体而言,在校大学生手机使用的品牌以中端品牌为主,而高端手机产品如苹果仅占据总份额的11.8%,由此可见,国产机占据了在校大学生手机消费市场的主导地位。

2. 在校大学生目前使用的手机价位的数据统计分析

据调查数据显示,78.4%的在校大学生目前所使用的手机价位为1000～3000元,15.7%的在校大学生所使用的手机价位在1000元以下,而5000元以上价位的消费份额仅占5.9%。由此可见,绝大多数在校大学生所使用手机的价位并不高,大学生对手机并不追求高档,而更倾向于"平民化"。

3. 在校大学生每天使用手机多长时间的数据统计分析

据调查数据显示,56.9%的在校大学生每天使用手机的时间在5小时以上,而每天使用手机在3小时以下的在校大学生仅占9.8%。由此可见,在校大学生每天使用手机的时间都很长,一天内差不多四分之一的时间都在使用手机,可见手机对在校大学生的重要性。

4. 在校大学生一般将手机用于哪些方面的数据统计分析

这里以多选的形式调查在校大学生经常将手机用于哪些方面。从调查数据可明显发现,在校大学生将手机用于看电影、看小说等休闲娱乐活动的人数最多,用于日常联系的人数在其次。一般将手机用于查阅学习资料的人数比重虽然不算很低,但从总体数据结果可得出:在校大学生将手机用于学习的只是少部分,手机发挥的更多的是娱乐消遣的功能。

5. 在校大学生一个月的手机平均话费的数据统计分析

据调查数据显示,43.1%的在校大学生一个月的手机平均话费在50～100元之间,37.3%的在校大学生手机月平均话费在50元以下,而100元以上的仅占19.6%。由此可见,在校大学生手机的月平均话费总体而言并不高。

6. 在校大学生多久更换一次手机的数据统计分析

据调查数据显示,62.7%的在校大学生在2～3年更换一次手机,15.7%的在校大学生3年以上更换一次手机,说明在校大学生更换手机的频率并不高。

7. 在校大学生更换手机原因的数据统计分析

据调查数据显示,因为手机卡顿以及功能损坏而选择更换手机的人数最多且二者人数基本相同。由此可见,绝大多数在校大学生更换手机的原因都是手机使用一段时间后出现卡顿现象或手机部分功能损坏。也有部分在校大学生会因为手机过时而选择更换手机。

8. 在校大学生在选择手机时最注重手机的什么的数据统计分析

据调查数据显示,在校大学生在选择手机时非常注重的是性能、价格及外形,对品牌和服务有一定的关注度,但关注度不高。由此可见,手机的性能、价格及外形是决定在校大学生是否购买某一品牌或型号的手机的决定性因素。

9. 在校大学生认为手机在日常生活中是否重要的数据统计分析

据调查数据显示,86.3%的在校大学生认为手机在我们的日常生活中占据非常重要的地位,是生活中不可缺少的必需品,而认为手机在日常生活中完全不重要的仅占3.9%。由此可见,手机对于在校大学生而言十分重要。

10. 在校大学生认为手机的哪些功能应该改善的数据统计分析

据调查数据显示,在校大学生普遍认为手机的内存及运行速度需要得到改善,其次,还有部分大学生认为手机的音质及售后服务也需要改善。由此可见,在当前的手机市场当中,手机的内存及运行速度、音质、售后还存在一定的缺陷,需要进行相应的改善。

五、结论与建议

(一)结论

调查的一些主要数据可以反映出在校大学生手机使用情况具有以下特征:

(1)在校大学生使用的手机以中端手机为主,价位集中在1000~3000元,且国产手机占据在校大学生手机的主要市场。

(2)在校大学生平均每天使用手机的时间长,基本都在5小时以上,且手机一般都被用于看电影、看小说等休闲娱乐活动,手机对于在校大学生而言十分重要,是生活中不可缺少之物。

(3)在校大学生每月手机平均话费并不高,集中在50~100元,更换手机的周期相对较长,且更换手机基本都是在手机卡顿、功能损坏等实质性损坏的前提下。

(4)在校大学生在选择手机时尤其注重手机的性能、外形及价格,且性能是在校大学生选择手机的主导因素。在校大学生普遍认为手机在内存、运行速度、音质及售后方面还存在一定的缺陷,迫切需要进行改善。

(二)建议

(1)根据在校大学生的消费特征推选出适合在校大学生的手机机型,并确保手机价位适中,功能完备。

(2)在校大学生使用手机时间长,可开发拥有护眼功能的手机,让手机既能够时常与大学生为伴,又能实时保护他们的视力。

(3)完善手机的自身性能及售后服务,以更加完善的功能与周到的服务吸引更多在校大学生对手机进行消费。

【简析】

　　这是一篇某大学的学生所做的《大学生手机使用情况调查报告》。首先,该调查主要采用了问卷调查法,获得调研项目所需要的数据与资料。然后,在整理、归纳的基础上,进行数据分析,从而形成一篇数据严谨、资料翔实、观点鲜明并能提供明确市场预测的大学生手机使用情况报告。

任务实施

　　1.组织一个调查小组,对学校食堂做一次调查,根据调查结果综合分析,拟写调查报告。可以从饮食质量、饮食价格、食堂卫生、服务态度、管理方式、学生就餐选择状况及其动机等方面进行调查。

　　2.某商业银行××市分行决定在继续扩大个人住房贷款业务的同时,在本市开展个人汽车贷款业务,作为该行新的利润增长点。为了有效地开展此项业务,请代替该行对消费者的购买行为进行调查。

　　本次调查的具体内容包括以下几个方面。

　　(1)了解目标消费群体的基本特征,包括人口统计特征、消费及贷款心理特征、贷款使用的主要方向等。

　　(2)了解本市居民对于个人住房贷款和个人汽车贷款的认知情况。

　　(3)了解目标消费群体对此项新业务的反应。

　　(4)了解哪些因素会对目标消费群体的反应产生影响,哪些因素会使目标消费群体做出积极的反应。

　　(5)确定反应程度,进行预测。

　　3.网络时代给人们的生活带来不小的变化,一批网络用语也随之进入人们的日常生活甚至青少年的作文中。这种现象引起了国家有关部门和一部分语言工作者的关注。请你以一名在校大学生的身份,就网络语言的使用情况设计一份调查报告提纲,并于重要部分加以适当的阐述。要求:300字以内;文中不得出现与考生有关的信息,的确需要使用人名、校名时,请用"××"代替。(2011年江苏省专转本考试语文试卷)

任务二　可行性分析报告的写作

知识目标
◆理解可行性分析报告的概念与分类；
◆掌握可行性分析报告的格式要求与写作的注意事项。

能力目标
◆提高对可行性分析报告相应工作情景的理解与分析能力；
◆掌握可行性分析报告的格式要求与写作的注意事项，能够熟练进行可行性分析报告的写作。

素质目标
◆培养学生的辩证思想与逻辑思维能力。

课程思政点
◆毕业论文开题报告的可行性分析。

任务引入

对江苏厚生机电有限公司市场调研部拟写的滨江职教园区餐饮业调查报告进行科学分析，并制定一份关于筹建商业综合体的可行性分析报告。

任务分析

在市场调查之后，需要对项目进行可行性分析，制定可行性分析报告。经过科学分析和论证，可以为决策者提供重要的参考。

本任务是可行性分析报告的写作，要求了解可行性分析报告的概念与分类，掌握可行性分析报告的格式要求与写作的注意事项。

可行性分析报告的应用范围非常广泛，但主要应用于经济领域。在商品竞争日益激烈的背景下，无论是科学研究项目的投资，还是基础设施的招投标，可行性分析研究都是必不可少的环节。

要注意可行性分析报告与市场预测报告、商务策划书的区别与联系。

相关知识

一、可行性分析报告的概念

可行性分析报告，也就是可行性研究报告，是在制订生产、基建、科研计划的前期，为取得最佳的经济或学术效果，通过全面的调查研究，对项目的先进性和合理性进行全面的系统分析和科学论证，以供决策者做出最佳决策时参考，形成的一种书面材料。

项目可行性分析主要是通过对项目的主要内容和配套条件，如市场需求、资源供应、建设规模、工艺路线、设备选型、环境影响、资金筹措、盈利能力等，从技术、经济、工程等方面进行调查研究和分析比较，并对项目建成以后可能取得的经济效益及社会影响进行预测，从而提出该项目是否值得投资和如何进行建设的意见，为项目决策提供依据的一种综合性的分析方法。可行性分析具有预见性、公正性、可靠性、科学性的特点。

编制项目可行性分析报告，看起来容易，找一个模板，填充一些材料，即可大功告成，事实上，编制项目可行性分析报告，是专业性很强的团队工作，特别是在项目审查越来越规范的情况下，项目可行性分析报告的质量将直接决定成功率。

小知识

可行性分析报告，既要论证可行性，又要注意对不可行性（不确定性及风险）的研究分析。

二、可行性分析报告的分类

按照投资项目的内容，可行性分析报告可分为企业项目投资可行性分析报告、企业项目开发可行性分析报告、企业项目经营可行性分析报告、企业项目营销可行性分析报告、企业涉外项目可行性分析报告等。

三、可行性分析报告的格式要求

可行性分析报告按项目的大小可分为书刊式可行性分析报告和文件式可行性分析报告两种。书刊式可行性分析报告有封面、目录、扉页、插图、封底等。可行性分析报告一般包括标题、正文、附件等几部分。

1. 标题

可行性分析报告的标题一般有两种形式：①由单位名称、项目名称及文种三部分构成，如《××电气公司新建等离子彩电生产线工程项目可行性分析报告》；②由项目名称与文种构成。

2. 正文

可行性分析报告的正文一般由项目概况、承担单位的基本情况及条件、可行性分析论证与结论等组成。

1）项目概况

项目概况部分主要介绍项目的基本情况，包括项目提出的背景、依据，投资项目的必要性和经济、技术意义，项目的具体名称、起止年限、承担单位，可行性分析的范围、要求等。

2）承担单位的基本情况及条件

这一部分主要是介绍承担单位的人员情况、技术与设施、资质等。

3）可行性分析论证

各类可行性分析报告的内容的侧重点差异较大，其主体内容因行业不同而有很大差别,但一般应包括以下内容。

(1)投资的必要性。主要是根据市场调查及预测的结果,以及有关的产业政策等因素,论证项目投资建设的必要性。

(2)技术可行性。主要是从项目实施的技术角度,合理设计技术方案,并进行比较和评价。

(3)财务可行性。主要是从项目及投资者的角度,设计合理的财务方案,从企业理财的角度进行资本预算,评价项目的盈利能力,进行投资决策,并从融资主体(企业)的角度评价股东投资收益、现金流量计划及债务清偿能力。

(4)组织可行性。制订合理的项目实施进度计划,设计合理的组织机构,选择经验丰富的管理人员,建立良好的协作关系,制订合适的培训计划等,保证项目顺利实施。

(5)经济可行性。主要是从资源配置的角度衡量项目的价值,评价项目在实现区域经济发展目标、有效配置经济资源、增加供应、创造就业、改善环境、提高人民生活等方面的效益。

(6)社会可行性。主要是分析项目对社会的影响,包括对政治体制、方针政策、经济结构、法律道德、宗教民族及社会稳定性等的影响。

(7)风险因素及对策。主要是对项目的市场风险、技术风险、财务风险、组织风险、法律风险、经济及社会风险等因素进行评价,制定规避风险的对策,为项目全过程的风险管理提供依据。

4)结论

这是对全篇的总结与概括,应就项目实施的可行性提出结论性意见。

3.附件

可行性分析报告的后面都会有一些附件,如统计图表、设计图表、实验数据及文字性论证材料等,以此作为支撑性材料。

四、拟写可行性分析报告的注意事项

拟写可行性分析报告时,应注意以下几点。

(1)材料要真实,保证材料真实、准确。建立在事实上的分析,才是有价值的。

(2)内容要完整,应达到应有的深度。理论与实际相联系,多方面进行分析、论证。

(3)论证要科学,力求准确、可靠。论证过程中,既要注意可行性分析,也要注意不可行性论证。

五、例文评析

邵阳市鸿远特种养殖基地有限公司蜗牛养殖
与加工项目可行性分析报告

第一章 总论

一、项目提要

1.项目名称:邵阳市鸿远特种养殖基地有限公司蜗牛养殖与加工项目。

2.建设性质:扩建。

3. 项目建设单位:邵阳市鸿远特种养殖基地有限公司。

法人代表:罗乾震。

所有制形式:股份制企业。

4. 建设地点:邵阳市大祥区城南乡白洲村。

建设规模:10万只蜗牛种螺养殖基地建设,1 000吨(1吨＝1 000千克)商品蜗牛,3 000公斤(1公斤＝1千克)蜗牛酶,100吨蜗牛保健品,100吨EM生物液,200吨蜗牛粉。

建设期限:2001年至2004年。

5. 项目申报单位:邵阳市鸿远特种养殖基地有限公司。

法人代表:罗乾震。

6. 投资规模:4 375万元。

7. 资金构成:

(具体内容省略)

8. 资金筹措:财政资金2 445万元,自筹资金640万元,贷款1 290万元。

9. 主要技术指标:

(具体内容省略)

10. 项目辐射范围及带动能力:

(具体内容省略)

二、可行性研究报告编制依据

1.《中共中央、国务院关于做好2001年农业和农村工作的意见》。

2. 2001年国家科委星火计划。

3. 邵阳市大祥区人民政府关于国民经济和社会发展中长期规划和年度计划。

三、综合评价和论证结论

蜗牛的蛋白质含量和质量居世界动物之首,蜗牛是最佳的医药保健性食品,为七种走俏的野味之一。蜗牛养殖简单方便,投资少,效益高,对环境无污染。蜗牛养殖与加工,可辐射带动相关产业的发展,增加农民收入,解决农村剩余劳动力的就业问题,有着广泛的社会效益。本项目符合国家产业政策和发展方向,建议将该项目做大做强,大力发展。

第二章 项目背景及必要性

一、项目建设背景

本项目在国家和省、市、区有关产业政策的引导下产生:

1.《中共中央、国务院关于做好2001年农业和农村工作的意见》。

2. 2001年国家科委星火计划重点推荐项目的有关论述:特别是与畜禽及鱼类等产业相比,蜗牛产业正处在商品化大生产的初级阶段,有着广阔的发展前景。用发展的眼光看蜗牛市场,在以后人类的食品中,蜗牛将起着举足轻重的作用。

3. 邵阳市大祥区人民政府关于国民经济和社会发展中长期规划和年度计划。

本项目于2001年2月启动,现有固定资产120万元,办公楼500平方米,种螺孵化室525平方米,10万只种螺,30亩中心养殖示范场,30亩牧草基地,养殖户108户。

二、项目的经营现状

本项目于2001年2月启动,现有固定资产120万元。

三、项目建设的必要性及目的、意义

第三章 建设条件

一、地理位置及区域范围

二、自然条件

三、项目区的社会经济条件

四、项目实施的有利条件

第四章 建设单位的基本情况

一、建设单位概况

二、研发能力

第五章 市场分析与销售方案

一、市场分析

二、产品生产及销售方案

三、销售队伍和销售网络建设

第六章 项目建设方案

一、项目规划和布局

二、蜗牛加工的工艺流程

三、项目具体建设内容和规模

四、工程实施进度

第七章 投资估算和资金筹措

一、投资估算表说明

二、项目建设投资估算

三、资金使用计划

第八章 财务评价

一、基本参数

二、财务分析

第九章 环境影响评价

蜗牛与禽兽、绿色植物之间存在着循环利用的关系,人工养殖蜗牛可以形成生态的良性循环。

第十章 农业产业化经营与农民增收和效益评价

一、农业产业化经营

二、农民增收

三、其他社会影响

第十一章 项目组织与管理

一、依照《中华人民共和国公司法》有关内容,成立邵阳市鸿远特种养殖基地有限公司

二、项目经营管理模式

三、技术培训

第十二章 可行性研究结论和建议

一、可行性研究结论

1. 本项目符合国家产业结构调整总体规划。

2. 本项目符合邵阳市大祥区国民经济和社会发展"十五"计划的总体规划。

3. 本项目建设对调整农业结构,增加农民收入,改善居民的饮食结构,解决农村剩余劳动力的就业问题等有良好的社会效益。

二、建议

本项目选项准确、新颖,应以项目本身的广泛价值和特色为主导,发挥辐射带动作用,大力招商引资,做大做强,有效地发挥项目的投资效益和社会效益。

(第二章至第十一章具体内容省略)

【简析】

这是邵阳市鸿远特种养殖基地有限公司关于蜗牛养殖与加工项目的可行性分析报告,数据严谨,资料翔实,分析透彻,能为公司的决策者提供重要的参考。

任务实施

某大学城刚刚建成,餐饮、住宿、娱乐等基本配套设施还有待完善。某公司希望在大学城的商业街上投资建设一个饭店,请代为拟写一篇可行性分析报告。

任务三　决策方案报告的写作

知识目标
◆了解决策方案报告的概念和种类；
◆了解常用的决策分析技术；
◆掌握决策方案报告的格式要求与写作的注意事项。

能力目标
◆提高对决策方案报告相应工作情景的理解与分析能力；
◆掌握决策方案报告的格式要求，能够熟练进行决策方案报告的写作。

素质目标
◆培养学生的问题意识及解决问题的能力。

课程思政点
◆《决策：中国共产党全国代表大会纵览》（浙江教育出版社出版）。

任务引入

　　1987年，关于深圳机场的选址，提出了两种方案：一是在市区北面建黄田机场；二是在市区南面填海建白石洲机场。建黄田机场的理由是：客源主要来自内陆地区，不会影响城市的发展，便于飞机安全飞行。建白石洲机场的理由是：与香港共用，争取更多的国际客源。机场到底建在哪里，争论非常激烈。反对建白石洲机场的人认为，机场建在白石洲，妨碍城市的进一步发展，机场自身也无扩展的余地，机场的噪音会严重影响深圳大学，而且会对附近的红树林和鸟类保护区带来破坏性的影响。赞成建白石洲机场的人认为，与香港争客源是最重要的，上述问题可以采取安装双重玻璃窗和"驱鸟器"等措施来解决。最终决定以"白石洲机场方案"作为首选方案向中央领导汇报，但反对者拒绝在该方案上签字。最后，国务院派出专门的工作组赴实地考察，在多次听取各方面的意见后，否定了"白石洲机场方案"，批准了"黄田机场方案"。从深圳机场建成以来的运行情况看，这一决策是正确的。
　　首先，决策必须要有选择，即围绕决策目标拟订两个以上的决策方案，比如"白石洲机场方案"和"黄田机场方案"，通过联系实际，综合考虑，对各种方案进行比较分析，最终做出决策，如国务院最终批准"黄田机场方案"。
　　其次，决策方案的分析、对比、选择是一项复杂的工作，决策者必须具有严谨的工作作风，以科学的态度认真对待。各种决策方案的优劣并不是简单明了的，常常需要综合分析才能得出结论。"白石洲机场方案"与"黄田机场方案"各有优劣，关键是要从实际出发，做出合理的选择。

最后，决策过程中要尊重不同意见，认真对待不同意见，深入分析不同意见。决策人员认识问题的角度不同，解决问题的方法不同，对决策方案也就会做出不同的选择，这是正常的。决策方案的选择过程就是不同意见相互影响、相互碰撞、相互补充、取长补短的过程。决策者应独立思考，坚持原则，追求科学，不能人云亦云，随波逐流。此案例中"白石洲机场方案"反对者值得决策者学习。同时，每一位决策者都应尊重他人的不同意见，只有如此，才能尽可能地避免决策失误。

任务分析

本任务是决策方案报告的写作，要求掌握决策方案报告的格式要求与写作的注意事项，能合理运用决策分析技术。

相关知识

一、决策方案报告的概念

决策，就是做出决定或选择，指通过分析、比较，在若干种可供选择的方案中选定最优方案的过程。

时至今日，对决策概念的解释有许多种，仍未形成统一的看法，归纳起来，基本有以下三种理解：一是把决策看作是一个包括提出问题、确立目标、设计和选择方案的过程，这是广义的理解；二是把决策看作是从几种备选的行动方案中做出最终抉择的过程，这是狭义的理解；三是认为决策是对不确定条件下发生的偶然事件所做的处理决定，这类事件既无先例，又没有可遵循的规律，做出选择要冒一定的风险，也就是说，只有冒一定的风险的选择才是决策，这是对决策概念最狭义的理解。以上对决策概念的解释是从不同的角度做出的，要科学地理解决策的概念，有必要考察决策专家西蒙在决策理论中对决策内涵的看法。

在企业的经济管理活动中，咨询机构或者企业的职能部门为实现企业的经营目标或解决新出现的重大问题，利用有关信息和资料，结合企业的实际情况，运用科学的方法，经过研究分析后，提出解决问题的方案，形成文字，这就是决策方案报告。决策方案报告中一般要提出若干种方案，并分析论证优劣，供决策者决策时参考。

二、决策方案报告的种类

按照决策的作用，决策方案报告可分为战略性决策方案报告和战术性决策方案报告。

按照决策的定性程度，决策方案报告可分为确定性决策方案报告、风险性决策方案报告和非确定性决策方案报告。

按照决策的性质，决策方案报告可分为常规性决策方案报告和非常规性决策方案报告。

按照决策的范围，决策方案报告可分为国际决策方案报告、国家决策方案报告、团体决策方案报告和个体决策方案报告。

三、常用的决策分析技术

常用的决策分析技术分为确定性情况下的决策分析技术、风险性情况下的决策分析技术、非确定性情况下的决策分析技术。

1. 确定性情况下的决策分析技术

确定性情况下的决策分析主要有四个方面的特征：一是只有一种状态；二是决策者希望达到一个明确的目标；三是存在着可供决策者选择的两种或两种以上的方案；四是不同方案在该状态下的收益值是清楚的。

确定性情况下的决策分析技术包括用微分法求极大值和用数学方法规划等。

2. 风险性情况下的决策分析技术

风险性情况下，未来可能的状态不止一种，究竟会出现哪种状态，事先不能肯定，只知道各种状态出现的可能性的大小（如概率、频率、比例等）。这种情况下常用的决策分析技术有期望值法和决策树法。期望值法是根据各种可行方案在自然状态下收益值的平均值的大小，决定各种方案的取舍。决策树法，指决策人员将各种可以更换的方案、可能出现的状态、可能性大小及产生的后果等，简单地绘制在一张图上，以便计算、研究与分析。

3. 非确定性情况下的决策分析技术

如果不止一种状态，各种状态出现的可能性的大小又不确定，这种情况下的决策分析称为非确定性情况下的决策分析。常用的决策分析方法有以下几种准则。

(1)乐观准则。比较乐观的决策者愿意争取一切机会获得最好的结果，他们会从每种方案中选一个最大收益值，再从这些最大收益值中选一个最大值，该最大值对应的方案便是入选方案。

(2)悲观准则。比较悲观的决策者总是小心谨慎，从最坏的结果着想，他们会从每种方案中选一个最小收益值，再从这些最小收益值中选出一个最大值，其对应方案便是最优方案。这是在各种最不利的情况下找出的一个最有利的方案。

(3)等可能性准则。决策者对于状态信息一无所知，所以对它们一视同仁，即认为它们出现的可能性大小相等，这样就可按风险性情况下的方法进行决策分析。

四、决策方案报告的格式要求

1. 标题

决策方案报告的标题一般由决策目标和文种构成，如《改造设备的决策方案报告》。

2. 正文

决策方案报告的正文分为以下四个部分。

(1)确定决策目标。决策目标是指在一定的外部环境和内部环境下，在市场调查和研究的基础上所预测的可以达到的结果。决策目标是根据所要解决的问题来确定的，因此，必须把握住所要解决的问题的关键。

(2)拟订备选方案。决策目标确定以后，就应拟订达到目标的各种备选方案。拟订备选方案,第一步是分析和研究实现目标的外部因素和内部条件、积极因素和消极因素,以及决策事物未来的运动趋势和发展状况;第二步是在此基础上,将外部环境的不利因素和有利因素、内部业务活动的有利条件和不利条件等,同事物未来的运动趋势和发展状况进行排列组合,拟订出实现目标的方案;第三步是将这些方案同目标要求进行粗略的分析对比,权衡利弊,从中选择出若干种利多弊少的可行方案,供进一步评估和抉择。

(3)评价备选方案。拟订备选方案以后,随之便是对备选方案进行评价,评价标准是看哪一种方案最有利于达到决策目标。

(4)选择方案。选择方案就是对各种备选方案进行总体权衡后,由决策者挑选出一个最好的方案。

3. 结尾

决策方案报告的结尾部分可写上"以上方案请领导裁定""以上请领导决策参考"等,并写上名字、日期。

五、拟写决策方案报告的注意事项

拟写决策方案报告时,应注意以下几点。

(1)加强调查研究,准确掌握有关决策对象的信息。信息是拟写决策方案报告的基础,只有"知己知彼",才能抓住主要矛盾,通盘考虑,权衡得失,为领导提供有效的决策方案报告。

(2)要博采众长。在拟写决策方案报告的过程中,要广泛听取各方面专家、学者的意见,也要认真听取不同的反对意见,集思广益。

(3)要有创新精神。任何决策都是有时效的,所谓老经验、老做法,都是昨天的决策,不能全盘继承。决策是面向未来的,因此,拟写决策方案报告应放眼未来,大胆创新。

任务实施

根据江苏厚生机电有限公司对滨江职教园区餐饮业的市场调查报告与筹建商业综合体的可行性分析报告,拟写筹建此商业综合体的决策方案报告。要求在前面调查研究与科学分析的基础上,提出三个方案,并分析各自的优缺点,从而为决策者提供参考和依据。

任务四　招标书、投标书的写作

知识目标
◆了解招标书、投标书的概念、特点与分类；
◆掌握招标书、投标书的格式要求与写作的注意事项。

能力目标
◆提高对招标书、投标书相应工作情景的理解与分析能力；
◆掌握招标书、投标书的格式要求与写作的注意事项，能够熟练进行招标书、投标书的写作。

素质目标
◆培养法律意识与企业风险控制能力。

课程思政点
◆企业法律风险控制。

任务引入

淮海职业技术学院新校区高低压变配电设备招标

地区：江苏

详细内容：

1. 淮海职业技术学院新校区高低压变配电工程已经相关部门批准建设。现决定对该项目的高低压变配电设备进行公开招标，选定供货商。

2. 本次招标工程项目的概况如下。

(1)本标的为学校高低压变配电设备，本次招标分1个标段。高低压变配电工程分为1个总变电所和4个分变电所。合同估算价约为500万元，本次招标范围为工程图纸范围内的高低压变配电设备，资金来源为自筹，已全部落实。

(2)工程建设地点：职教园区。

(3)计划供货日期：2007年7月10日至2007年8月10日。

(4)质量要求：按国家有关标准一次性验收合格。

3. 凡具备承担招标工程项目（设备）的生产的能力并具有相应资格条件的供货商，均可向招标人提出资格预审申请，只有资格预审合格的投标申请人才能参加投标。

4. 投标申请人必须是具备承担招标工程项目（设备）的生产的能力并具有相应资格条件的供货商。

5. 报名时须携带经办人的身份证、单位介绍信（原件）、单位营业执照、企业生产许可证、企业安全生产许可证、业绩等资料（复印件）。报名时间为2007年6月18日至2007

年6月22日,每天9时至11时、13时30分至16时;资料投放地点为××××××;资格预审文件获取时间为2007年6月18日至2007年6月22日,每天9时至11时、13时30分至16时;资格预审文件获取地点为××××××。

6.资格预审申请书封面上应清楚地注明"淮海职业技术学院新校区高低压变配电设备投标申请人资格预审申请书"字样。

7.资格预审申请书须密封后,于2007年6月25日14时30分以前送至××××××(带单位营业执照、项目经理资质证书、企业生产许可证、企业安全生产许可证、业绩等资料的原件),逾期送达或不符合规定的资格预审申请书将被拒绝。

8.若资格预审合格的单位超过九家,则通过抽签的方式选择九家单位入围。

招标人:淮海职业技术学院
招标代理机构:××××××
办公地址:××市××路××号×楼×××室
邮政编码:××××××
联系电话:××××—××××××××
联 系 人:王××

任务分析

本任务是招标书、投标书的写作,要求掌握招标书、投标书的格式要求与写作的注意事项。

近年来,随着改革开放的深入发展,招标、投标被广泛地应用于经济活动的各个领域。标书是为适应经济活动中招标、投标的需要,按照一定格式和要求编制的一种经济法律文书。

相关知识

一、招标书、投标书的概念与特点

招标,即招标一方按照规定条件发招标书,邀请投标人投标,在投标人中选择理想合作伙伴的一种方式。招标书是招标过程中介绍情况、指导工作、履行一定程序所使用的一种实用性文书。

投标书是指投标单位按照招标书的条件和要求,向招标单位提交的报价并填具标单的文书。它要求密封后邮寄或派专人送到招标单位,故又称为投标函。它是投标单位在充分领会招标文件,进行现场实地考察和调查的基础上所编制的投标文书,是对招标公告提出的要求的响应和承诺,并同时提出具体的有关事项来竞争中标。

投标单位为了在竞争中取胜,就必须努力改善经营策略,不断提高管理水平,进行技术改造和革新,以达到招标公告规定的标准和条件,进而提高企业的经济效益,增强企业的综合素质。

招标书具有如下特点。

(1)告示性。招标书是一种告示性文书,它提供全面的情况,便于投标方根据招标书提供的情况做好准备工作,同时指导招标工作的开展。

(2)广告性。招标书也称为招标通知、招标公告、招标启事,是一种告知性文书。它一般通过大众传媒公开,因此也称为招标广告,具有广告性。

(3)竞争性。招标书是吸引竞争者加入的一种文书,因此,它具有竞争性。

(4)时效性。招标书要求在短时间内获得结果,因此,它具有时间的紧迫性,即时效性。

二、招标书、投标书的分类

(一)招标书的分类

按性质,招标书可分为大宗商品交易招标书、企业承包招标书、企业租赁招标书。
按时间,招标书可分为长期招标书、短期招标书。

(二)投标书的分类

按形式,投标书可分为企业投标书、全员投标书、合伙投标书、个人投标书。
按性质,投标书可分为企业租赁投标书、企业承包投标书、大宗商品交易投标书。
按时间,投标书可分为长期投标书、短期投标书。
按范围,投标书可分为内部投标书与外部投标书。

三、招标书、投标书的格式要求

(一)招标书的格式要求

1. 标题

招标书的标题一般写在第一行的中间,常见写法有四种:一是由招标单位名称、招标性质及内容、招标形式、文种构成;二是由招标性质及内容、招标形式、文种构成;三是只写文种"招标书";四是采用广告性标题的写法,如《谁来承包×××工厂?》。

2. 正文

招标书的正文由引言、主体两部分组成。引言部分要求写清楚招标依据、原因。主体部分要详细交代招标方式(公开招标、内部招标或邀请招标)、招标范围、招标程序、招标的具体要求、双方签订合同的原则、招标过程中的权利和义务、其他注意事项等。

3. 结尾

招标书的结尾,应提供招标单位的名称、地址、电话等,以便投标单位参与。

(二)投标书的格式要求

投标书格式是对投标文件的规范要求。投标书包括投标方授权代表签署的投标函,要求说明投标的具体内容和总报价,并承诺遵守招标程序。投标书还包括技术方案内容的提纲和投标价目表格式。

四、拟写招标书的注意事项

拟写招标书时,应注意以下几点。

(1)周密、严谨。招标书不仅是一种广告,也是签订合同的依据,因而,它是一种具有法律效应的文书。这里的周密与严谨,既是指内容,也是指措辞。

(2)简洁、清晰。招标书没有必要长篇大论,只需要把所要讲的内容简要介绍清楚,突出重点即可,切忌没完没了地胡乱罗列、堆砌材料。

(3)注意礼貌。招标书涉及的是商业贸易活动,要遵守平等、诚恳的原则,切忌盛气凌人,更反对低声下气。

五、关于招标与投标

招标与投标是一种必须依照《中华人民共和国招标投标法》的规定进行的竞争性经济活动。

招标与投标的程序如下。

(1)招标方发布招标广告、启事或邀请书。
(2)欲投标者出示有关证件或材料,填写报名登记表,递交投标申请书。
(3)招标方对投标者进行资格审查。
(4)招标方宣布或通知资格审查合格者,送发招标书。
(5)招标方介绍招标企业情况或商品要求。
(6)投标方撰写投标书,并将投标书密封后送给招标方。
(7)组织投标方公开演讲、答辩。
(8)招标方组织审标、议标、评标、定标。
(9)招标方向中标方发中标通知书。
(10)招标方向未中标者退投标书。

六、例文评析

招标书

各公司、厂商:

上海理工大学出版印刷与艺术设计学院根据教学科研需求,需架设一条从水丰路(分部)到军工路(本部)的光缆与本部的网络连通,距离约3公里(1公里=1千米)左右。欢迎各单位参与投标。

一、光缆架设要求

1.所用光缆规格为12芯单模光缆,且须保证所供产品为原装正品,并提供厂商授权证明。如因提供假冒伪劣产品造成损失,由供货单位承担全部责任和经济损失。

2.提供产品详细的明细表、名称、型号、规格、产地、生产厂家,以及现行价格等。

3.光缆必须尽量走地下管道(包括校内)进行铺设,并且提供光缆走线图。

二、投标人资格要求

1.投标人必须为中华人民共和国的法人或其他组织,经营范围必须包括光缆工程建设等相关内容。

2.投标人必须拥有传输设备和光缆线路安装、维护的专用车辆、仪器和设备(包括光功率计、光纤熔接机等),且拥有光通信专业的工程师不少于2名。

3.2000年以来具有同类型光缆工程项目经验(光缆工程建设不少于100万元人民币)。

招标截止日期:2007年2月9日
标书请寄:上海市水丰路×××号×××信箱
邮编:××××××
联系地址:上海理工大学出版印刷与艺术设计学院××办公楼
招标事务联系电话:××××××××

【简析】

这是一则招标书。引言部分介绍招标依据、原因与招标任务。主体部分详细交代了光缆架设要求、投标人资格要求等具体要求。结尾部分,写明招标截止日期、联系方式等。

任务实施

1.江苏厚生机电有限公司拟进行员工宿舍楼改造,准备进行招标,定于2009年7月1日9时在江苏厚生机电有限公司后勤管理处发放招标书。请代为拟写招标书,要求如下。

(1)格式符合要求,内容准确,语言简洁。

(2)内容应包括工程概况、工程要求、投标注意事项、投标时间、投标地点、投标费用、联系方式等。

2.因宣传工作需要,某大学宣传部面向社会招标广告设计公司,承接本单位2009—2010年的宣传品制作工作,欢迎有资质的单位参与竞标。请代为拟写招标书,要求如下。

(1)按照招标书的格式要求来写。

(2)内容应包括招标人、招标项目、投标人资质条件、招标截止时间、投标人投标时应提供的材料、项目说明等。

任务五 创业计划书的写作

知识目标
◆了解创业计划书的概念；
◆掌握创业计划书的格式要求与编写技巧。

能力目标
◆提高对创业计划书相应工作情景的理解与分析能力；
◆掌握创业计划书的格式要求与编写技巧，能够熟练进行创业计划书的写作。

素质目标
◆培养学生的创业意识及创业能力。

课程思政点
◆"大众创业、万众创新"的精神。

任务引入

《国务院办公厅关于深化高等学校创新创业教育改革的实施意见》（以下简称《意见》），进一步促进高校树立正确的创新创业教育理念，为建设创新型国家和人力资源强国提供人才智力支撑。淮海职业技术学院积极贯彻落实《意见》精神，不断深化创新创业教育改革。

1. 积极推进人才培养模式与培养机制改革

将创新创业教育有效融入人才培养体系，是培养学生创新能力和实践能力的必要途径。近年来，淮海职业技术学院将创新创业能力培养作为提高人才培养质量的重要举措，融入了新的专业教学质量标准，并积极探索校企联合、交叉复合等创新创业人才培养模式。

2. 加快实施课程体系与课堂教学改革

淮海职业技术学院近年来大力开展课程体系与课堂教学改革，通过建立范围宽广的通识教育基础核心课程、大力整合一级学科基础课程和灵活设置各类选修课程，形成了较为科学、合理的课程体系。

3. 广泛开展创新创业教育实践

创新创业教育是一门实践性非常强的学科。近年来，淮海职业技术学院充分利用学校的优势学科和科研平台，重视构建自主研学实践体系，并广泛开展创新创业教育实践活动。学校将进一步促进实验教学平台的共享，将科技创新资源更好地向全体学生开放，建设实验课程、实践环节、科研训练、科技竞赛和课外科技实践活动相结合的创新实践平台，进一步完善融创业理论教育、创业实训环节、创业实战环节为一体的创业教育体系。

任务分析

在当前不断深化创新创业教育改革的时代背景下,创业计划书的写作有着独特的意义。本任务要求重点掌握创业计划书的格式要求。

相关知识

一、创业计划书的概念

创业计划书是创业者叩响投资者大门的"敲门砖",是创业者计划创立的业务的书面摘要。一份优秀的创业计划书会使创业者达到事半功倍的效果。

创业计划书是一份全方位的商业计划,其主要用途是递交给投资商后,便于投资商对企业或项目做出评判,从而使企业获得投资。创业计划书描述了与拟创办企业相关的内外部环境条件和要素特点,可以为业务的发展提供指示图,并衡量业务进展情况。创业计划书通常包括了市场营销、财务、生产、人力资源等的综合情况。

> **小知识**
>
> "大众创业、万众创新",出自2014年9月夏季达沃斯论坛上李克强总理的讲话。李克强提出,要在960万平方公里的土地上掀起"大众创业""草根创业"的新浪潮,形成"万众创新""人人创新"的新势态。

二、创业计划书的结构及格式要求

创业计划书的内容一般包括创业的种类、资金规划及资金来源、资金总额的分配比例、阶段目标、财务规划、营销策略、风险管理、创业动机、股东名册、预定员工人数等。

（一）封面

封面的设计要有美感和艺术性,一个好的封面会使读者产生最初的好感,形成良好的第一印象。

（二）计划摘要

计划摘要是浓缩了的创业计划书,涵盖了计划的要点,要求一目了然,以便读者能在最短的时间内评审计划并做出判断。计划摘要主要包括公司介绍、管理者及组织、主要产品和业务范围、市场概况、营销策略、销售计划、生产管理计划、财务计划、资金需求状况等内容。

计划摘要要尽量简明、生动,特别要说明所创企业的不同之处以及企业获得成功的市场因素。

（三）企业介绍

企业介绍不是描述整个计划,也不是提供另外一个摘要,而是重点介绍公司的理念和战略目标。

(四) 行业分析

在行业分析中,应该正确评价所选行业的基本特点、竞争状况以及未来的发展趋势等。

关于行业分析的典型问题包括以下几个方面。

(1) 该行业发展程度如何？发展动态如何？
(2) 创新和技术进步在该行业中扮演着一个怎样的角色？
(3) 该行业的总销售额是多少？总收入为多少？发展趋势怎样？
(4) 该行业的价格趋势如何？
(5) 经济发展对该行业的影响程度如何？政府是如何影响该行业的？
(6) 是什么因素决定着该行业的发展？
(7) 竞争的本质是什么？你将采取什么样的战略？
(8) 进入该行业的障碍是什么？你将如何克服？该行业典型的回报率有多少？

(五) 产品(服务)介绍

产品介绍主要包括：产品的性能及特性；产品的市场竞争力；产品的研究和开发过程；发展新产品的计划和成本分析；产品的市场前景预测；产品的品牌和专利等。

在产品(服务)介绍部分,创业者要对产品(服务)做出详细的说明,要准确,也要通俗易懂,使非专业人员的投资者也能明白。一般,产品介绍都要附上产品原型、照片或其他相关介绍。

(六) 组织结构

在企业的生产活动中,存在着人力资源管理、技术管理、财务管理、作业管理、产品管理等环节,每个环节都很重要。

其中,投资者非常看重创始人的团队背景和产品的前景。如果创始人的团队背景非常亮眼或者创始人非常有魅力,就会很容易获得投资者的信任和关注,相对而言,也会比较容易获得投资。

(七) 市场预测

市场预测部分应包括需求预测、市场现状综述、竞争厂商概述、目标顾客和目标市场、本企业产品的市场地位等内容。

(八) 营销策略

营销策略部分应包括市场机构和营销渠道的选择、营销队伍和管理、促销计划和广告策略、价格决策等内容。

(九) 生产制造计划

生产制造计划部分应包括产品制造和技术设备现状、新产品投产计划、技术提升和设备更新的要求、质量控制和质量改进计划等内容。

(十) 财务规划

财务规划的重点是现金流量表、资产负债表以及损益表的制作。

流动资金是企业的生命线,因此企业在初创或扩张时,需要对流动资金有周详的计划和严格的控制。损益表反映的是企业的盈利状况,它是企业在运作一段时间后的经营结果。资产负债表则反映企业在某一时刻的状况,投资者可以用从资产负债表中的数据得到的指标来衡量企业的经营状况以及可能的投资回报率。

（十一）风险管理

风险管理部分一般包括以下几个方面的内容。

(1)你的公司在市场、竞争和技术方面都有哪些基本的风险？

(2)你准备怎样应付这些风险？

(3)就你看来,你的公司还有一些什么样的附加机会？

(4)在现有资本的基础上,公司将如何进行扩展？

(5)在最好和最坏的情形下,你的五年计划分别是怎样的？

三、创业计划书的编写技巧

为了更好地吸引投资者,编写创业计划书时应突出以下几个方面的内容。

(1)产品和服务具有独特性。创业计划书要重点介绍企业的优势,这些优势体现在技术、品牌、成本等方面,而这些优势能保持多长时间也是投资者决定是否投资的重要影响因素。

(2)商业模式和盈利模式可行。商业模式是如何生产产品,如何提供服务等。盈利模式是如何赚钱,如何把产品和服务转化为利润。商业模式和盈利模式的可行性,最终又体现在企业的执行力上。

(3)管理高效。大多数投资者认为,任何风险投资成功的关键都是管理。管理是否高效也是投资者非常关心的问题。

(4)提供有说服力的公司财务增长预测。投资者都会选择有竞争力的企业,要想吸引投资者,创业计划书中就要写明企业的规模、计划、发展状况等。

(5)介绍退出机制。投资者如何摆脱某种状态是影响其投资决策的重要因素,也就是说,投资者在决定进入之前,一定要事先找好退路。他们不想长期在你公司拥有产权,他们希望其投资与其他资本共同作用一段时间后可以被抽走,这就要求有退路。

四、例文评析

明月西餐厅创业计划书

一、公司介绍

明月西餐厅的经营宗旨为"着意求新,以客为尊",经营理念为"极意营造幽雅、舒适、休闲的气氛,融汇西方餐馆美食"。

管理理念主要有以下几个方面。

(1)尊重餐饮业人员的独立人格。

(2)互相监督,管理层监督员工的工作,同时员工也可以向上级提出自己的意见或见解。

(3)营造集体氛围,既要让员工感受到西餐厅纪律的严明,也要关怀员工,让员工感受到来自集体的温暖,从而增强凝聚力,提高员工的工作积极性。

(4)公平对待,一视同仁,各尽所能,发挥才干。

二、市场定位

1. 选址方面

明月西餐厅位于学院的美食街内,与许多快餐店连在一起,作为美食街唯一的西餐厅,与其他快餐店所不同的是,明月西餐厅有更好的就餐环境和更优质的服务。

2. 格调方面

明月西餐厅温馨、浪漫,为顾客提供优质的服务,力求营造一种幽雅、舒适、休闲的消费环境,引导消费者转变消费观念,向崇尚自然、追求健康方面转变。

3. 校园市场环境方面

校园市场有很大的发展空间,相对于外部市场,竞争要小一些,个体经营以小投资为主,主要服务于在校大学生。

4. SWOT分析

学院现有一万多名师生,调查表明,他们的消费多用于饮食方面,正因为如此,餐饮业是在学校周边创业的首选。

在美食街经营西餐厅的SWOT分析如下。

S:美食街附近是男生宿舍最集中的地方。

W:大多数学生都习惯于到快餐店和学校所设的食堂就餐,对于西餐厅不那么习惯,但资料表明,许多学生有兴趣尝试西餐厅。

O:大部分师生觉得学校最缺的就是就餐环境,而明月西餐厅提供的是幽雅、舒适、休闲的就餐环境,这就表明,明月西餐厅开业后可能会很受欢迎。

T:美食街有许多快餐店,学校内有五个食堂。

三、产品介绍

以西式扒类为主,结合快餐、中西炖汤、皇牌主食套餐、美颜甜品、水吧饮料等来满足消费者的需求。

(1)推出皇牌主食套餐,如泰汁鸡扒印尼炒饭套餐、鳗鱼泰汁鸡扒焗饭套餐等,各套餐还配有热奶茶、冻柠乐等,最适合校园情侣品味。

(2)西餐结合快餐,如扒类(牛扒、猪扒、鸡扒)、各式快餐、各式小吃、中西炖汤、中西式焗饭、粉面类(意粉、米粉等)。

(3)美颜甜品,如姜汁鲜奶雪蛤膏炖蛋、南瓜西米露、椰汁香芋西米露等,最适合爱美的女大学生品尝。

(4)根据不同的季节制作一些冷饮、热饮、点心、沙拉等。

四、市场营销策略

1. 品牌策略

"明月西餐厅"这个店名易读,好听,易记。"明月"一词可以营造典雅的氛围,符合目标市场消费者的消费需求。招牌的字体设计要美观大方,要具有独特性,以吸引人的注意。

2.价格策略

(1)主要采用中低档价格策略,在色、香、味、服务等方面力求尽善尽美,努力给客户最大限度的享受和心理满足。

(2)针对消费者比较价格的心理,将同类食品有意识地分档,形成价格系列,使消费者通过比较价格能迅速找到自己习惯的档次。

3.促销策略

(1)西餐厅的促销策略应以竞争为导向。必须先了解竞争对手的情况,比较自己与竞争对手产品和服务的区别,在此基础上制订出具体的促销计划和方案,在实施计划的过程中,通过宣扬本餐厅的独特产品或经营风格,树立起鲜明的企业形象。

(2)为秉承本餐厅的经营宗旨,促销策略应包含以下四个方面。

①求新:我国的西餐厅已初步形成了高、中、低档的格局,冲、泡、蒸、煮、烤、炸、炒,可谓五花八门,但都是多年一成不变的老面孔,消费者对此缺少新鲜感,因此,要在传统基础上力求创新,增加吸引力。

②求变:过去,人们以解决温饱为主,而今天人们则以营养和享受为主,所以,西餐厅也要以变应变,通过在工艺、烹调、配料上求变来满足人们的口味,这样才能牢牢抓住消费者,以拓展西餐厅的市场空间。

③求奇:要在求新和求变的基础上求奇,同样一种商品,变换一个新名词就能赢得消费者的青睐,同时,求奇,还表现为在西餐厅结合上取长补短,如用洋西餐厅的技术改造中式西餐厅,或者用传统的中国工艺装饰洋西餐厅,做到出奇制胜。

④求特:这个"特",就是具有中国特色的特色西餐厅,中国的西餐厅绝大多数是"一人一把号,各吹各的调",固守一块阵地,老死不相往来,结果是谁也做不大,有的甚至萎缩了,因此,要尽快选择几个特色西餐厅,拓展市场,强强联合,打造特色品牌,抢占品牌制高点。

(3)促销策略中的宣传策略采用低成本、高产出方式,印刷宣传品到宿舍发放,利用学校广播站、宣传栏免费宣传,同时利用网站宣传和突出形象。

五、组织结构与人力资源管理

1.组织结构

1)店长

店长负责综合协调和管理店内各部门的工作,督促员工工作,同时接受学校的监督,做好西餐厅与学校的交流工作。

具体工作内容为:督促各部门及员工的工作;鼓舞员工的工作热情;听取员工的意见;综合决策各种工作的运行;代表西餐厅与学校进行交流;向上反映员工的意见及要求,向下传递学校所要求的工作。

2)行政人员

行政人员的主要职责是:人员入职与离职相关手续的办理;各类人事资料的汇总、建档及管理;员工档案资料管理;员工请假;出勤状况统计等。

3)厨师

对厨师的要求很高,厨师必须要有灵活的脑子,每周都能推出新菜式,以吸引顾客。

2. 服务要求

以礼待客,遵守制度,积极进取。服务员最主要的工作是清理餐桌和店铺的卫生,保证餐桌和店铺随时都是一尘不染,没有油腻的感觉,给顾客留下深刻的印象。兼职员工的主要工作是负责点菜和端菜。对每一个员工的要求是先把自己的卫生处理好,这样才能更好地服务于顾客。

3. 薪酬制度

不同类型的工作人员的薪酬的计算方法不同。

4. 奖励制度

根据员工考核总分进行奖励(半年实行一次奖励)。

六、财务计划

(1)实行严格的财务管理。实现损益控制的手段是对周报表和月报表上的项目进行审核,审核内容包括销售额、顾客数量、顾客平均消费数量、现金超收或不足、收银机的操作错误、食品原料的价格、计时工作人员的工资、电费、煤气费、水费等。

(2)每日的收入应及时清点,所有点菜的菜单及收款的凭据必须保存且一式两份,以便核对及入账。

(3)店内所有的物品属于店内的固定资产,不得随意破坏或带走,每月的总收益,除去一切费用后,剩下的存入银行。

(4)经过每月的结算后,如果收入比计划高,将适度调整工资,以调动大家的工作热情。如发现有人在工作中无故破坏本店的物品,将从责任人的工资或奖金中扣除。

(5)每日流动资金为5 000元(主要用于突发性事件以及临时进货)。对于账目,要做到日有日账,月有月账,季有季账,年有年终总账,这样本店的盈亏状况在账面上一目了然,避免经营管理工作的盲目性。

(6)财务部的管理目标是追求利润最大化,投资目标最大化。

(7)本着稳妥的原则,结合本店的发展规律,资金的投入要循序渐进。

(8)盈亏平衡分析。开设西餐厅,销售毛利应接近或略高于行业平均水平。在了解了别的西餐厅的平均毛利水平,估算出西餐厅的各项变动成本和固定成本后,就可以计算出盈亏平衡点,并确定达到盈亏平衡所需的营业额。

希望本西餐厅能为大家提供优质的服务,我们相信,只要在一种公平、理性的经营思路下,不懈地坚持,结果将会是大家都希望的双赢局面,从而在总体上促进西餐厅的形成和发展。

【简析】

本创业计划书主要由公司介绍、市场定位、产品介绍、市场营销策略、组织结构与人力资源管理、财务计划等构成,基本符合创业计划书的结构要求,但缺少市场竞争、风险防范等方面的分析。

任务实施

当前,我国正全方位地进行大学生创业教育。请对自己进行分析,看自己是否符合创业者的条件,如果符合,结合自己的定位,撰写一份创业计划书。

任务六 财经消息的写作

知识目标
◆ 了解消息的含义、特点;
◆ 掌握消息的格式要求与写作的注意事项。

能力目标
◆ 提高对财经消息相应工作情景的理解与分析能力;
◆ 掌握消息的格式要求,能够熟练进行财经消息的写作。

素质目标
◆ 培养学生的新闻意识与宣传能力。

课程思政点
◆ 新闻传播活动中的责任伦理。

任务引入

江苏厚生机电有限公司一向致力于公益活动,一方面是为了承担社会责任,另一方面是为了更好地塑造组织形象和提高社会地位,从而获得更大的经济效益。请根据如下材料,拟写一篇新闻稿。

2015年6月7日至8日,江苏厚生机电有限公司在××市××区举办了"爱心献高考"公益活动。高考当日,在全区所设的四个考点分别安排工作人员,并准备了湿纸巾、饮水机、遮阳伞、椅子、桶装饮用水、一次性水杯等,免费为考生和家长提供服务,引起了社会的广泛关注和赞誉,取得了良好的效果。

精心筹划,公益活动厚积薄发。在旁人看来,做一次公益活动或许很简单,但在高考期间为考生和家长做一次公益活动却不是一件简单的事情。为了确保活动能够顺利开展,江苏厚生机电有限公司早谋划、快行动、细安排,几次进行实地考察调研,制订了详细的实施方案,并积极与管委会、教育局、城管局等部门沟通联系,赢得了广泛支持,确保了公益活动的顺利开展。

认真组织,活动开展井然有序。为了确保活动有效、有序地开展,江苏厚生机电有限公司坚持"低调做事,高效率服务"的理念,针对四个考点的考场和考生情况,成立了一个由20名成员组成的工作组,并根据实际情况,提前准备了100包湿纸巾、4台饮水机、45把遮阳伞、300把椅子、100桶桶装饮用水、3 000个一次性水杯,分别安排在四个考点的候考区域。在两天的考试时间里,工作人员坚持做到早上五点半往考点运送相关物品,六点准备工作全部到位;中午,所有工作人员一律坚守岗位,轮流吃盒饭;下午,坚持到候考区域的考生和家长全部离开后,才撤离相关物品。

细致服务,真诚关爱春风化雨。高考期间,温度始终在 30 ℃ 左右,为了使广大考生和家长在炎热中感受到"清凉",有一杯水喝,有一把椅子坐,工作人员坚持做到"一站(站立式服务,将座位和阴凉的地方让给考生和家长)、一引(将酷暑中等候的学生和家长引到遮阳伞下)、一听(对于考生和家长提出的建议,工作人员总是虚心听取,及时改进)、二说(对即将走进考场的学生说'祝你考试成功',对考场外焦急等待的家长说'请休息一下')、三递(给酷暑中等待入场的考生递上一张湿纸巾,给家长递上一把椅子,给交警和城管人员等递上一杯水)"。

广泛宣传,公司形象家喻户晓。一位考生在 8 日下午考试结束后,跑到坐在遮阳伞下的父母跟前,激动地说:"这两天你们在这里不知疲倦地守候着我,谢谢爸爸妈妈,将来不论我走到什么地方,我都会记得江苏厚生机电有限公司为我们准备的遮阳伞。"通过此次公益活动,江苏厚生机电有限公司的社会形象和市场地位进一步得到提升。

任务分析

本任务是财经消息的写作,要求了解消息的含义、特点,掌握消息的格式要求与写作的注意事项。同时,要注意财经消息与通讯、报告文学等的差异。

相关知识

一、消息的含义与特点

消息,是用简洁、明快的语言,迅速、及时地反映现实生活中新近发生的具有意义的事实的新闻体裁。它是新闻报道中运用最广泛的文体。

财经消息,是反映财经信息的一种特定类型的消息。

消息有以下几个主要特点。

(1)时效性。在实际的新闻采访、写作、编辑与印发过程中,要眼疾手快。新闻常与"抢"字相联系,"抢新闻""抢消息"生动地反映了消息的时效性特点。

(2)客观性。第一,消息的对象是社会事实,无论是国家大事,还是街谈巷议,都要真实可靠,不能有任何虚构和夸张;第二,客观性还指消息的立场应该是客观的。

(3)新鲜性。新闻要注重新鲜性,"狗咬人不是新闻,人咬狗才是新闻"说的就是这个意思。

二、消息的格式要求

(一)总结构

消息有倒金字塔结构和时间顺序结构两种结构。

倒金字塔结构是一种头重脚轻的结构,采用这种结构时,将最重要的材料或事件的总体情况放在篇首介绍,后面再叙述事件的详细内容或其他相关情况。

采用时间顺序结构时,往往按时间顺序来安排事实,先发生的放在前面介绍,后发生的放在后面介绍。这种结构叙事条理清晰,现场感强,缺点是开头平淡,消息的重点不突出。比如体育新闻中,对一场球赛的报道,可以采用时间顺序结构来展现其跌宕起伏、悬念丛生的赛况。

（二）标题

在信息化时代,新闻写作中,标题的地位日益重要,因为在新闻网页中,直接映入眼帘的就是标题,标题的优劣与新闻文章的点击率及相应的关注程度有很大关系。当然,不能因为点击率而故意使用哗众取宠的标题。从这一层面来看,标题的撰写还是应该认真对待的。标题就是文章的眼睛,如何撰写标题是一个重要的问题。

消息的标题有以下几种形式。

(1)多行标题:引题＋正题＋副题。引题位于正题之上,又称"肩题""眉题",常用来介绍背景,烘托气氛,以引出正题。正题是标题的主题,起到揭示主旨的作用。副题位于正题之下,又称"辅题",多起补充说明、点明意义、扩大效果的作用。

(2)双行标题:①引题＋正题,引题一般用来交代背景,说明原因,烘托气氛,一般没有实际的新闻内容;②正题＋副题,副题一般用来补充说明主题。

(3)单行标题。这种标题只有一行文字,对消息中最主要的内容做出说明,起到揭示文章主旨的作用,特点是准确、简练、突出。

（三）导语

1. 导语与电头

导语一般是指消息开头的第一句话或第一段话,它用最简明的语言把消息基本的、核心的内容概括出来,其目的是吸引读者往下看。在导语的前面一般还会有电头,如"新华社北京12月6日电"。

2. 导语的写法

导语有以下三种写法。

(1)叙述式。以简明的语言,扼要而直接地将消息中主要的事实叙述出来,这种写法是导语最基本、最常见的写法之一。新闻写作中有"六要素":何时、何地、何人、何事、何因、如何,采用叙述性导语时要安排好前五个要素。

(2)描写式。这种写法以展示事物的形象和事件的场景为主要特征。写作时常抓取某一生动的形象、鲜明的色彩或有特色的细节加以描绘,描写应简洁而传神,避免过分雕饰。

(3)评论式。对所报道的事实进行评论,揭示其意义。

（四）主体

消息的主体部分有以下两种写作顺序。

(1)按时间顺序写作,根据事情发生的先后顺序来安排消息的相关内容。

(2)按逻辑关系写作,根据事物的内在联系来安排材料。

重点新闻事件是消息中最重要的部分,在消息的主体中要加以突出。

（五）背景材料

背景材料是为主题服务的,使用背景材料的目的在于突出主题,深化主题,丰富消息的内容,收到更好的宣传效果。背景材料一般是介绍知识,补充情况,使读者了解消息中涉及的人或事物。不是每篇消息都需要背景材料。

(六)结尾

结尾是消息的最后部分。结尾有以下几种形式。
(1)自然结尾,随着主体的结束而结束。
(2)概括结尾,概括主体的内容。
(3)议论结尾,对消息的内容发表看法。
(4)背景结尾,介绍相关的背景材料。

三、拟写消息的注意事项

拟写消息时,要注意以下几点。
(1)真实准确,用事实说话。事实是新闻的本源,没有事实就没有新闻。新闻报道是社会生活的客观反映,记者不能根据自己的观点或偏见报道事实,更不能对事实加以篡改或妄加评判。这也是新闻写作与文学创作不同的地方。
(2)注重时效性。当今社会是一个信息社会,通信技术发达,这就要求新闻写作与印发要加快速度。可以说,没有时效,就没有新闻。
(3)简明扼要。消息的篇幅不宜太长,这样才能引起读者的阅读兴趣。要想简明扼要,就必须抓住问题的要害,去掉多余的评价,用简洁的语言说明事实与讲述道理。

四、例文评析

上海迪士尼一期最早明年开工　　最快 2014 年开业

在坊间已热炒数年的"美国迪士尼将落户上海"的消息得到证实。上海市政府新闻办昨日宣布,该项目申请报告已获发改委核准。上海市市长韩正表示,市政府将于近期专门召开新闻发布会,公布项目的最新进展。目前,迪士尼在全世界共有 5 个项目,上海这个将是第 6 个。

落户浦东新区

上海市政府新闻办在宣布这一消息时表示,对于上海迪士尼乐园项目,中美双方经过多年的接触和谈判,本着互惠互利的原则,于今年初签订了合作框架协议,并按有关程序向国家有关部门上交了项目申请报告。10 月底,报告获得核准。

目前,项目中美双方正就合作的具体内容和细节进行深入磋商,将长期合作在上海浦东新区共同建设世界一流的迪士尼乐园。

预算总投资 244 亿元

据悉,上海迪士尼的投资规模将超过上海世博会。上海世博会的基础投资是 236 亿元,而上海迪士尼的预算总投资目前是 244 亿元。根据相关协议,在这一项目中,上海市政府下属的企业将持股 57%,迪士尼公司将持股 43%。

这一投资规模也超过了上海此前的几个声名显赫的大项目——上海磁悬浮列车的投资是 100 亿元,上海国际赛车场的投资是 120 亿元。横向比较:1983 年在法国巴黎兴建的欧洲迪士尼乐园的总投资是44亿美元;被誉为亚洲第一游乐园的东京迪士尼乐园前后共耗资近7 000亿日元;2005年开业的香港迪士尼乐园的首期投资是35亿美元。

已开始征地

据报道,浦东新区针对项目的土地征用工作目前已经展开。早在今年8月底,上海市政府就下发了批文,批准迪士尼规划用地的征用。9月,上海市规划和国土资源网悄然发布了迪士尼项目一期的征地公告。上海迪士尼将涉及59家被征地单位,总面积达到4 089 435平方米,这将是美国迪士尼公司在全球占地面积最大的主题乐园。

此次征地的补偿登记期限仅有半月左右。专家表示,这样的登记期限显得有些仓促,但这也表明相关政府部门已经就拆迁方案等问题做好了充分准备。专家推测,按此进度,迪士尼一期工程最早将在明年展开。

另据报道,上海迪士尼打算在2014年开业,对于迪士尼这样大规模的主题乐园来说,从项目获批到落成,这已是最快的速度了。

(摘自2009年11月5日《重庆晚报》,内容有删减)

【简析】

这是一则关于上海迪士尼建设的消息。标题简明扼要地概括了文章的主题,将最早开工和最快开业的时间告知读者,引发读者的阅读兴趣与期待。导语部分,说明美国迪士尼落户上海的基本情况。然后,分别从建设地址、预算总投资及现实状况三个方面进行讲述,分别加以小标题,更加醒目,便于读者厘清思路。

任务实施

根据以下材料,写一篇600字左右的消息。

要求:①标题和导语能概括主题,引人注目;②叙事完整,立意清楚。

11月13日,是南昌大学学生自定的"无偿献血日"。这天,江西省血液中心的采血车旁增加了一个服务台,台上放着一张"为萧亚璋同学建立个人血库"的空白表格。前来献血的同学争相写下自己的名字、地址和联系电话。原打算将"流动血库"的人数控制在20人,结果报名多达60多人。

萧亚璋是江西萍乡人,1996年以高分考入上海外国语大学日语系。她在校品学兼优,不幸的是,1997年8月,她患上了非何杰金氏恶性淋巴瘤,身体多处病理性骨折,而且身体的造血功能被严重破坏,血色素含量不及正常人的一半。为了治病,家里先后花掉了十几万元,因再也无力支付巨额医疗费,萧亚璋被迫转回江西老家。

10月23日,萧亚璋的遭遇在电视台播出。南昌大学99级学生王国平看完电视,第二天便直奔医院,却发现难以给予其实质性的帮助。

王国平想到了自己刚刚加入的南昌大学青年志愿者协会。得知此事后,会长王雅立即召开会议,考虑到大学生没有经济基础,他们决定组织和萧亚璋血型一样的同学合建一个"流动血库",这样既可以解决萧亚璋大量输血的问题,又可以换钱。

南昌大学青年志愿者协会会长王雅,和20多名大学生志愿者一起,带着捐款、礼物和一份特殊的名单,匆匆向萧亚璋家中走去,他们要为这位造血功能被严重破坏的21岁同龄人过一个特别的生日。

每一件生日礼物都让萧亚璋惊喜、感动,当她的目光停留在那份特殊的名单上时,泪水夺眶而出。名单上有南昌大学68名同学的地址和联系电话,他们的血型和萧亚璋一样,都是A型。这68名同学是南昌大学青年志愿者协会为萧亚璋建立的"流动血库"。

"坚强些,我们与你同在,我们是你的流动血库。"一句温馨的祝福背后,有着一个感人的故事。

"祝你生日快乐!"在同龄大学生们的祝福声中,萧亚璋脸上露出了灿烂的笑容。

(兰州大学2000年研究生入学考试新闻写作试题)

任务七　广告文案的写作

知识目标
◆了解广告的概念、历史发展与传统形式；
◆掌握广告文案的格式要求与写作的注意事项。
能力目标
◆提高对广告文案相应工作情景的理解与分析能力；
◆掌握广告文案的格式要求与写作的注意事项，能够熟练进行广告文案的写作。
素质目标
◆培养学生的创新意识与创意策划能力。

课程思政点
◆中国共产党第一则公益广告《我是谁》。

任务引入

江苏厚生机电有限公司决定在职教园区投资兴建商业综合体，请代市场营销部拟写一份广告文案。

要求：①目标顾客以职教园区的 6 万多名高职大学生与教师为主，兼顾当地社区居民；②地址为职教园区商业街街口；③商业综合体采取青春、时尚的风格，满足大学生对时尚的追求。

任务分析

本任务是广告文案的写作，要求掌握广告文案的格式要求与写作的注意事项。

注意广告文案的创意来源，平面广告与电视广告、网络广告等的区别，广告与公益、教育、儿童成长的关系。

相关知识

一、广告的概念

广告，顾名思义就是广而告之的意思。广告是社会组织为了某种特定的需要，通过一定形式的媒体，并消耗一定的费用，公开、广泛地向公众传递信息的宣传手段。

广告有广义和狭义之分。广义的广告包括非经济广告和经济广告。非经济广告指不以营利为目的的广告，如政府行政部门、社会事业单位乃至个人发布的各种公告、启事、声明等。狭义的广告仅指经济广告，即商业广告，经济广告通常是商品生产者、经营者和消费者之间沟通信息的重要手段,也是企业占领市场、推销产品的重要形式。

二、广告的历史发展及传统形式

叫卖广告,又称口头广告,是通过声音传播的,这是最原始、最简单的广告形式。古希腊,人们通过叫卖贩卖奴隶、牲畜,公开宣传并吆喝出有节奏的广告。改革开放之前,我国乡村还普遍存在着叫卖广告,比如收破烂的吆喝等。

音响广告是通过箫管等辅助设备来招徕顾客的。西周时,小贩就已经懂得以箫管之声招徕顾客。我国乡村,通过扩音喇叭所做的广告就是音响广告。

悬帜广告,指通过悬挂旗帜、葫芦、药壶等象征性标识,给人以非常醒目的视觉效果,以此吸引顾客。现代社会,社会组织的企业形象识别系统即是对"悬帜广告"的运用,比如麦当劳门口的"M"标识。

商标字号、对联等也是传统的广告形式之一。同仁堂、全聚德等老字号,就体现出我国传统企业的一种企业文化。传统商家门口的对联,也是对经营理念的一种广告,比如理发店的"虽为毫末技艺,却是顶上功夫"。

三、广告的特点

广告具有以下特点。

(1)有明确的广告主。所谓广告主,就是广告的发布者。在商业广告中,广告主通常是企业。在一则广告中,必须要明确这则广告由谁付费,是为谁的利益服务的。明确广告主的意义在于:①广告主是广告活动的出资者,付出费用必须得到回报,只有明确广告主是谁,才有可能使广告所产生的效益服务于广告主,同时,在广告中明确广告主能使广告所产生的效果直接为广告主带来经济利益,在广告中,广告主的标识要鲜明、突出,便于广告受众识别、记忆;②明确广告主,可以让消费者了解广告的真实动机,以便理智地判断广告的内容,理智地判断自己是否需要购买和使用广告所推销的产品,确保商业活动的公平性;③明确广告主,表明出资做广告的企业愿意公开承担广告责任,为推出广告带来的一切后果负责。广告主对消费者的承诺必须真实,且能够兑现。明确广告主,一方面可以防止欺骗性广告出现,另一方面,一旦有了虚假的广告信息,就能分清责任,有利于追究责任和纠正错误。

(2)具有特定的信息内容。广告传播的内容,具有一定的规定性。随着经济发展和市场营销活动的变化,广告的信息内容也在向深度和广度拓展。现代商业广告传播的信息,不仅包括商品、劳务方面的信息,而且包括形象、观念方面的信息。由于是付费的,广告内容要求真实、简洁、生动、具体、精彩,能够在最短的时间内有效地传播信息,产生促销效果。同时,广告的内容必须符合法律法规和道德规范,受到一定的管理和约束。

(3)采用劝说的方式。广告是一种劝说性的信息传播活动。广告的最终目的是劝说广告受众接受广告主发出的信息,以产生"随风潜入夜,润物细无声"的传播效果。所以,有人说广告是传达劝说性信息的艺术。广告的过程,实质上是一个劝说的过程。广告劝说具有一定的诱导性,诱导别人接受自己的观念。要使广告劝说更有说服力、感染力,必须要借助艺术的表现手法,这是一则广告成功的关键所在。需要特别指出的是,广告劝说必须遵循一定的道德规范,以一定的客观事实为基础来进行,劝说不能是无中生有的欺骗。

(4)传播对象具有选择性。一般的广告活动不是以所有的消费者为传播对象的,而是向特定的目标市场进行信息传播的。目标市场是根据企业营销的重点来确定的,目标市场的消费者即为广告的传播对象。选择并确定广告的传播对象十分重要。制订广告媒体策略可以以此为依据,广告创作活动也可以以此为中心展开,这样可以减少成本,增加广告效益。

(5)功利性。广告主之所以愿意出巨额资金购买一点点播出时间和印刷版面,都是出于功利性的目的:或推销商品,或树立形象,或沟通感情,其最终目的都是为了从中获益。广告不仅可以使广告主获益,也可以使广告媒体和广告公司获益。一则广告只有使各方同时获益,才是成功的广告。

四、广告的分类

根据广告的性能,广告可分为经济广告、文化广告、公共关系广告、公益广告。经济广告,主要是指涉及生产、流通领域及服务行业的广告,如各种商品广告。文化广告,主要是指涉及文化、科技、教育、卫生、娱乐、出版等方面的广告,如学校招生广告、电影海报等。公共关系广告,是指社会组织为了在公众心目中树立良好的组织形象,使公众对组织产生好感,从而形成良好的公共关系而进行的宣传和自我推销。公益广告,是以为公众谋利益为目的而设计的广告,是企业或社会团体向消费者阐明它对社会的功能和责任,表明自己追求的不仅仅是从经营中获利,而是参与解决社会问题和环境问题这一意图的广告。

根据广告的形式,广告可分为报纸广告、杂志广告、广播广告、电视广告、霓虹灯广告、橱窗广告、路牌广告、传单广告、邮政广告。

五、广告文案的格式要求

广告文案是由广告标题、广告正文、广告口号等组成的,它是广告内容的文字化表现。在广告设计中,文案与图形同等重要,图形具有前期的冲击力,文案具有较深的影响力。

1. 广告标题

广告标题是广告文案的主题,往往也是广告内容的诉求重点。它的作用在于吸引人们对广告的注意,引起人们对广告的兴趣。受众只有对标题产生兴趣后,才会阅读正文。

广告标题的设计形式有:情报式、问答式、祈使式、新闻式、口号式、暗示式、提醒式等。广告标题要简明扼要,易懂易记,标题中的文字数量一般以12个字以内为宜。

2. 广告正文

广告正文是对产品及服务的具体说明,以此来增加消费者的了解与认识,以理服人。广告正文的撰写要实事求是,通俗易懂。不论何种题材,都要抓住主要的信息来叙述,言简意明。

3. 广告口号

口号是战略性的语言,目的是经过反复的展现,使消费者掌握商品或服务的个性。广告口号已成为推广商品或服务不可或缺的要素。广告口号常用的形式有联想式、比喻式、许诺式、推理式、赞扬式、命令式。广告口号的撰写要注意简洁明了、语言明确、独创有趣、便于记忆。

广告文案的撰稿人如何利用语言的各种特性为文案创作服务呢?

语言从整体上看有四个特性:信息性、理据性、情感性、生命性。这些特性与广告文案的写作有着密切的联系。

(1)语言的信息性。对广告文案来说,语言传递的主要是商品信息。文案创作者在进行广告文案创作时,一方面要善于利用言外之意传递有利的信息,另一方面,要避免对产品不利的信息或者伤害消费者情感的潜在信息出现。

(2)语言的理据性。在广告文案中,理性诉求型的广告文案更注意语言的理据性。可以这么说,语言的理据性,是思维逻辑性的外化和体现,是广告文案理性诉求的先决条件。

(3)语言的情感性。在广告文案中,情感诉求型的广告文案更注意对情感的张扬。

(4)语言的生命性。语言总是与个体的生命体验与感受联系在一起,语言能够表达并参与人的生命体验和感受。广告文案创作者要特别培养自己对语言的感觉与感受。

六、拟写广告文案的注意事项

拟写广告文案时,应注意以下几点。

(1)准确规范,点明主题。准确规范是广告文案最基本的要求。要实现对广告主题和广告创意的有效表现和对广告信息的有效传播,第一,广告文案的语言表达要规范完整,避免出现语法错误或表达残缺;第二,广告文案中所使用的语言要准确无误,避免产生歧义;第三,广告文案中的语言要符合语言表达习惯,不可生搬硬套,也不能自己创造大家不知道的词汇;第四,广告文案中的语言要尽量通俗化、大众化,避免使用冷僻或过于专业化的词语。

(2)简明精练,言简意赅。广告文案在文字、语言的使用上,要简明扼要、精练概括。首先,要以尽可能少的语言和文字表达出广告产品的精髓,实现有效的广告信息传播;其次,简明精练的广告文案有助于吸引广告受众的注意力,并使其迅速记下广告内容;最后,要尽量使用简短的句子,防止受众因语句过长而产生反感。

(3)生动形象,表明创意。生动形象的广告文案能够吸引受众的注意,激发他们的兴趣。国外研究资料表明:文字和图像能引起人们注意的百分比分别是22%和78%;能够唤起记忆的文字和图像的百分比分别是65%和35%。这就要求在进行广告文案创作时,在采用生动活泼、新颖独特的语言同时,要以一定的图像来配合。

(4)动听流畅,顺口易记。广告文案是广告的整体构思,广告语言要优美、流畅、动听,使其易识别、易记忆、易传播,从而突出广告定位,更好地表现广告主题和广告创意,产生良好的广告效果。同时,也要避免过分追求语言美、音韵美,而忽视广告主题,生搬硬套,牵强附会。

七、例文评析

大卫·奥格威在他的广告生涯中始终忠实地采用直销式,在广告文案正文中最大限度地告知受众广告主题和广告商品信息。下面是他为劳斯莱斯汽车所写的广告文案。

标题:当这辆新型的劳斯莱斯以时速 60 英里/小时行驶时,最大的噪音来自车内的电子钟

副标题:什么原因使得劳斯莱斯汽车成为世界上最好的汽车?

一位知名的劳斯莱斯工程师说:"说穿了,根本没有什么秘密,这只不过是因为耐心地注意到细节。"

1. 行车技术主编报告:在时速为 60 英里/小时时,最大的噪音来自车内的电子钟;引擎非常安静;三个消音装置用来消除噪音。

2. 每个劳斯莱斯的引擎在安装前都先以最大气门开足 7 小时,每辆车子都在各种不同的路面试驾数百英里。

3. 劳斯莱斯是为车主自己驾驶而设计的,比最大的家用轿车短 18 英寸(1 英寸=2.54 厘米)。

4. 驾驶与停车十分便捷,不需要专业的司机。

5. 组装完成的车子最后要在测验室经过一个星期的精密调整,在这里分别要接受 98 种严格的考验,例如,工程师们使用听诊器来听轮轴所发出的声响。

6. 劳斯莱斯承诺三年保修。已有许多经销商及零件站,在服务上不再有任何麻烦。

7. 劳斯莱斯的散热器从来没更改过,唯一一次例外是在 1933 年亨利·莱斯去世时,上面的字母标志 R 由红色改为黑色。

8. 车身先涂 5 层底漆,再刷 9 层面漆,每层都经过人工磨光。

9. 方向盘上有一个减震器调节按钮,可以适应不同的道路状况。

10. 有后车窗除霜开关,控制着看不见的在玻璃中的热线网。

11. 座位垫面由 8 张英国牛皮制成——足够制作 128 双牛皮鞋。

12. 镶贴胡桃木的野餐桌可从仪表盘下拉出,另外有两个可以从前座后面旋转出来。

13. 可以有下列额外随意的选择:做浓咖啡的机器、电话自动记录器、床、电动剃须刀等。

14. 汽油消耗量极低,因而不需要买特价汽油,是一种使人喜悦的经济型汽车。

15. 具有两种不同的制动器:水力制动器与机械制动器。劳斯莱斯是非常安全的汽车,也是非常灵活的汽车。

16. 劳斯莱斯的工程师们会定期访问以检修车主的汽车,并提出建议。

17. 宾利也是劳斯莱斯所制造的,除了散热器之外,两车是一样的,是同一工厂中同一群工程师所制造的。宾利因为其散热器制造较为简单,所以便宜 300 美元。对驾驶劳斯莱斯没有信心的人士可买一辆宾利。

价格:本广告画面中的车型——在主要港口岸边交货——13 550 美元。

假如你想得到驾驶劳斯莱斯或宾利的愉快体验,请与我们的经销商联系。

【简析】

这是大卫·奥格威为劳斯莱斯汽车所创作的广告文案，数字和道理在其笔下焕发出耀眼的光芒，事实胜于雄辩，这个广告文案堪称广告文案中的经典。广告标题，通过一动一静的对比，讲述了劳斯莱斯汽车的优良性能。然后，通过一系列的细节描绘，用详细、准确的数字精确地描述出劳斯莱斯汽车的卓越性能。

任务实施

1. 背景资料：

方正集团是中国改革开放以后成长起来的著名高科技企业，由北京大学于1986年投资创办。方正集团拥有6家在上海、深圳、马来西亚及香港交易所上市的公司和遍布海内外的20多家独资、合资企业。方正集团是国家首批6家技术创新试点企业之一，500家国有大型企业集团之一，120家大型试点企业集团之一。激光照排技术一直都是方正企业的创业根本。过去，该企业由技术垄断形成市场垄断，业绩高速增长，但在发展过程中，由于管理人员多是技术出身，管理上的粗放就逐渐显现出了弊端，业务增长受到严重影响，人事更迭频繁，现代企业制度无法在方正集团确立。于是，以魏新为首的新一代领导核心集体，开始了前所未有的方正变革——战略创新，产业重组，管理优化，文化重塑，因此，企业从中文照排发展到网络安全、方正电脑等多个方面。

要求：根据所给的背景资料，分析方正集团目前存在的问题，确定企业的新形象，选择应用媒介，完成广告文案的写作，并用语言表述视觉效果；广告标题、广告口号、广告正文内容完整，格式规范；正文字数不少于200字。（浙江省2006年1月高等教育自学考试广告文案写作试题）

2. 背景资料：

易初莲花是一个大型的超市，销售各种生活日用品、新鲜蔬果等，品种齐全，价格合理。现欲在某一中小城市开一家中型连锁店。

要求：根据所给的背景资料，写一则广播广告，充分体现口头语言的特点，并适当运用音乐、音响效果，用文字描述音乐、音响效果；广告标题、广告口号、广告正文内容完整，格式规范；正文字数不少于200字。（全国2005年10月自学考试广告文案写作试题）

3. 请对下面的药品广告进行分析。

我是一名风湿病患者，我得这个病十多年了，以前各种药吃了不少，都是吃了就有效，一停药就反复发作，后来病情越来越严重，手特别僵硬。我在报纸上看到关通舒这种药后，我就抱着试试看的想法买了两盒，吃了两盒以后效果特别明显，你看我这手吧，特别灵活，关节红肿、疼痛的症状都消失了。

任务八　新媒体文案的写作

知识目标
◆理解新媒体文案写作的叙事策略；
◆掌握新媒体文案写作的方法技巧。
能力目标
◆掌握新媒体文案的格式要求，能够熟练进行新媒体文案的写作。
素质目标
◆培养学生的创新意识与营销策划能力。

课程思政点
◆习近平：推动媒体融合向纵深发展，巩固全党全国人民思想基础。

任务引入

为加强人文素质教育，弘扬中华优秀传统文化，淮海职业技术学院成立通识教育学院。通识教育学院希望打造一个线上与线下相结合的宣传推广平台，致力于中华优秀传统文化的传播。请代为制订一个线上的新媒体运营推广方案。

任务分析

随着移动互联网的飞速发展与媒体融合的持续推进，新媒体营销逐渐为党政机关、企事业单位与社会团体所重视，也逐渐成为品牌推广、产品营销与服务优化的一种有效手段。"内容才是王道"，新媒体营销本质上是一种内容营销。只有持续不断地生产优质内容（图文、视频、音频、海报、直播），才能形成"吸引用户的关注与转、评、赞—培养用户的阅读习惯—激发用户的阅读期待—加强用户的参与互动—培养用户的黏性—提升用户的转化率"的运营逻辑。

新媒体运营推广方案的制订，要建立在对淮海职业技术学院通识教育学院的运营推广目标分析与该学院人文素质教育的现状分析之上，选择适当的新媒体运营推广平台，制订合理的新媒体内容生产机制，进而选择确定用户运营与活动运营的方法路径，才能真正有效地实现该通识教育学院的运营目标。

相关知识

一、新媒体文案的概念

在社群营销与运营管理中，内容营销就是指的新媒体文案的营销推广。

文案来源于广告行业,是"广告文案"的简称,由 copy writer 翻译而来,多指以语词进行广告信息内容表现的形式,有广义和狭义之分。广义的广告文案包括标题、正文、口号的撰写和对广告形象的选择搭配;狭义的广告文案包括标题、正文、口号的撰写。

新媒体是一个宽泛的概念,利用数字技术、网络技术,通过互联网、宽带局域网、无线通信网、卫星等渠道,以及电脑、手机、数字电视机等终端,向用户提供信息和服务的传播形态。严格地说,新媒体应该称为数字化新媒体。

新媒体文案,也就是利用新媒体技术手段,适应细分化市场营销趋势的一种文案。广义上讲,新媒体文案指的是所有利用新媒体技术手段的文案;狭义上的新媒体文案,可以理解为互联网广告文案,主要以深耕某一垂直领域的新媒体软文为主。

二、新媒体时代软文的类型及叙事策略

(一)披着羊皮的狼:软文的化妆术

1. 本质:披着羊皮的"狼"

从本质上讲,软文就是广告。相较于一般的硬广告而言,软文就是一种软广告。软文推广营销,软文写作,首先要明确软文的本质。凡是不立足于本质而做的软文推广与营销,都是对软文的故意曲解,都是一种"耍流氓"。

广告,即广而告之,是为了某种特定的需要,通过一定形式的媒体,公开而广泛地向公众传递信息的宣传推广手段。不管是公益广告,还是商业广告,它们都以创造理想的社会效益或经济效益为目的。从这个角度讲,作为一种特殊形式的广告,软文的目标也是致力于创造理想的社会效益或者经济效益。

2. 形式:披着"羊皮"的狼

软文之所以得名,就在于一个"软"字。相对于硬广告的直接诉诸企业产品或者某种特定的需要,软文绵里藏针、收而不露,不露痕迹、不动声色,更加追求一种"随风潜入夜,润物细无声"的传播效果。鉴于这种追求,软文需要一种化妆术,它经常披上"羊皮",穿上各种精美的外衣,把自己打扮成受众所喜欢的多种类型。等到受众发现软文的"狼"的本质时,已经冷不丁地掉入了被精心设计过的软文陷阱里。

3. 给软文一个准确的定义

有研究者认为,软文是指通过特定的概念诉求、以摆事实讲道理的方式使消费者走进企业设定的"思维圈",以强有力的针对性心理攻击迅速实现产品销售的文字(图片)模式。

这里有几个问题。首先,软文是否要摆事实讲道理;如果需要,摆什么样的事实,讲什么样的道理。其次,软文是否以迅速实现产品销售为目标,软文又能否带来产品销量的迅速提升。

鉴于软文的写作与推广形式,我们认为软文有以下特征。

首先,软文是广告,要以事实为依据,要遵循市场营销的逻辑规律。但披着"羊皮"外衣的软文,如何去讲述事实,与硬广告的叙述策略有着诸多不同。

其次，软文不一定能够带来产品销量（或者某种特定需要）的迅速提升；其实，软文致力于创造理想的社会效益或经济效益，但更多呈现的是一种辅助性功能。

所以，软文是为了某种特定需要，不以直接诉诸具体目标为导向，通过一定的媒体形式、特定的概念诉求与合理的逻辑结构，引导受众进入广告主设定的"思维圈"，从而辅助营销推广的一种广告文案。

（二）乱象丛生：软文的原罪

随着商业社会的渐趋完善与信息技术的快速发展，"互联网＋"的思维方式逐渐深入人心，新媒体逐渐形成并焕发出蓬勃的生机，软文营销推广愈发被企业与其他社会组织所重视。然而，在软文写作、营销与推广中，某种急功近利的商业追求，给人一种软文很"假"很"装"的负面效应。

1. 有偿新闻

软文以新闻的面目出现，混淆了新闻与广告的界限，相比传统广告，费用更低，效果也更好。有新闻记者玩弄一些文字游戏，在字里行间将企业拔高、为企业站台，以便帮助金主达到营销推广的目的，这也是有偿新闻最常见的存在形式。

新闻媒体与企业的有偿新闻，其实是"权力寻租"，就是利用手中的公权去谋取私利。企业越来越看重新闻的公信力和美誉度，若媒体及其从业者缺乏自律与他律，很可能在市场与权力之间"套利"。

2. 毫无节操的标题党

互联网时代，软文营销推广基本上是以软文的浏览量为重要评判依据的。没有浏览量，就不会有转化率，也就无法实现广告主的特定需要。基于对浏览量的疯狂追求，从某种程度上讲，软文写作中最重要的就是标题写作。平庸俗常的标题，吸引不了受众的眼球，也就带不来软文的浏览量。所以，软文的标题基本上是"唯恐天下不乱"，以求新、求异、求刺激为卖点，甚至以某些违背公共空间的公序良俗为代价，制造一些文不对题、断章取义的软文。

3. 虚假夸大的内容

很多受众认为，软文无非虚构一个并不存在的故事，伪装成亲历者向受众夸大某个产品的效果，推销商品。等受众发现所读文章的本质是软文时，通常有一种被欺骗感。

4. 诱骗式的写作思维

软文的推广者充分利用人性的弱点，通过软文实现搜索引擎优化，再通过网络社群以炒作、交换链接等手段对用户进行轰炸式宣传。诸多软文常常虚构或杜撰一些匪夷所思的故事，或者用一些非常荒诞的问题来吸引用户去点击。标题很惊悚，如《太可怕了！未来80％的家庭将面临洗牌，有图有真相！》《不要再买这个菜了！因为它100％致癌！》；情绪够胁迫，如《不转不是中国人》《为了家人的健康一定要转》。然而，其中的内容大多是违反常识的，只是一种"劝君入瓮"的故弄玄虚而已。

（三）姹紫嫣红总是春：好软文的几种类型

明确了软文的本质，发现了当前软文写作的乱象后，就要回答"什么才是好软文"了。

其实，软文不是不可以写成新闻，也不是不可以运用合理的方式做艺术的夸张；关键是，软文写作要遵循广告文案写作的基本要求，要符合法律规则与公序良俗，要适当有度。

1. 是新闻，更是软文

有人说，新闻就是最好的软文。虽然我们反对新闻媒体与广告主之间的权力寻租，但也支持"新闻就是最好的软文"的观点。

新闻式软文，就是软文与新闻的结合体，将软文与新闻恰到好处地捏合在一起，既有软文的延展性，又有新闻的权威性，让读者在毫无防备的情形之下发自内心地去接受新闻式软文的内容与价值观。如苹果公司的新产品推介，不仅仅是一次新产品发布，更是科技界重要的新闻事件。新闻媒体需要通过对这些科技新闻的准确把握，来拉近与读者的情感距离，大多会推出各种类型的新闻。对于苹果公司来讲，此种新闻对于新产品的推广无疑具有极大的推广功能。如《又是黑科技？苹果Siri智能音箱将支持面部识别》，就是对苹果产品的面部识别功能做的新闻报道。世纪之交，脑白金和喜之郎的软文营销，也都是采取新闻式软文，具有较强的示范意义。

新闻式软文主要包括新闻通稿、新闻报道、媒体访谈等几种类型。新闻通稿式软文，是由企业等社会组织的公关或者文案人员，基于组织宣传的需要，统一提供给各新闻媒体的新闻稿。新闻报道式软文，一般由新闻记者根据新闻通稿与调查采访完成，发布在新闻媒体上，更加具有新闻价值。媒体访谈式软文，讲求渗透式、感召式、互动式的写作效果，社会组织与媒体通过访谈聊天的形式表达出来的内容和理念更具亲和力、吸引力和感染力，能够做到以理服人、以情动人。

社会组织的公关与文案人员要注意抓住本组织可能存在的新闻点（组织成立或庆典、新产品发布、危机事件处理等），或者合情合理地去制造一些"新闻事件"，才能更好地进行新闻式软文的策划、写作与推广。

2. 求新求异但不故弄玄虚的故事型软文

有好故事，才有好软文。求新求异，符合社会组织产品推广的内在逻辑，但绝不故弄玄虚。如《8000元/斤的天价茶叶被老婆煮了茶叶蛋，男子崩溃》，讲述了某好茶男士买了"武夷山牛栏坑肉桂"，却被老婆煮成了一锅香喷喷的茶叶蛋的故事。不管故事打扮成何种面目，它都是一个离奇的社会故事。

再如瑞星杀毒软件策划的故事式软文《瑞星的小狮子》，进行品牌的推广和营销。大勇出差在外，突然回家，在门口听到有男人打呼噜的声音。大勇默默地走开，发了条短信给老婆："离婚吧！"然后扔掉手机卡，远走他乡。三年后他们在一个城市再次相遇，妻子问："为何不辞而别？"大勇说了当时的情况，妻子转身离去，淡淡地说："那是瑞星的小狮子。"这个段子，既讲述了夫妻之间发生的小误会，又嵌入了瑞星杀毒软件的企业品牌；结尾处更是凸显了瑞星杀毒软件的标志性功能，即会打男人呼噜的"瑞星小狮子"。

故事型软文的策划与写作追求的是产品推广的内在逻辑，是要通过故事的叙述来呈现产品的主要特征，从而建立读者对产品的初步认知与特征把握。

3. 不经意的恰到好处：嵌入式软文

很多企业的公关与文案人员，在进行软文的策划、写作与推广营销中，经常会遇到一个很矛盾的问题。那就是,软文的主题是什么,又该如何来提炼与呈现。基于社会组织产品的推广目标与要求,公关与文案人员基本上还是难以割舍掉对产品进行直接推广的某种心理诉求。基于此种急功近利的推广目的,媒体上到处都是哗众取宠式的标题党与故弄玄虚的软文内容。此种诉求,在某种程度上,导致软文读者(或者潜在消费者)对软文有种谈"软"色变,避之唯恐不及的感觉。

软文的主题不一定与产品推广完全一致,但要注意二者之间的有机联系。从篇幅上看,好的软文可能通篇基本上与产品无关,只是在文中(最好是在文末)恰到好处地嵌入产品。这里的恰到好处,主要指要找到软文主题与产品特点的有机联系。这样的话,读者看到的可能是影评、文学赏析、社会时评、心灵鸡汤、旅游札记等;但是,总是在某个时间点,读者会发现一些产品的特写镜头,仔细想想,却又那么自然。

方太抽油烟机推出了新产品,在其他自媒体上推出了诸多软文。《我能想到的最性感的画面,就是你跪键盘的样子》,是一篇彻头彻尾的软文,它的主题就是"为什么妻管严的男人最性感"。读者看到的是妻管严们"绝对不是真的怕老婆",而是"怕她生气,怕她伤心,怕他难过"的心灵鸡汤;读者更看到了方太抽油烟机的广告片及产品介绍。

如果说上面的案例还带有"强行插入"的痕迹,《国产喜剧这样拍,出一部我看一部》便做到了天衣无缝。先讲述国产喜剧的毛病就是堆段子,然后通过对经典作品的分析来说明喜剧的叙事方法(如戏仿、错位等),最后得出《夏洛特烦恼》是近年来最圆熟的国产喜剧之一的观点。在对《夏洛特烦恼》的喜剧叙事手法做简单分析后,推出其《番外篇》的视频。读者看完视频后,才发现"上当"了,原来竟是方太抽油烟机的广告。

这两篇软文的主题基本上是与产品特征无关的,但正是这种无关与不露痕迹,才能让读者为之倾心,甘愿接受它的叙事及其推广。

(四)击中读者内心的柔软之处:自媒体时代软文的叙事策略

随着数字技术的飞速发展,自媒体如雨后春笋般成长着,从博客到微博,从 QQ 空间到微信,影响力逐渐增强,并积极渗透在民众的日常生活中。尤其是微信公众号的推出,无疑为软文策划营销提供了一个优良的平台。

这里选择自媒体的一个重要代表——微信公众号来分析。社会组织进行软文营销推广,在微信公众号上主要有两种情况。第一种,是建立自己的微信公众号,如万达集团、小米手机、杜蕾斯等以企业或产品名称建立,再如无锡发布、南京发布等政府官方公众号。基于读者对企业公众号商务推广行为的警惕,企业公众号在内容编排上要形成符合自身企业文化的独特编辑理念,又不能全部是商务推广。第二种,是在其他微信公众号上作商务推广。浏览量是微信公众号的重要评判指标之一。一般情况下,一篇文章的浏览量达到"10 万+",就不再显示具体数量,即说明这篇文章的关注用户及读者非常多。如 papi 酱、六神磊磊读金庸、毒舌电影等公众号,都拥有大量关注用户,所推出文章的浏览量普遍达到"10 万+"的水平。社会组织在这些公众号上进行商务推广,即如在影视作品中插入软广告,是较为微信用户接受的一种方式。

基于软文的广告的本质属性,它的目的还是要进行产品推广。在对产品推广的评判标准中,知名度与美誉度是两个重要的指标。依托微信广大的用户以及自媒体本身的关注用户,软文策划与营销人员应注意产品推广的上述指标。

知名度主要靠浏览量来实现。如何提高软文的浏览量，是软文策划与营销人员首先要考虑的一个问题。软文经公众号发布后，读者可以在公众号上阅读，还可以转发到朋友圈或者分享到微信群，并逐渐扩散开来，这样就造成了软文传播的"病毒效应"。除了推广平台（自媒体）本身带来的用户效应，软文写作的叙事策略也非常重要。基于对浏览量的追求，与点赞相比，点开来看则更为重要。所以，软文的标题拟写要能够紧紧抓住读者的眼睛，吸引读者点开来看。

"内容才是王道"，美誉度主要靠内容来实现。哗众取宠的标题党，在吸引读者点开来看后，普遍会引起读者某种程度的愤懑与反感。"病毒效应"的实现，关键还是要看软文的内容，即文章的质量。有了高质量的内容，才能让读者心甘情愿地转发。除非是广告的内容质量非常高，在某处击中了读者内心的柔软之处，从而形成读者与内容的共鸣；一般情况下，几乎很少有读者会自愿去帮助广告主来实现宣传。自媒体时代，软文之所以受到广告主的欢迎，是因为它的"软"，也就是它巧妙的化妆术。所以，嵌入式软文才是自媒体时代最好的软文。

三、新媒体文案的选题与构思

新媒体运营经常会有这样的苦恼：找不到选题，好选题都被别人写了，只剩下残羹冷炙了，无法下笔。都说要找用户痛点，对症下药，然而看到的文章并没有什么实际操作价值。

对于任何营销文案来讲，我们在选择文章主题的时候都会先进行用户画像分析[①]，找出用户痛点，进行深入分析后确定要写的主题，如图6-1所示。

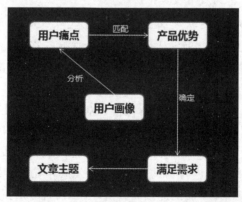

图 6-1

[①] Alan Cooper 最早提出了 persona（用户画像）的概念："Personas are a concrete representation of target users."用户画像是真实用户的虚拟代表，是建立在一系列真实数据之上的目标用户模型。通过用户调研去了解用户，根据他们的目标、行为和观点的差异，将他们区分为不同的类型，然后从每种类型中抽取出典型特征，赋予名字、照片、人口统计学要素、场景等描述，就形成了一个人物原型。用户画像能够让团队成员在产品设计的过程中抛开个人喜好，将焦点关注在目标用户的动机和行为上进行产品设计。因为，产品经理为具体的人物做产品设计要远远优于为脑中虚构的东西做设计，也更容易。

新媒体文案的选题与构思有以下两种方法。

(一)九宫格法——特定内容如何发散更多主题

例如以下根据特定内容来发散更多主题的任务。

用户:糖尿病人群。

产品:某慢性病管理 APP。

任务:针对糖尿病人群为某慢性病管理 APP 推广运营发散更多主题。

九宫格法如图 6-2 所示。

	需求1	需求2		特点1	特点2
	用户	需求3		产品	特点3

图 6-2

在没有思路的时候可以将九宫格填满,这里作为示范只填部分空格。在填写完成后,就可以进行匹配了,如图 6-3 所示。

	咨询医生	可靠便宜的药		专家资源	药店资源
	糖尿病患者	血糖检测		某慢性病管理APP	病友论坛

图 6-3

咨询医生＋药店资源＝主题:糖尿病医生都喜欢开什么药?

咨询医生＋病友论坛＝主题:糖尿病病友亲身经历,上海最(靠谱/坑人)的医院有这些!

血糖检测＋专家资源＝主题:冯医生告诉你,这些血糖指标我们都误读了!

用这种方法思考是不是更容易确定文章可以写的主题了?

(二)思维导图——特定的主题如何产生更多内容

例如,针对特定的主题——颈椎病如何才能产生更多内容?

这个时候有医学背景的人有很大优势,因为他们系统学过人体解剖学、生理学、诊断学等学科,随便发现一个身体上的问题都能发散出一堆内容。不过这种发散都是散乱的,可以用一个简单的思维导图①工具来梳理一下,如图6-4所示。

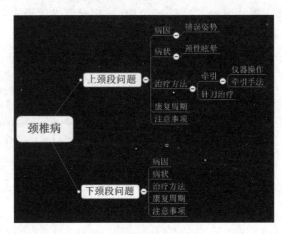

图 6-4

这是用思维导图软件做的思考流程,内容可以发散太多,这里没有具体展开。可以写什么样的错误姿势会导致上颈段问题,也可以写针刀治疗更适宜哪种颈椎病,还可以写颈椎病都有哪些区别。

如果没有医学背景的话,那平时要关注医学行业内相关科普文章,或者买一些医学相关图书阅读。医疗营销文案毕竟不是写论文,只要找到用户感兴趣的痛点来发散内容就可以了。

四、套路或真诚:新媒体文案的标题

近年来,随着移动互联网的飞速发展,在资讯、社交、电商、学习等场景中,新媒体技术得到充分运用,新媒体也逐渐成为营销、宣传与推广(以下统称新媒体运营)的主要平台。

新媒体运营中,基于"用户至上"的原则,遵循"内容才是王道"的核心理念,通过持续不断的生产优质内容,为用户提供有效适用的价值,提升平台的知名度、美誉度与和谐度,进而实现从平台到品牌的有效转化。新媒体文案是新媒体运营的核心要素,是新媒体内容的主要类型之一。新媒体文案主要包括一般文案和软文两种形式。

在新媒体文化语境中,主要呈现的是"移动竖屏"的阅读场景。用户的阅读习惯及行

---

① 思维导图,又叫心智导图,是表达发散性思维的有效的图形思维工具。它简单却又极其有效,是一种革命性的思维工具。思维导图运用图文并重的技巧,把各级主题的关系用相互隶属与相关的层级图表现出来,把主题关键词与图像、颜色等建立记忆链接。思维导图充分运用左右脑的机能,利用记忆、阅读、思维的规律,协助人们在科学与艺术、逻辑与想象之间平衡发展,从而开启人类大脑的无限潜能。

为都在逐渐发生变化,主要呈现出碎片化、视觉化、表层化的趋势。同时,信息爆炸,良莠不齐,呈现出同质化、低质化的状态。在"移动竖屏"中,集中呈献给用户的就是新媒体文案的标题。标题若平淡无奇、寡而无味,就无法吸引用户点开来看。没有"点开来看",就没有浏览量,就没有点赞与评论,无法形成积极的互动,无法优化用户的阅读体验、培养用户的阅读习惯、提升用户的黏度与忠诚度,也就没有转化率,难以实现真实有效的新媒体运营。所以,从某种程度上讲,"点开来看"比"点赞"更加重要。

对于新媒体文案来讲,标题就是它的眼睛。只有拟写出"亮瞎眼"的标题,才能够摄人心魄、扣人心弦,将用户引入新媒体运营者精心设计的文案包围圈中。

(一)赋能:新媒体文案标题的评价标准

新媒体运营中,新媒体文案标题的写作,首先,要以用户为中心,清晰地描绘用户画像,准确理解用户需求,才能实现精准营销;其次,要明确新媒体运营者(或企业)的诉求,建立平台与用户的紧密联系,实现平台与用户的情感共鸣。要实现上述目标,就需要给用户提供明确、适用与有效的价值。

用户对新媒体文案的阅读、互动与分享,主要取决于可以从中获取何种价值。这种价值体现为,能否获取有用的信息,能否树立良好的形象,能否满足猎奇的心理,能否带来感官的刺激。

为了有效赋能,满足用户的需求,新媒体运营者需要抓住两点。一是痛点,即用户尚未被满足的,而又被广泛渴望的需求。抓痛点,需要准确发现产品特点与用户需求的有机联系。如《如果你读不完＜失控＞,至少可以读完这 50 条书摘｜收藏吧》,《失控》是关于社会进化特别是互联网发展的"先知预言",它的核心用户是面临转型的传统企业家,这些用户的痛点就是难以抽出足够的时间通读此书,而"50 条书摘"的提出就抓住了用户的痛点。二是热点,即新媒体平台乃至整个社会舆论中的引人注目的信息。追热点,需要敏锐的社会观察力,及时关注热搜、微信指数、百度指数等,并发现热点与文案之间的有机联系。如紧跟 2019 年来的热点"翟天临",可以谈新媒体运营的知识产权与原创等问题。

(二)标签:新媒体文案标题的运行机制

不同的新媒体平台的运行机制,并不完全一致。较为相似的是,微信、微博、今日头条等大多数新媒体平台本身并不生产内容,主要呈现为 UGC(即用户生产内容。此处的用户指作为内容生产方的新媒体运营者,而非作为读者的受众)。不同的是,微信等平台不为新媒体运营者分发内容,而今日头条等平台则根据特定的算法为新媒体运营者分发内容。

在新媒体文案标题的拟写中,新媒体运营者要了解上述新媒体平台的运行机制。一般情况下,新媒体文案的标题,既是写给人看的,要能够快速地捕捉用户的眼球,并给用户提供价值;同时,又是写给机器看的,要能准确匹配机器的搜索机制,获取平台更多的分发流量。这时候,新媒体文案标题的拟写就需要注意关键词(或标签)的合理设置。如《312 国道,又称沪霍线,你知道它是从上海通往哪里的吗?》,这里的关键词"上海",是一个具有巨大"号召力"的热门词语。

(三)学会八个词,写出"亮瞎眼"的新媒体文案标题

1. 强调

强调,即使用一些能够起到强调作用的词语,来表示一种极致的状态。

如《再过几天!就是云南人生死存亡的日子》,通过表达极致的修饰语"生死存亡"来强调云南人的某种生活状态,从而吸引用户的眼球。

再如《做一只动物,陌陌又出了一只争议广告》,如果仅仅是"陌陌出了一只争议广告",语言的冲击力还不够强烈;通过表达重复的修饰语"又"字,能够体现陌陌在广告营销中的独特品位,形成一种视觉的震撼。

有时候,还可以通过"一元钱体验""假一赔十""学不会全额退款"等现实营销中的常见术语,强调省钱、折扣、有价值或有保证来实现。

2. 对比

对比,即找到一个靶向,通过比较,找出差异,或者"故意"制造某种矛盾,来说明文章内容的精彩。

如《这是一份令人震惊的榜单!中国居然完爆西方!》,将中国与西方进行比较,找到二者在某一方面的差距,来说明中国的某种优势。再如《大败蒙牛110亿,四年来伊利都做了些什么》,通过两家企业的对比,通过"故意"制造的矛盾,形成强烈的冲突感。

3. 转折

转折,指文章或语意由一个方向转向另一个方向。在标题拟写中,语义的反转,能形成转折,产生语感的张力,更具阅读的诱惑力。

如《你知道为什么穷吗?因为你喜欢省钱》,将节省与穷割裂开来,形成一种独特的阅读体验。再如《一个干瘪的灵魂,写不出生动的文字》,通过"干瘪"到"生动"的转折,产生一种巨大的张力,说明"思想"对于文字写作者的重要意义。

还有一种"反常识"的模式,其实是重新发现或定义"常识",通过逆向思维,找寻规律与常规理解的矛盾,激发用户的阅读兴趣。如《我才二十几岁,凭什么活得一本正经?》,凭什么要"少年老成",在对的时间做正确的事情,才是最重要的。

4. 解释

解释,即在标题中紧扣文案的主题,并进而通过关键性细节展现出来,从而透露更多的信息量,以激发用户的阅读兴趣。

如《他活了107岁,捧红刘德华、周润发、周星驰,一生捐了47亿、3万座楼!》,通过一系列的细节描述,通过标题来展现邵逸夫的传奇一生。

5. 量化

量化,即让数据来说话,通过罗列数据,强调文章内容的价值,形成视觉的冲击感,也带来一种真实感。

如《我有10个职场经验,价值100万,但今天免费》,经验不多,价值却很高,还是免费的,有数据,有转折,能有效激发阅读趣味。

量化还可以通过合集、盘点的形式展现出来。如《Airbnb告诉你如何用鸡肋换鸡腿:

三种分享型经济的典型案例》,这需要进行准确的概括与提炼。

6. 代入

在新媒体运营中,代入感一般指用户在阅读文案时因为身份的相似或场景的亲近而产生的一种感同身受、身临其境的感觉。

身份的代入,即明确用户的阅读主体,对用户群进行细分,实现精准推送,从而让用户产生一种"对号入座"的感觉。如《你是不是一个自断经脉的打工族(强烈推荐这七个故事)》,这明显是写给奋战在职场一线的打工族看的。

场景的代入,即通过标题设定前提,构建一个合适的场景,让用户在场景中去联想,发现问题,随后点开来看。比如《为什么有些伪劣化妆品会在你的皮肤里"投下剧毒"?》,皮肤护理与保养是女性颇为在意与关注的一个场景,而"投下剧毒"则为这个场景设置了一个关注点,颇能激发用户的好奇心。

7. 提问

提问,即在标题中抛出一个带有"诱惑性"的问题,然后在文案中给予解答。

问题的设计,主要是体现出实用性,如《现代营销人进阶之路:如何从零开始成为营销技术专家》,问题就是主题,明确告知用户某项实用技能。

问题的设计,也可以关注伦理性,如《中国男人喜欢什么样的狐狸精?》,其中掺杂着男权主义社会对女性地位优势的强烈隐喻。

8. 留白

留白,本指书画艺术创作中为使整个作品画面、章法更为协调精美而有意留下相应的空白,以给予鉴赏者充分的想象空间。在标题拟写中,话不说完,话不说满,制造悬念,追求一种"言未尽而意无穷"的阅读效果。如此,一则可以激发用户的好奇心,二则可以留下足够的想象空间。

如《只要做到了这些,就可以年收入30万!》,做到哪些,并没有说清楚,通过这种悬念的设置,激发用户的好奇心。再如《25岁时,你一定会问……》,明确指向某一年龄段,具有代入感,再加上"一定"的修饰,增强肯定的价值判断,然而却不说完,以造成悬念。

在新媒体运营中,为了谋取更多的浏览量,诸多新媒体运营者都在做着"标题党",要么故弄玄虚,哗众取宠,语不惊人死不休;要么就是空洞无物,堆砌辞藻,遍地都是没有营养的心灵鸡汤,从而造成了诸多不良影响。

经典电影《教父》中的一句话——"我将给他一个无法拒绝的条件",可以为新媒体文案标题拟写提供一个有效的思路。新媒体运营者只有"多一些真诚,少一些套路",真正开展用户与产品分析,发现二者的有机联系,给用户明确的利益承诺,赋予用户合理适当的价值,让用户产生真正的情感共鸣,才能写出最有效的新媒体文案标题。

五、场景化阅读:新媒体文案的结构

一般情况下,一篇"爆款"新媒体文案,首先要有一个"狂拽酷炫吊炸天"的标题,才能"谋杀"用户的眼睛,吸引(或刺激)用户点开来看。

然而,点开来看,仅仅是第一步而已。如果只是一个哗众取宠、华而不实、人见人厌的

"标题党",那么新媒体文案和咸鱼还有什么分别?

所以,一篇好文案,绝不是仅仅有一个好标题。它不会让你点开后就感觉上当,然后决绝离开;而是像施了魔法,吸引着你一字一句地读下去,直至进入它的埋伏圈。

如此,好标题带来的只是一个初始的流量,一个基本的"打开率";好内容才能保证"读完",继而引发用户的点赞、好评、转发与下单,才能对"打开率"有一个更大的提升,最终打造成一个人见人爱并且乐于分享的终极"爆款"。

下面就来讲述一篇好文案是什么样子的,它有什么样的结构,是怎样吸引用户读完的,又是怎样诱发用户情感共鸣的。

一般来讲,"文无定式",作文不应循规蹈矩,拘泥于所谓的"章法";然而,从结构上看,文章一般都由开头、主体、结尾三部分构成。明代陶宗仪在《南村辍耕录·卷八》中讲道:"作乐府亦有法,曰凤头、猪肚、豹尾六字是也。大概起要美丽,中要浩荡,结要响亮。"

"如果文章是一把枪,开头就是第一颗子弹,能否一击即中,会影响整个局面。"让子弹飞一会,让我们沿着它的弹道轨迹,看看它到底是怎么飞行的?

(一)新媒体文案的开头

所谓"凤头",指的是作文开头要像凤头一样漂亮,靓丽夺目,醒目提神,让人一见钟情,欲罢不能。又云"起句当如爆竹,骤响易彻",说的是一种爆炸性效果,振聋发聩,意思也是一样的。李渔亦讲:"开卷之初,当以奇句夺目,使之一见而惊。"

先说一部文学名著,马尔克斯的《百年孤独》的开头被公认为经典,又被诸多作家争相模仿。他是怎么来写开头的呢?

"多年以后,面对行刑队,奥里雷亚诺·布恩迪亚上校将会回想起父亲带他去见识冰块的那个遥远的下午。那时的马孔多是一个二十户人家的村落,泥巴和芦苇盖成的屋子沿河岸排开,湍急的河水清澈见底,河床里卵石洁白、光滑,宛如史前巨蛋。"

开头第一句话,短短几十个字,却呈现出过去、现在、未来三种时空,并将三种时空融合得如此精炼自然。它开创了一种几乎前所未有的叙述方式,即站在未来的角度回忆过去。

或开门见山,直奔主题;或疑云密布,设置悬念;或故事先行,代入情境;或逆向思维,推陈出新。不管如何设置,都应该具有吸引力,紧紧抓住用户的神经,让他读下去,才是根本。

(二)新媒体文案的主体

所谓"猪肚",指文章的主体部分要像猪肚一样饱满圆实。一般来讲,要真材实料,不要虚与委蛇。

(1)主体部分要注意重点突出、详略得当。

不能一味地写满,要注意轻重缓急、详略得当。邓石如在《论书》中讲道:"字画疏处可以走马,密处不使透风,常计白以当黑,奇趣乃出。"也就是说,详写就泼墨如云,浓墨重彩,密不透风;略写就惜墨如金,轻描淡写,疏可走马。

(2)主体部分要注意段落与层次、过渡与照应的合理设置。

段落有自然段与意义段的区别;文章有层次(意义段),层次中有段落,段落中又有层次。总体上看,就是要做到结构合理、层次清晰。

过渡是指上下文之间的衔接转换,具有承上启下的作用,是连接不同段落、层次间的纽带。所谓天衣无缝,话不接而意接,乃过渡的精妙所在。

照应,指前后内容的关照呼应。行文前因后果,先源后流;前有埋伏,后有追兵;如长蛇阵,击首则尾应,击尾则首应,攻其腹则首尾俱应。

(3)主体部分的结构安排,要善于使用归纳推理与演绎推理。

麦肯锡经典教材《金字塔原理:思考、表达和解决问题的逻辑》,就提供了一种清晰展现思路的有效方法。金字塔原理非常符合新媒体文案写作的基本原则,也就是一切以用户为中心,从用户的需求出发,深入挖掘用户的意图、需求点、利益点、关注点与兴趣点,想清楚说什么(内容)、怎么说(思路与结构)。

金字塔原理的基本结构:结论先行,以上统下,归类分组,逻辑递进。先重要后次要,先总结后具体,先框架后细节,先结论后原因,先结果后过程,先论点后论据。

金字塔原理的具体做法:自下而上思考,自上而下表达,纵向总结概括,横向归类分组,序言讲故事,标题提炼思想精华。

新媒体文案的结构,要建立在明确主题(无论开门见山的主题先行,还是盖棺论定的总结全文)的基础上,合理搭建文章的整体框架(也就是分论点),并通过凝练准确的各级标题呈现出来。

(三)新媒体文案的结尾

"编筐编篓,难在收口",好的结尾可以起到画龙点睛的作用,不好的结尾可能会变成"画蛇添足"。所谓"豹尾",指的是文章的结尾要像豹尾一样收束有力。又云"结句当如撞钟,清音如余",就是"余音绕梁,三日不绝于耳",意味深长,耐人寻味,发人深思,促人警醒。李渔亦讲:"终篇之际,当以媚语摄魂,使之执卷留连,若难遽别。"

白居易在《新乐府序》中说:"首句标其目,卒章显其志。"也就是说,文章一开头就要切题,要开门见山;结尾又要进一步明确和深化主题,充分显示作者的写作意图。鲁迅的《故乡》,是这样结尾的:

我在朦胧中,眼前展开一片海边碧绿的沙地来,上面深蓝的天空中挂着一轮金黄的圆月。我想:希望是本无所谓有,无所谓无的。这正如地上的路;其实地上本没有路,走的人多了,也便成了路。

在《故乡》中,"我"是一个返乡者,却也是一个过客;只有闰土们,长年累月地生存在这片土地上,苟延残喘着。我是看不见路的,闰土也走不出自己的路,这才是莫大的悲哀吧。卒章显志,深化主题,也就是如此。

或总结全文,或提出要求,或希望号召,或留有悬念,结尾也不是一个模式。

当然,诸多新媒体文案还会在结尾部分,自然流畅地插入一则广告,这也是新媒体文案常见的一种变现模式;新媒体文案还可能在结尾处引导转发与评论、鼓励点赞与赞赏、引领阅读原文等。

六、例文评析

好"色"之徒,姜文	王家卫一出手, 又惊艳到了我	从前搞不懂星爷的癫, 现在看不透黄渤的笑

任务实施

1. 选题登记表。

20____年____月第一周选题登记表

	周一	周二	周三	周四	周五	备注
选题方向						
用户价值						

20____年____月第二周选题登记表

	周一	周二	周三	周四	周五	备注
选题方向						
用户价值						
编辑人员						

2. 新媒体文案内容创作模板。

微信公众号文案创作模板		
1.用户价值	2.破题切入	6.内容节奏
	3.声明立意	7.素材罗列 (1) (2) (3)
	4.商业价值	
	5.创作者的身份与情绪	

3.微信公众号数据分析表。

20＿＿年＿＿月微信公众号数据分析表

序号	标题	浏览量		点赞量		增粉量		赞赏金额		被转载量		转化率
		当日	一周	当日	一周	当日	一周	当日	一周	当日	一周	一周
1												
2												
3												
4												
…												
29												
30												

模块七　日常礼仪文书的写作

任务一　书信的写作

> **知识目标**
> ◆ 了解书信的概念；
> ◆ 掌握书信的格式要求与写作的注意事项。
>
> **能力目标**
> ◆ 提高对书信相应工作情景的理解与分析能力；
> ◆ 掌握书信的格式要求与写作的注意事项，能够熟练进行书信的写作。
>
> **素质目标**
> ◆ 培养学生的礼仪意识与商务礼仪的处理能力。
>
> **课程思政点**
> ◆ 林觉民《与妻书》中对祖国、家庭的拳拳之心与殷殷之情。

任务引入

请阅读下面中国现代著名作家郁达夫写给王映霞的情书，注意书信写作的格式要求与礼仪规范，体会郁达夫对王映霞的思念之情。

郁达夫给王映霞的情书

映霞：

　　现在大约你总已经到了杭州了吧？你的祖父母亲弟弟妹妹都好么？你或者现在在吃晚饭，但我一个人，却只坐在电灯的前头呆想，想你在家庭里团聚的乐趣。

　　今天早晨，我本想等火车开后再回来的，但因为怕看见了那载人离别的机器，堂堂的将你搬载了去，怕看见这机器将你从我的身旁分开，送上每天不能相见的地方去时，心里更要不快乐，更是悲哀，所以我硬了心肠一挥手就和你别了。我在洋车上，把你的信拆开来看，看完的时候，几乎放声哭了起来，就马上叫车夫拉我回去，回到南火车站去，再和你握一握手。可是走到了莱路口，又遇着一群军队通过，把交通都断绝了。所以只好闷闷的回来。回到闸北，约略睡了一会，就有许多事务要办，又只好勉强起来应付着，一直忙到现在。现在大家在吃晚饭，我因为早上吃得太饱，不想下去吃饭，所以马上就坐下来写这封信。

映霞,你叮嘱我的话,我句句都遵守着,我以后要戒烟酒,要发奋做我的事业了,这一层请你放心。

今天天气实在好得很,但稍觉凉了一点,所以我在流清水鼻涕,人家都以为我在暗泣。映霞,我若果真在这里暗泣,那么你总也该知道,这眼泪是为谁流的。

映霞,我相信你,我敬服你,我更感激你到了万分,以后只教你能够时时写信给我,那我在寂寞之中,还可以自慰。我只盼望我们的自由的日子到来,到那时候,我们俩可以永远地不至于离开。映霞,从前你住在梅白克路的时候,我们俩虽则不是在一个屋檐之下,但要相见的时候,只要经过一二十分钟就可以相见。那时候即使不和你相见,我心里但想着你是和我同处在上海,同在呼吸一个地方的空气,那心里就平稳许多,但现在你却去得很远了,我一想到你,就要心酸起来。映霞,这一回的小别,你大约总猜不出要使我感到多苦楚。但你的这一次的返里,却是不得已的,并且我们的来日,亦正长得很。映霞,我希望你能够利用这个机会,说得你母亲心服,好使我们俩的事情,得早一日成功。

你的信里说,今年年内我们总可以达到目的,但以我现在对你的心境来讲,怕就是三四个月也等不得。

总之,映霞,我以后要努力了,要好好儿的做人了,我想把我的事业,重新再来过一番,庶几可以不使你失望,不使人家会笑你爱错了人。

我以后不跑出去了,绝对不跑出去了,就想拼命的著书,拼命的珍摄身体,非但为了我自己,并且是为了你。

今天头昏得很,想早点睡觉,只写到此地为止,此信,当于明天一早,由我自家跑上租界上去寄出。我希望你当没有接到这一封信之先,已经有了寄给我的来书。

映霞,再见,再见!

1927年4月3日晚上写
达夫寄自上海创造社

闸北虽则交通不便,但信是仍旧可通的,不过迟一点就是。

4月4日早付邮

任务分析

本任务是书信的写作,要求掌握书信的格式要求与写作的注意事项。

当前,随着现代通信技术的发展,传统的书信写作越来越少,正因为如此,在较少的书信写作中,人们往往忽视一些问题,不符合书信礼仪的现象比比皆是。其实,即使是电子邮件,也要遵循传统书信的写作格式。

相关知识

一、书信概述

中华文明绵延五千年,历史悠久,源远流长,中华民族以"礼仪之邦"著称于世。国人倡诚信,讲礼仪,彰显了中华民族深厚的文化内涵。人们的社会交往和思想感情交流,大多通过一定的礼仪和一定的文化活动来进行。

书信是一种向特定对象传递信息、交流思想感情的应用文书,可以传统的竹简、木简、布帛、纸张等为载体,也可以现代的电子信息技术为载体。

"信"在古文中有音讯、消息之意。"信"也有托人所传之言可信的意思,不论是托人捎的口信,还是通过邮差邮递的书信和近年来出现的邮寄的录音带、录像带等,都具有这种含义。用语言文字向特定对象传递信息、交流思想感情,一是要有运用文字叙述事情原委和表达自己的思想感情的能力;二是要具备相应的书写工具;三是要有人进行传递。

书信的使用方便了人们的交流,因为它使得"说"和"听"可以不在同时、同地进行。这也意味着,书信从发信人到收信人需要一个投递的过程。现在,绝大部分信件是通过邮局投递、寄送的。而在邮局出现之前,信件大多由私人传递和送达,承担这项任务的人在中国古代被称为"信使""信差"。

二、书信封文的格式与写法

书信由封文与笺文两部分构成。完整的书信应该是笺文、封文俱全,并且将笺文装入写好封文的信封内,然后将口封好邮寄。

信封分为竖式信封与横式信封两种。现在通用的是横式信封。

封文,即信封上的文字,主要由收信人和寄信人双方的邮编、地址、姓名等组成。收信人的地址应当准确、明白,要使用规范的地址表述,并注意简称的使用。收信人的称谓,一般情况下指的是邮递员对收信人的称谓,可用"先生""女士""同志"等尊称。寄信人的地址也应当写明白,以免信件投递不到,无法退还。

上述情况,主要针对邮政信件。如果是托人捎带的信件,则应该在信封上方偏左的地方,视具体情况,写上"请交""面交""烦交"等字样。如果捎信人熟悉收信人的地址,则不必写出收信人的地址。写信人的地址一般也省略,只写"××托""××拜托"即可。有时,为了表示对捎信人的尊重与信任,或表示信件的内容不涉及隐私、秘密,信封以不封口为好。

三、书信笺文的格式与写法

笺文,即写在信笺上的文字。笺文是书信内容的主体,书信的繁简、雅俗及其他方面的风格特征,几乎都由内容主体决定。

书信历史悠久,其格式也不断变化。按通行的习惯,书信笺文主要包括称呼、正文、结尾、署名和日期。

(一)称呼

称呼也称"起首语",是对收信人的称呼。称呼要从信纸第一行顶格处写起,后加冒号,冒号后不再写字。称呼和署名要对应,明确自己和收信人的关系。称呼可用姓名、称谓,也可加修饰语。具体来说,分为以下几种情况。

(1)给长辈的信。若是近亲,就只写称谓,不写名字,如"爸""妈"。若是亲戚关系,就写表示关系的称谓,如"阿姨"。对非近亲的长辈,可在称谓前加名或姓,如"赵阿姨"。

(2)给平辈的信。若是夫妻或恋爱关系,可直接用对方的名字、爱称加修饰语或直接用修饰语。若是同学、同乡、同事,可直接用名字、昵称或加上"同学"等。

(3)给晚辈的信。一般直接写名字,如"乐毅"等,也可在名字后加上辈分称谓,如"丽华侄女"等,也可直接用称谓作称呼,如"孙女"等。

(4)给师长的信。通常写其姓加"老师"二字,如"段老师"。对于十分熟悉的师长,也可直接称"老师"。对于德高望重的师长,往往在姓后加"老"字,以示尊重,如"戴老"。

(5)给一个单位或几个人的信。不指定姓名的,可写"同志们""诸位先生"。写给机关团体的信,可直接写机关团体的名称。写给机关团体领导人的信,可直接在姓名后面加上"先生"或职务作称呼,也可直接在机关团体名称之后加上"负责同志"。

上述五种场合,有时还可视情况加上"尊敬的""敬爱的"等形容词,以表示敬重或亲密之情。当然,形容词要用得适宜,如对好友加上"尊敬的",反而显得见外,对无特殊关系的年轻女性贸然称呼"亲爱的",那就不太合适了。

(二)正文

正文通常以问候语开头,常写"您好!"等。依时令节气不同,也可以有所变化,如"新年好!""春节愉快!"等。问候语写在称呼下一行,前面空两格,常自成一段。问候语要简洁、得体。一般,问候语后不再写其他内容,主要是为了表示对收信人的尊重。

问候语之后是书信内容的主体,即写信人要说的话,可以是答复、劝谕、抒怀、致谢,也可以是抒情说理、辩驳论证等。主体部分要写明主旨,做到有条有理、层次分明。

(三)结尾

结尾通常是表示敬意、祝愿或勉励的话,表示对收信人的一种礼貌。

结尾的习惯写法有两种:①正文之下另起一行空两格写"此致",下一行顶格写"敬礼";②正文后紧接着写"此致",然后另起一行顶格写"敬礼"。

(四)署名和日期

书信的最后,应署上写信人的姓名。如果是写给亲属的信,可加上自己的称谓,如儿、弟、兄、侄等,后面写名字,不必写姓。如果是写给组织的信,一定要把姓与名全部写上。在署名之后,有时还视情况加上"恭呈""谨上"等,以示尊敬。上述自称,要和信首的称谓相互吻合。

日期,用以注明写完信的时间,写在署名下一行。有时写信人还会加上自己所在的地点,尤其是在旅途中写的信,更会如此。

四、书信写作中的注意事项

书信虽然在写法上比较灵活,但还是应该遵循一定的要求。最基本的要求可概括为以下两点。

(1)必须合乎书信写作的规范,突出地表现为两个方面,一方面是书信格式的规范,另一方面是书信语言的礼仪规范,这两种规范都必须严格遵守,否则就会出乱子、闹笑话。

(2)要言之有物,通情达理,"信"字本身含有信任之意,这就要求书信不论写给谁看,所述之事都要真实,所表之情都要率真。

任务实施

1. 母亲节快到了,你远在外地求学,请给母亲写一封信,谈谈亲子间的感情与沟通等。
2. 现代通信技术日益发达,人们普遍较少使用信纸写信,请给你的高中同学写一封信,谈谈你进入大学后的感想以及以后的计划等。

任务二　专用书信的写作

知识目标
◆ 掌握各类专用书信的格式与写作要求。

能力目标
◆ 提高对各类专用书信相应工作情景的理解与分析能力；
◆ 掌握各类专用书信的格式与写作要求，能够熟练进行各类专用书信的写作。

素质目标
◆ 培养学生的沟通意识与组织关系处理能力。

课程思政点
◆ "入党申请书"的内容要求。

任务引入

企业的社会责任是实现企业可持续发展的有力保障之一，每一个企业理应具备正确处理环境保护与企业发展的关系的能力。环境保护是企业应当承担的一项社会责任。

江苏厚生机电有限公司致力于承担社会责任，塑造公司的社会形象。请代为拟写一封倡议书，倡议各企业致力于保护环境，从而创造一个更加美好的投资环境。

任务分析

本任务是专用书信的写作，专用书信主要包括感谢信、表扬信、慰问信、介绍信、证明信、推荐信、申请书、倡议书等。通过对各类专用书信的知识介绍，要求掌握各类专用书信的格式与写作要求。注意各类专用书信在格式上与普通书信的区别。

相关知识

专用书信主要有感谢信、表扬信、慰问信、推荐信、介绍信、证明信、申请书、聘书、倡议书等。专用书信具有专门性和内容上的规定性，一种专用书信往往只写一个方面的内容。公开的专用书信大都用标题标明信件的性质。

一、感谢信、表扬信、慰问信的写作

（一）感谢信的写作

1. 感谢信的概念

感谢信是对某个单位或某个人的关怀、支援、帮助表示感谢的专用书信。感谢信不仅

有感谢的意思,而且有表扬的意思。这种书信可以直接寄给对方或对方所在的单位,也可以张贴在对方单位或对方所在地的公共场所,还可以交给报纸刊登或交给电视台播放。

2. 感谢信的格式要求

感谢信主要由标题、称呼、正文、祝颂语、署名和日期等几部分组成。

1)标题

正中用较大的字体写上"感谢信"三个字,有的还在"感谢信"前面加上一个定语,说明是因为什么事情、写给谁的感谢信。

2)称呼

顶格写对方单位的名称或个人的姓名,姓名后面可以加适当的称谓,如"同志""先生"等,后面接冒号。如果感谢的对象比较多,可以将感谢的对象放在正文中提及。

3)正文

空两格开始写正文,主要是概述先进事迹,评论其精神与重要意义,表明自己的态度。正文部分要写清楚对方在什么时间,什么地点,由于什么原因,做了什么好事,对自己有什么帮助,事情有什么好的结果和影响,还要写清楚事情表现了对方的哪些好思想、好品德、好风格,最后还要表示自己或所在单位向对方学习的态度和决心。

4)祝颂语

另起一行空两格(也可紧接正文)写"此致",换一行顶格写"敬礼"。

5)署名和日期

最后再换一行,在右半行署上单位名称或者个人姓名,然后在署名的下面写上日期。

3. 拟写感谢信的注意事项

拟写感谢信时,应注意以下几点。

(1)叙述对方对自己或本单位的帮助时,一定要把人物、时间、地点、原因、结果以及事情的经过叙述清楚,便于组织了解和群众学习。

(2)信中要洋溢着感激之情。在叙述事实的过程中,除了要突出对方的好思想和表示谢意外,还要始终饱含感情,而且感情要真挚、热烈,使看信的人都能受到感染。

(3)表示谢意的话要得体,既要符合被感谢者的身份,也要符合感谢者的身份。

(4)感谢信以说明事实为主,不能不着边际地大发议论。

4. 例文评析

致腾讯网友的感谢信

家人们、广大腾讯网友们:

大家好!

我是李连杰,壹基金的发起人,在这里,请允许我代表壹基金感谢大家对壹基金的信任,感谢网友们对地震救灾进行的捐款。

在这里,要特别感谢腾讯公司,腾讯公司是壹基金成立之初最早的合作伙伴,我们的合作非常愉快,腾讯公司一直以来给予壹基金的支持让我们始终心怀感恩。

地震发生后,腾讯公益慈善基金会于5月12日当天向壹基金捐赠100万元用于救灾,这是壹基金收到的第一笔赈灾捐款。同时,腾讯网迅速利用其财付通网上支付平台开通地震捐款通道,与壹基金的众多网络伙伴一同展开网络募捐。

短短24小时之内,腾讯网友捐款达到50万元人民币;5月15日,灾难发生后第3天,网友捐款超过1 000万元;5月20日14时35分,网友赈灾捐助突破了2 000万元。

截止至2008年6月5日12时,壹基金收到的各界捐款总额为7 889.17万元,其中来自广大网络及个人的捐款为4 910.87万元,其中来自腾讯网友的捐款超过2 335万元,捐款人次超过31万人次。

"壹基金,壹家人",家人有难,四方支援。面对自然灾难,大家的爱心都被调动起来,短短十多天的时间,网友们的爱心创造了奇迹,不断增长、翻倍的捐款数字,是一颗颗爱心的凝聚,也是一份份关怀的传递。但是灾后重建将是长期持续的工程,希望大家能够继续关注并支持下去,更希望每个人从每个月1块钱做起,注重平时的积累,以应对未来可能发生的其他灾难。

壹基金已经在成都成立了办公室,将持续关注灾后重建工作。作为壹基金的发起人,近日来我本人在台湾学习了解地震灾后重建等各方面的经验,走访了不少地方,向专业团体、建筑师们讨教,希望能够将大家捐助的善款理性、科学地用于灾后重建。秉承对每一笔捐款、每一位捐款者负责任的态度,壹基金将定期公布善款使用情况,此次赈灾善款的使用,由德勤会计师事务所全程审计。欢迎大家一起监督。

再次感谢家人们。

中国红十字会总会李连杰壹基金计划
2008年6月5日

【简析】

这是李连杰针对地震救灾事宜向腾讯网友发出的感谢信。首先,对网友在汶川地震中的捐款行为表示感谢,接着向合作伙伴腾讯公司表示感谢。然后,公布腾讯网友的捐款及壹基金收到的捐款总额,这种开诚布公的公益捐助方式,是当下中国公益活动所缺乏的。接着论述壹基金的宗旨、工作方式与工作计划。最后,对家人们表示感谢。这封感谢信,层次清晰,内容充实,感情真挚,符合感谢信要求的文书礼仪。

(二)表扬信的写作

1. 表扬信的概念

表扬信是对某些单位或个人的高尚风格和模范事迹表示颂扬的专用书信。这种书信可以是领导机关、群众团体表扬某一单位或某一个人,也可以是群众之间互相表扬。表扬信一般用大红纸写出,张贴在被表扬的单位、个人所在地或者公共场所,也可以在报纸上发表或在授奖大会上宣读。通过表扬好人好事,能够使受表扬者得到鼓舞,对其他人也可以起到教育作用。

与嘉奖令、表扬性通报等公文相比,表扬信不属于正式的行政公文,没有前者所具有的奖励效力。但是,表扬信同样具有鼓舞受表扬者及其他相关人员的作用。

2. 拟写表扬信的注意事项

拟写表扬信时,应注意以下几点。

(1)感谢信一般由当事人或当事人所在的单位来写,表扬信则不同,凡是了解情况的人都能写表扬信。

(2)表扬信的结尾有两种写法。如果是写给受表扬者本人的,可以写"值得学习""深受感动"等方面的内容。如果是写给受表扬者所在的单位或领导的,可以提出建议,如建议在一定范围内宣传、表扬受表扬者的良好作风和模范事迹。

(3)正文中要突出受表扬者的事迹中最有教育意义的方面。

(4)叙述受表扬者的模范事迹一定要实事求是,赞扬的文字要掌握分寸,切忌堆砌溢美之词,使人感到不可信,受表扬者也会感到不快。

3. 例文评析

表 扬 信

编辑同志:

我是山西省的一个普通农民。三个月前,我身背久病不愈、生命垂危的儿子,带着最后一线希望来到了首都。在北京积水潭医院外科急诊室,大夫们给我儿子进行了全面的检查,诊断结果是:"弥漫性腹膜炎和脓毒性败血症""病情危急,应马上手术"。鬓发苍白的金大夫果断地做出了决定。

金大夫好几天没有回家,为抢救我儿子的生命,他全然忘记了连日来的疲劳,主动为我们联系住院,并亲自给我儿子做了手术。术后,金大夫每天几次来病房询问我儿子的病情,并仔细查看刀口包扎情况和排液管是否畅通。记得有一次,医生让我儿子喝酸奶,可我儿子自幼生长在农村,对喝酸奶不习惯,只喝了一口就不再下咽了,我几次劝说也无济于事。这时候金大夫来了,他语重心长地讲述了喝酸奶对配合药物治疗和防治毒菌感染的作用等一系列通俗易懂的医疗知识。在谈话中,金大夫以他那特有的风趣、幽默的语言不时地引起我儿子微笑,使我儿子很顺利地喝下了酸奶。

年轻的师大夫也是如此,在给我儿子换药的过程中,不怕脏,不怕气味。他还考虑到我们农村的一些实际困难,在各个方面给予我们热心的照顾,我们全家深受感动。

经过两个月的治疗,我儿子基本上恢复了健康。这简直是个奇迹。

北京积水潭医院外科的大夫们不但医术高,而且医德好,他们不愧是首都的医生。

此致

敬礼!

山西 李梅
二〇〇七年三月三日

【简析】

这是一则病人家属写给某新闻媒体的表扬信,希望对北京积水潭医院的大夫给予表扬。首先,讲述了金大夫、师大夫等不顾疲劳、认真为病人服务的优良精神;然后写明儿子在大夫的精心治疗下恢复了健康;最后,对北京积水潭医院外科的大夫给予表扬。此信条理清楚,符合表扬信的格式与礼仪方面的要求。

(三)慰问信的写作

1. 慰问信的概念

慰问信是向对方表示关怀、慰问的专用书信。它是有关机关或者个人,以组织或个人的名义在他人处于特殊情况下(如战争、自然灾害、事故)或在节日时,向对方表示问候、关心的应用文。

慰问信分为两种:一种表示同情、安慰;另一种在节日时表示问候。慰问信应写得态度诚恳、真切。

2. 慰问信的格式与写法

1)标题

慰问信的标题可直接写"慰问信",也可以加上收信方的称谓,如"致全体退休教师的慰问信"。

2)称呼

慰问信中,称呼一般不可少,除非在标题中已经出现收信人。

3)正文

正文部分主要由问候语、主体内容与祝愿语等组成。

4)署名与日期

慰问信的署名,若是组织,应写全称;若是个人,个人姓名前可加职衔,但姓名后一般不加职衔。为表示郑重和尊敬,一般应写明具体的时间。

3. 例文评析

慰 问 信

陕西日报社全体记者和新闻工作者:

在第十个记者节来临之际,我们谨向报社的广大记者和全省新闻战线的同志们表示节日的问候!

新闻记者是社会民主、文明、进步的推动者。多年来,你们坚持正确的舆论导向,牢记使命,恪尽职守,积极宣传党的理论和路线方针政策、陕西人民与时俱进的创造、各行各业涌现出的先进典型,讴歌真善美,鞭挞假丑恶,写出了一大批有分量、有影响的好报道,给全省干部群众以极大的鼓舞和激励,为陕西改革开放和现代化建设做出了重要贡献。

当前,陕西正在全面贯彻落实党的十七届四中全会精神,站在新的历史起点上向全面建设小康社会目标迈进。新形势、新任务对广大记者和新闻工作者提出了更高的要求。希望你们不断提高思想政治素质,提高业务能力,发扬优良传统,恪守职业道德,深入一线、深入基层、深入群众,写出更好更多的精品佳作,为推动科学发展、富裕三秦百姓、建设西部强省做出新的更大的贡献!

中共陕西省委书记 赵乐际
陕西省省长 袁纯清
2009 年 11 月 5 日

【简析】

这是陕西省领导在记者节来临之际向陕西日报社全体记者和新闻工作者致以节日的问候的慰问信。首先,表示问候;接着,讲述陕西新闻工作者为陕西改革开放和现代化建设做出的重要贡献;最后,提出希望和要求。

二、介绍信、证明信、推荐信的写作

(一)介绍信的写作

1. 介绍信的概念

介绍信是用来介绍联系接洽事宜的一种专用书信。它具有介绍、证明的双重作用。

介绍信主要有两种形式:普通介绍信和专用介绍信。

2. 介绍信的格式与写法

普通介绍信一般不带存根,正中写"介绍信"。内容包括称呼、正文、结尾、署名和日期,有时还会注明有效日期。

专用介绍信共有两联,一联是存根,另一联是介绍信本文,两联之间有缝,同时编有号码。

3. 介绍信的时效性

介绍信相当于在一定时间内有效的证件,它可以帮助对方了解被介绍者的身份、来历,同时赋予了被介绍者一定的责任和权利,所以介绍信一般都会注明一定的时间期限。

4. 例文评析

介 绍 信

江苏厚生机电有限公司:

兹有我院工商系张磊等5人,前往贵公司联系实习事宜,请予接洽为盼。

淮海职业技术学院
2015年5月7日

【简析】

这封介绍信,简明扼要,既交代清楚了被介绍者的人数,又说明了介绍事宜,而且符合介绍信的礼仪要求。

(二)证明信的写作

1. 证明信的概念与分类

证明信是以机关、团体、个人的名义凭确凿的证据,证明某人身份、经历或者有关事件的真实情况的专用书信。

从证明信的存在方式来划分,证明信可以分为公文式证明信、书信式证明信和便条式证明信等。

按开具证明信的人的不同,证明信可分为以组织名义所开具的证明信和以个人名义所开具的证明信两种。以组织名义所开具的证明信还可再分为普通书写的证明信和印刷式的证明信两种。

1)以组织名义所开具的证明信

以组织名义所开具的证明信多数是用来证明某人曾在或正在该单位工作。它可以证明此人的身份、经历、职务,以及同该单位的关系等真实情况。这些材料一般来源于该单位的档案,或通过调查研究得到。

以组织名义所开具的证明信可采用普通书信的形式,一般都是该单位的负责人根据真实的档案或调查得到的材料来书写的。篇幅可长可短,视具体情况而定。

以组织名义所开具的印刷式的证明信则是一种较方便的已事先印刷好,只需要填写主要内容的证明信。这种证明信一般留有存根,以备今后查看。

2)以个人名义所开具的证明信

此类证明信,由个人书写,证明信的内容完全由个人负责。写这样的证明信一定要严肃认真,仔细回忆,不得马虎。个人所写的证明信一般都采用书信格式。

2. 证明信的格式与写法

不论是哪种类型的证明信,其结构都大致相同,一般都由标题、称呼、正文、署名和日期等构成。

1)标题

证明信的标题一般是"证明信""证明",也可以采用"关于×××同志××情况的证明"这种写法。

2)称呼

顶格写需要证明的单位的名称,后面加冒号。

3)正文

正文部分是证明信的主体部分。另起一行,空两格写明被证明事项的全部事实,语言要准确无误、简明扼要。写完所证明的事项以后,另起一行空两格,加"特此证明"四字作为结束语,不必写祝愿、勉励之类的话。

4)署名和日期

在正文右下方署上证明单位的名称或证明人的姓名,并由证明单位或证明人盖公章或签名、盖私章,否则证明无效。署名下面还应写上日期。

证明信有时是要作为结论根据的,因此,撰写时应严肃认真,实事求是,言之有据,语言要准确,文字书写要清晰、工整,字迹要清楚,不要潦草。证明信的内容如有涂改,必须在涂改处加盖公章。

3. 例文评析

证 明 信

××××科学院:

贵院张明刚同志,于1990年至1994年在我校物理系业余大专班学习四年,全部学习成绩合格,已予毕业。

特此证明。

××大学物理系(盖章)
2010 年 5 月 4 日

【简析】

这是一则××大学物理系向张明刚的工作单位提供证明的专用书信。这封证明信，主要是为了证明张明刚同志的学习时间与学习情况，只要准确无误地表述清楚即可。

(三) 推荐信的写作

1. 推荐信的概念

推荐信是为了推荐某人接受某个职位或参与某项工作而写的专用书信。在某种特定含义下，指本科生或硕士研究生到其他（一般是国外）大学研究生院攻读硕士或博士学位时，请老师所写的推荐信。一般来说，美国的研究生院要求提供三封推荐信，写信人应该熟悉学生，并且有一定的知名度。

2. 推荐信的格式要求

1）标题

推荐信的标题直接写"推荐信"即可。

2）称呼

顶格写收信单位的名称或个人的姓名，个人姓名后可加"先生""经理"等，再加上冒号。

3）正文

正文开头要表明自己的态度，说明自己乐意推荐某人，也可以同时说明与被推荐人的关系。然后介绍与评估被推荐人的资格，包括被推荐人的人品、性格特点、沟通能力、成熟度、抱负、领导能力、团队工作能力等。这是推荐信的重点内容，要表述得客观、准确，同时要体现出推荐人的个人倾向。最后建议用人单位对被推荐人的申请予以重点考虑或聘用被推荐人，并对用人单位接受自己的推荐表示谢意。

4）署名和日期

在正文右下方署上推荐人的姓名，并写上日期。

3. 例文评析

推 荐 信

尊敬的×××先生：

　　您好！

　　我是×××公司的总经理。得知我公司优秀员工张晓亮想要出国深造，我感到非常高兴和无比欣慰。在我看来，这样一个上进的年轻人应该接受良好的教育，拥有更辉煌的未来。因此，我很荣幸向贵校强烈推荐这位优秀青年。

　　张晓亮在大四时来我公司实习，尽管他对业务不是很熟悉，工作经验相对匮乏，但是，从不服输的他一刻也不放弃学习的机会，利用闲暇时间大量阅读参考有关书籍，虚心向其他员工请教。后来，他开始精通各项业务，并取得一定成绩，但他没有满足，更没有骄傲自大。遇到难题时，他虚心与同事交流讨论直到找到解决方案为止。鉴于他在实习期间的出色表现，我公司破例招收他为正式员工。

　　现在，作为我公司的一名业务精英，张晓亮工作更加认真、负责、努力，为所有同事树立了榜样，本年度被评为本公司优秀员工，并享有高额奖金。

虽然从某种程度上来说，如此优秀的员工踏上留学之途是我公司的损失，但是考虑到他的前途，我依然毫不犹豫地支持他远赴贵校深造。真诚期望贵校能同样支持他，给他一个提升自己、实现梦想的机会。谢谢！

总经理　×××
2009 年 6 月 6 日

【简析】

这是一则某公司总经理向某国外大学所写的推荐信，目的在于推荐本公司的员工张晓亮出国深造。先说明自己的态度，即愿意推荐，并说明本人与被推荐人的关系。然后，介绍与评估被推荐人。最后，表示感谢。这封推荐信，符合文面格式与礼仪要求，简洁明白，庄重得体。

三、邀请函、聘书的写作

（一）邀请函的写作

1. 邀请函的概念

邀请函是邀请亲朋好友或知名人士、专家等参加某项活动时所发出的约请性书信。它是现实生活中常用的一种日常应用文书。在国际交往及各种社交活动中，邀请函使用广泛。

2. 邀请函的格式要求

1) 标题

邀请函的标题一般由活动名称和文种组成，还可以包括个性化的活动主题标语，活动主题标语可以体现举办方的企业文化特色。

2) 称呼

邀请函的称呼一般使用统称，并在统称前加敬语，如"尊敬的×××先生/女士"。

3) 正文

正文部分主要是介绍活动主办方举办活动的缘由、目的、事项及要求，写明活动的日程安排、时间、地点，并向被邀请方发出得体、诚挚的邀请。

结尾处一般要写常用的邀请惯用语，如"敬请光临"等。

4) 署名和日期

在正文右下方写明活动主办单位的全称和成文日期。

3. 例文评析

邀　请　函

尊敬的×××先生/女士：

您好！

我们很荣幸地邀请您参加将于 5 月 15 日至 16 日在北京二十一世纪饭店举办的第 27 届联合国粮食及农业组织亚太地区大会非政府组织磋商会议。本次会议的主题是：从议程到行动——继"非政府组织粮食主权论坛"之后。此次磋商会议由联合国粮食及农业组织和国际粮食主权计划委员会亚洲分会主办,中国国际民间组织合作促进会协办。届时,来自亚太地区80多个民间组织的100余名代表将参加会议。本次会议宣言将在5月17日至21日召开的第27届联合国粮食及农业组织亚太地区大会上宣读。

本次会议的主要议题包括:

1. 亚太地区粮食和农业领域的非政府组织如何在地区和国家层面执行"全球行动议程/公民社会战略"。

2. 亚太地区粮食和农业领域的非政府组织如何根据目前形势确定今后行动的参与者。

3. 参会机构起草非政府组织建议书提交给第27届联合国粮食及农业组织亚太地区大会,继续呼吁维护农民的利益。

真诚地期待着您的积极支持与参与!

国际粮食主权计划委员会亚洲分会　　中国国际民间组织合作促进会
20××年4月20日　　　　　　　　　　20××年4月20日

【简析】

这是一则邀请函,先表示问候,提出热情的邀请,然后说明会议的主办方、主题与主要议题,最后表示期待与欢迎,简洁得体,庄重规范。

(二)聘书的写作

1. 聘书的概念

聘书,又称聘请书,是用于聘请某些有专业特长或有名望、权威的人完成某项任务或担任某种职务的专用书信。聘书在人力资源管理中起着较为重要的作用。

学校、工矿企业等企事业单位在需要某方面有特长或有专业技能的人才时,可以发出聘书。这种情况下,往往是由于用人单位承担了某项工作,靠自己本单位或现有的人才资源无法顺利完成任务,或者由于企业的发展和事业的扩大,需重新聘用一些有专长,在工作中起重大作用的人。总之,这种聘书是对专业人才所发出的。

社会团体组织举办一些重要的活动,为了提高知名度、扩大影响力,常常发出聘书聘请一些有名望的人加盟或参与,以期更好地开展活动,如聘请名人担任顾问或担任某项比赛的评委等就属于这种情况。

2. 聘书的格式要求

聘书一般已按照书信格式印制好,中心内容由发文者填写即可。完整的聘书一般由如下几部分构成。

1)标题

聘书往往在正中位置写上"聘书"或"聘请书"字样,有的聘书也可以不写标题。已印制好的聘书的标题常用烫金的"聘书"或"聘请书"字样。

2)称呼

聘书中受聘人的姓名可以在开头顶格写出,然后加冒号,也可以在正文中写明。

3) 正文

正文部分,首先交代聘请的原因和请去所干的工作或所要担任的职务,然后写明聘任期限,如"聘期两年",最后写明聘任待遇,聘任待遇可直接写在聘书上,也可另附详尽的聘约或公函写明具体的待遇。

另外,正文中还可以写明对受聘人的希望,也可以不写,而通过其他途径使受聘人切实明白自己的职责。

4) 结尾

聘书的结尾可以写上表示敬意和祝颂的结束用语,如"此致敬礼"等。

5) 落款

正文右下方要署上发文单位名称或单位领导的姓名、职务,并写明发文日期,同时要加盖公章。

3. 聘书写作的注意事项

撰写聘书时,应注意以下几点。

(1) 聘书要郑重、严肃,对有关聘任的内容要交代清楚,聘书的书写要整洁、大方、美观。

(2) 聘书一般短小精悍,篇幅不可太长,语言要简洁明了、准确流畅,态度要谦虚、诚恳。

(3) 撰写聘书之前,聘请单位与受聘人之间应充分交流、协商,就有关事项达成协议后,方能写成文字。

4. 例文评析

聘 书

兹聘请赵华同志为江苏厚生机电有限公司总工程师、主任,聘期自 2015 年 7 月 8 日至 2017 年 6 月 30 日,聘任期间享受集团高级工程师全额工资待遇。

江苏厚生机电有限公司
2015 年 5 月 6 日

【简析】

此聘书内容由聘任对象、聘任职务、聘任期限及待遇等组成,简明扼要,准确清晰,符合聘书的格式要求与礼仪规范,体现出发文者郑重、严肃、谦虚、诚恳的态度。

四、申请书、检讨书、倡议书的写作

(一) 申请书的写作

1. 申请书的概念

申请书是个人或集体向组织、机关、企事业单位或社会团体表述愿望、提出请求时使用的一种应用文书。

申请书的使用范围广泛,个人向党、团组织和其他群众团体表述志愿、理想和希望时,可以使用申请书;下级在工作、生产、学习、生活等方面对上级有所请求时,也可以使用申请书。申请书将个人或单位的愿望、要求向组织或上级领导表述出来,以争取组织或上级领导的帮助与批准,加强了上级与下级之间、集体与个人之间的联系。

申请书是一种专用书信,它同一般书信一样,也是表情达意的工具。申请书要求一事一议,内容要单纯。

2. 申请书的格式与写法

申请书的写作格式一般来讲是相对固定的,它的内容主要包括五个部分:标题、称呼、正文、结尾、落款。

1)标题

申请书的标题一般由申请内容和文种共同构成,如《入团申请书》。标题要在申请书第一行的正中位置写出,而且字体要稍大。

2)称呼

在标题下一行顶格写出接受申请书的组织名称,并在后面加冒号。

3)正文

正文从称呼下一行空两格处写起。申请书的正文部分一般篇幅较长,所以要注意分部分来写,以便做到层次分明。下面以入团申请书为例来进行说明。

首先,介绍个人的现实情况,让团组织对自己现在的身份、情况有一个初步、大致的了解,不用展开来写,简明扼要即可。

其次,介绍个人经历、家庭成员及社会关系等方面的情况。个人经历可按照时间顺序来写,一般要求从上学时写起,写到目前为止,一项项列出来即可。家庭成员及社会关系等方面的情况,可以简单地介绍一下,也可以不写,要视具体情况而定。

再次,写明入团动机和理由。入团动机、理由要重点写。若入团理由比较多,可以从几个方面来写。

然后,说明自己对团组织的认识。

最后,表明自己入团的强烈愿望,表达自己的决心。

4)结尾

申请书可以有结尾,也可以没有,结尾一般写上"此致敬礼"等表示敬意的话。

5)落款

在正文右下方署上申请人姓名和成文日期。

3. 例文评析

入党申请书

尊敬的党组织:

我申请加入中国共产党,愿意为共产主义事业奋斗终生。

我衷心地热爱党,她是中国工人阶级的先锋队,是中国人民和中华民族的先锋队,是中国各族人民利益的忠实代表,是中国社会主义事业的领导核心。中国共产党以实现共产主义的社会制度为最终目标,以马克思列宁主义、毛泽东思想、邓小平理论、"三个代表"以及科学发展观等重要思想为行动指南,是用先进理论武装起来的党,是全心全意为人民服务的党,是有能力领导全国人民进一步走向繁荣富强的党。她始终代表中国先进生产力的发展要求,代表中国先进文化的前进方向,代表中国最广大人民的根本利益,并通过制定正确的路线方针政策,为实现国家和人民的根本利益而不懈奋斗。

从学生时代开始,一串闪光的名字——江姐、刘胡兰、雷锋、焦裕禄、孔繁森等给了我很大的启迪和教育。我发现她们以及身边许多深受我尊敬的人都有一个共同的名字——共产党员。我发现在最危急的关头总能听到一句话——共产党员跟我上。这坚定了我要成为他们中的一员的决心。我把能加入这样伟大的党作为最大的光荣和自豪。

近几年,有很多的天灾人祸,但也是因为这些,让我们这些老百姓更加深刻地感受到了党对我们的关怀,从来没有哪个党的领导人像我党的领导人这般为了人民如此不辞劳苦。今年四川大地震,温家宝总理亲自做总指挥,这是任何一个国家的领导人都没做到的,多少个日子,温总理一直坚持在最前线,亲自指挥。受灾百姓一直坚信,党不会抛弃人民,党一定会在第一时间派出救援队伍赶赴第一线,因为中国共产党是人民的党,她所做的一切都是为了人民的最根本利益。我们的党以马克思列宁主义、毛泽东思想、邓小平理论、"三个代表"以及科学发展观等重要思想为指导思想。《共产党宣言》发表一百多年来的历史证明,社会主义理论是正确的,社会主义具有强大的生命力。社会主义的本质是解放生产力,发展生产力,消灭剥削,消除两极分化,最终达到共同富裕。毛泽东思想是以毛泽东同志为主要代表的中国共产党人,把马克思列宁主义的基本原理同中国革命的具体实践结合起来创立的。毛泽东思想是马克思列宁主义在中国的运用和发展,是被实践证明了的关于中国革命和建设的正确的理论原则和经验总结,是中国共产党集体智慧的结晶。邓小平理论是毛泽东思想在新的历史条件下的继承和发展,是当代中国的马克思主义,是指导中国人民在改革开放中胜利实现社会主义现代化的正确理论。在社会主义改革开放和现代化建设的新时期,一定要高举邓小平理论的伟大旗帜,用邓小平理论来指导我们的整个事业和各项工作。"三个代表"以及科学发展观等重要思想更为我们指引了方向。

党是中国社会主义事业的领导核心。中国的革命实践证明,没有中国共产党就没有新中国,没有中国共产党的领导,中国人民就不可能摆脱受奴役的命运,成为国家的主人。在新民主主义革命中,党领导全国各族人民,在毛泽东思想的指引下,经过长期的反对帝国主义、封建主义、官僚资本主义的革命斗争,取得了革命的胜利,建立了人民民主专政的中华人民共和国。中国的建设实践证明,中国只有在中国共产党的领导下,才能走向繁荣富强。新中国成立后,我国顺利地进行了社会主义改造,完成了从新民主主义到社会主义的过渡,确立了社会主义制度,社会主义的经济、政治和文化得到了很大的发展。尽管在前进的道路上遇到过曲折,但党用她自身的力量纠正了失误,使我国进入了一个更加伟大的历史时期。十一届三中全会以来,在邓小平理论的指导下,在中国共产党的领导下,我国取得了举世瞩目的发展,生产力迅速发展,综合国力大大增强,人民生活水平大幅提高。"三个代表"以及科学发展观等重要思想指导我国不断向强国迈进。

中国共产党党员是中国工人阶级的有共产主义觉悟的先锋战士,必须全心全意为人民服务,不惜牺牲个人的一切,为实现共产主义奋斗终生。中国共产党党员永远是劳动人民的普通一员,不得谋求任何私利和特权。在新的历史条件下,共产党员要体现时代的要求,要胸怀共产主义远大理想,带头执行党和国家现阶段的各项政策,勇于开拓,积极进取,不怕困难,不怕挫折;要全心全意为人民谋利益,吃苦在前,享受在后,克己奉公,多做贡献;要刻苦学习马列主义理论,增强辨别是非的能力,掌握知识和本领,努力创造一流的成绩;要在危急时刻挺身而出,维护国家和人民的利益,坚决同危害人民、危害社会、危害国家的行为做斗争。

  我决心用自己的实际行动接受党对我的考验,我郑重地向党提出申请:我志愿加入中国共产党,拥护党的纲领,遵守党的章程,履行党员义务,执行党的决定,严守党的纪律,保守党的秘密,对党忠诚,积极工作,为共产主义奋斗终生,随时准备为党和人民牺牲一切,永不叛党。

  今后我会更加努力地学习、工作,认真学习马克思列宁主义、毛泽东思想、邓小平理论,学习党的路线、方针、政策及决议,学习党的基本知识,学习科学、文化和业务知识,努力提高为人民服务的本领。时时刻刻以马克思列宁主义、毛泽东思想、邓小平理论、"三个代表"以及科学发展观等重要思想作为自己的行动指南。坚持党和人民的利益高于一切,个人利益服从党和人民的利益,吃苦在前,享受在后,克己奉公,多做贡献。自觉遵守党的纪律和国家法律,严格保守党和国家的秘密,执行党的决定,服从组织分配,积极完成党的任务。维护党的团结和统一,对党忠诚老实,言行一致,坚决反对一切派别组织和小集团活动,反对阳奉阴违的两面派行为和一切阴谋诡计。切实开展批评和自我批评,勇于揭露和纠正工作中的缺点、错误,坚决同消极腐败现象做斗争。密切联系群众,向群众宣传党的主张,遇事同群众商量,及时向党反映群众的意见和要求,维护群众的正当利益。发扬社会主义新风尚,提倡共产主义道德,保护国家和人民的利益,在遇到困难和危险的时刻挺身而出,英勇斗争,不怕牺牲。反对分裂祖国,维护祖国统一,不做侮辱祖国的事,不出卖自己的国家,不搞封建迷信活动,自觉与一切邪教活动做斗争。

  我深知按党的要求,自己的差距还很大,还有许多缺点和不足,如处理问题不够成熟、政治理论水平不高等。希望党组织从严要求,以使我更快进步。我将用党员的标准严格要求自己,自觉地接受党员和群众的帮助与监督,努力克服自己的缺点,弥补不足,争取早日在思想上,进而在组织上入党。

  请党组织在实践中考验我!

  此致

敬礼!

申请人:李　刚
二〇〇八年九月六日

【简析】

  这是一则入党申请书。称呼写"尊敬的党组织",不必写明党组织的具体名称。正文部分,首先表明加入中国共产党的强烈愿望,然后认真介绍个人对党组织的认识,接着说明对自己的要求,最后表明"请党组织在实践中考验我"。此文符合申请书的格式要求与礼仪规范,对中国共产党的认识非常深刻,结构合理,语言简明扼要,感情真挚热烈。

  (二)检讨书的写作

1. 检讨书的概念

  检讨书,是犯了错误的个人或领导向当事人或组织所写的检讨错误,并保证绝不再犯错的专用书信。

2. 检讨书的格式与写法

1）标题

第一行正中写明"检讨书"字样即可，也有注明所犯错误的范围或性质的，如《关于违犯财经纪律的检讨书》。

2）称呼

写明检讨书所呈报的组织、单位或个人，如"校党委"等。

3）正文

正文主要由三部分组成：介绍所犯错误的事实，正确认识所犯错误及造成的不良后果；剖析犯错的原因，以便对症下药；表明改正错误的决心，写检讨书主要是为了"惩前毖后，治病救人"，检讨本身不是目的，要真正树立改正错误的决心，提出改进的措施。

4）落款

在正文右下方写明检讨人的姓名或单位名称，并写明检讨日期。

3. 例文评析

检 讨 书

尊敬的李老师：

　　我已经深深地认识到了自己的错误。

　　我的错误，来源于思想觉悟不够高，对事物的认识不够彻底。对于今天早上所发生的一切，我深表后悔。如果没有各位老师在悬崖边拉我一把，我的执迷不悟将会导致更大的错误。在这里，我感谢各位老师对我的耐心教育，帮我认识到了事件的本质，以及所犯错误的严重性。

　　今天早上由于我没有看清事实的真相，一时冲动，便犯下了错误。通过各位老师的教育，我追悔莫及。于是，我痛下决心，一定要痛改前非！今后不管任何事都要三思而后行，不辜负老师们的期望。

　　在此，再次对我所犯下的错误向老师道歉，并感谢各位老师的教育！

　　此致

敬礼！

张　强
2015 年 6 月 21 日

【简析】

这是一则学生犯错后向老师写的检讨书，基本上符合检讨书的格式要求与礼仪规范。认识错误的态度，看似端正，其实有避重就轻的嫌疑，没有真正面对错误事实，也没有提出真正的改进措施。

（三）倡议书的写作

1. 倡议书的概念

倡议书是个人或集体提出建议并公开发起，希望共同完成某项任务或开展某项公益活动时所使用的一种专用书信。它作为日常应用文写作中常用的一种文体,在现实社会中有着较广泛的运用。

2. 倡议书的特点

倡议书具有以下特点。

(1)群众性。倡议书不是对某个人、某一集体或某一单位而言的,它往往面向广大群众,或对一个部门的所有人发出,或对一个地区的所有人发出,甚至向全国人民发出,所以群众性是倡议书的根本特征。

(2)对象的不确定性。倡议书是要求广大人民群众响应的,然而其对象范围往往是不确定的,即便在文中明确了具体的对象,但实际上有关人员可以表示响应,也可以不表示响应,而与此无关的别的群众团体也可以有所响应。

(3)公开性。倡议书是一种广而告之的书信。它就是要让广大的人民群众知道、了解,从而使更多的人响应,以期在最大的范围内引起共鸣。

3. 倡议书的作用

倡议书具有以下作用。

(1)倡议书可以在较大范围内调动群众的积极性,使大家心往一处想,劲往一处使,齐心协力共同做好一些有益于社会的事情和开展某些公益活动。

(2)倡议书的内容一般是同人们的日常生活相关的一些事项,如倡议爱护花草树木,保护生态环境,倡议同心协力,实现祖国的复兴等。这些都有益于人们的身心健康,属于社会主义精神文明建设的重要内容,因此,倡议书是开展精神文明建设的有效方法。

(3)倡议书是一种建议、倡导,它不给人一种强制的感觉,而是在一种轻松的氛围之中,宣传真善美,使人们在无形之中受到深刻的教育。

4. 倡议书的格式与写法

倡议书一般由标题、称呼、正文、结尾、落款五部分组成。

1)标题

倡议书的标题一般由文种单独组成,即在第一行正中写"倡议书"三个字。倡议书的标题还可以由倡议内容和文种共同组成。

2)称呼

可依据倡议的对象选用适当的称呼,如"广大的青少年朋友们""广大的妇女同胞们"等。有的倡议书也可以不写称呼,而在正文中指出。

3)正文

倡议书的正文部分一般应包括以下几个方面的内容。

(1)发出倡议的背景、原因和目的。倡议的发出贵在引起广泛的响应,只有交代清楚发出倡议的原因,以及当时的各种背景事实,并说明发出倡议的目的,人们才会理解和信服,才会自觉地行动。如果这些因素交代不清楚,就会使人们觉得莫名其妙,难以响应。

(2)倡议的具体内容和要求。这是正文的重点部分。倡议的内容一定要具体化,开展什么活动,做哪些事情,具体要求是什么,它的价值和意义都有哪些,均需要写明。倡议的具体内容一般是分条列出的,清晰明确,一目了然。

4)结尾

结尾要表明倡议者的决心和希望,或者提出某种建议。倡议书一般不在结尾处写表示敬意或祝愿的话。

5)落款

在正文右下方写明发出倡议的单位的名称或个人的姓名,并写明发出倡议的日期。

5. 倡议书写作的注意事项

在倡议书的写作过程中,应注意以下几点。

(1)内容应当符合时代精神,切实可行,与国家的路线、方针、政策相一致。

(2)交代清楚发出倡议的背景、目的和理由。

(3)措辞要贴切,情感要真挚,要富有鼓舞性和感染性。

(4)篇幅不宜过长,语言要简洁、明白。

6. 例文评析

百度向同业及全国网民倡议书

北京时间2008年5月12日14时28分,当百度公司北京总部的员工在办公座位上感觉到地震所带来的眩晕和摇晃时,我们并不知晓,千里之外的四川,7.8级地震已经让成百上千的中国同胞在瞬间失去了生命,他们昔日美丽、温暖的家园,已经成为一片废墟,亲人的抚慰和微笑,已经被鲜血和眼泪取代……

百度黯然了。5月13日下午2时,一个灰黑色的LOGO在百度首页上线,这是为了表达对地震中受灾同胞的哀思,吸引和号召更多人投入到救灾援助行动中。

今天,国家有关部门发布的因灾死亡人数已超过12 000人。痛心和震撼之余,灾区的情形牵动着每一个百度人的心,尽自己的所能为抢险抗灾做点事情,成为所有百度人最迫切的心愿。在得知地震的确切消息之后,百度公司迅速组织起来,发起了一系列援助行动。

身在国外的百度董事长兼CEO李彦宏给北京总部打来电话,亲自安排捐助事宜,立即以公司名义向灾区捐出第一批善款200万元人民币,并号召公司员工也立即行动起来,第一时间为灾区人民做些力所能及的事情。

百度公司人力资源部迅速组建了爱心捐助小组,向公司总部以及遍布全国各地的分公司的员工发出呼吁邮件,号召全体员工向灾区踊跃捐款。这一倡议立刻得到全体员工的热烈响应。目前,公司内部筹集善款的工作正在继续。

除了在公司内部发起捐助外,百度的爱心呼吁也覆盖了百度渠道代理商,并同样得到热烈响应,目前,近五十家百度渠道代理商已经在积极为灾区人民捐款。与此同时,百度还发动了超过20万家联盟伙伴,共同在其网站醒目位置链接"天佑中华,众志成城——抗灾援助专区",以期利用互联网新媒体的影响力,号召更多人关注灾区,援助灾区。

然而,面对突如其来的巨大灾难,百度一个公司的力量显然微不足道,我们希望通过这份倡议书,凝聚全体互联网产业同仁、全体网民的力量和全体中国人民的力量,让大家携手并肩,众志成城,搭建起汇集爱心与温暖的方舟,与我们伟大的国家和坚韧的同胞们一起共渡难关!让互联网连接起一片永不沉沦的温暖国土。

百度公司
2008 年 5 月 14 日

【简析】

这是汶川地震发生后百度向同业及全国网民发出的倡议书。"一方有难,八方支援",是中华民族的传统美德,反映了中华民族的凝聚力和向心力。此次倡议,是百度作为一个企业理应承担的社会责任,也是一次良好的企业形象塑造。正文,首先简要介绍汶川地震的具体情况,然后讲述百度公司董事长、人力资源部及整个公司从自身做起,并号召百度渠道代理商、互联网产业同仁及全体网民献出爱心。结构合理,思路清晰,感情真挚,语言简洁,是一份有分量的倡议书。

任务实施

1. 教师节将至,请你以江北学院学生会的名义给本院全体教师写一封节日慰问信。要求:格式规范,语言得体,字数 200 字左右。(2007 年江苏省专转本考试语文试卷)

2. 请以××大学学生会的名义给全校学生写一篇主题为"提倡节约,反对浪费"的倡议书。要求:文体规范,语言得体;字数在 300 字左右;文中不得出现与考生相关的信息,如涉及校名、人名等,请用××代替。(2013 年江苏省专转本考试语文试卷)

3. 某高校学生会拟招募文学社、书法社、集邮社、舞蹈社和篮球社新社员,请结合你自己的实际情况,任选一个社团,写一份入社申请。要求:文体规范,语言得体,理由充分;字数 300 字左右;文中不得出现与考生相关的信息,如涉及校名、人名,请用××代替。(2014 年江苏省专转本考试语文试卷)

4. 某手机专卖商场把旧手机换上新壳后冒充新手机销售。你被骗后要求退货,该商场百般抵赖,拒不退货。请你为此事向消费者协会写一封投诉书。

5. 为进一步改善产品质量,提高产品的竞争力,经过协商,某机械集团准备聘请工程师李江南担任技术顾问,聘期为两年。请代为拟写一份聘书。

6. 王雨等五名同学要到××××公司实习,请按照格式要求,以学校的名义为他们拟写一封给××××公司的介绍信。

7. ××职业技术学院招生就业办公室于 2005 年 12 月向××人力资源部推荐毕业生,希望与其建立长期的供求关系,以促进双方事业的发展。请以××职业技术学院招生就业办公室的名义拟写一封推荐信。

8. ××××公司拟举行服装展销会,现欲向全社会服装界人士发出邀请,欢迎前来参展。请代为拟写一封邀请函。

9. 某学校李强同学家境贫寒,无力支付学费,需要申请助学贷款。请代李强所属民政局写一封给其学校的证明信。

任务三　演讲稿的写作

知识目标
◆理解演讲稿的概念、特点、作用与格式要求；
◆理解演讲稿与讲话稿的区别与联系；
◆掌握欢送词、欢迎词、贺词、答谢词的概念与格式要求。

能力目标
◆提高对各类演讲稿相应工作情景的理解与分析能力；
◆掌握欢送词、欢迎词、贺词、答谢词等的格式要求，能够熟练进行演讲稿的写作。

素质目标
◆培养学生的口才与语言表达能力。

课程思政点
◆毛泽东：《为人民服务》。

任务引入

江苏厚生机电有限公司十周年庆典即将到来，请为公司董事长起草一则欢迎词，然后，替来宾起草一则答谢词，最后，代总经理起草一则欢送词。

任务分析

演讲是一门科学，也是一门艺术。演讲活动是一种源远流长的社会活动，始终伴随着人类文明的发展而发展。在某些公开场合或隆重的庆典仪式上，演讲起着极为重要的作用。

本任务是演讲稿的写作，演讲稿主要包括一般性演讲稿、欢迎词、欢送词、答谢词、贺词等。通过对各类演讲稿的知识介绍，要求掌握各类演讲稿的格式要求与写作的注意事项。

应注意演讲稿与讲话稿的区别与联系。

相关知识

一、演讲稿概述

（一）演讲稿与讲话稿的概念

演讲稿是一种实用性比较强的文体，是在较为隆重的仪式和某些场合公开发表讲话的文稿,是为演讲准备的书面材料。演讲稿是演讲的依据,是对演讲内容和形式的规范与提示,体现着演讲的目的与手段。

讲话稿,是领导者在重要会议及庆典仪式上,为了便于有条理地表达思想观点而准备的具有特定效用的文稿,是会议精神的核心内容。

演讲稿与公务层面的讲话稿,具有一定的差异。

演讲稿,顾名思义,"演"是"艺术的","讲"是"讲述","演讲"就是"艺术的讲述"。演讲稿更注重演讲者的个性,一般与激情澎湃、感染力、鼓舞性、煽情性等词语相联系。讲话稿,此处的"讲话"是指自上而下的公务场合的领导的"讲话",而非一般日常生活中的"聊天""唠嗑",也不是个体意义上的"演讲"。讲话稿更注重说服与宣教,表现出一种由严肃、庄重的语言产生的权威性。演讲稿与讲话稿的区别与联系具体来说有如下几点。

(1)在选材立意上,演讲稿更注重个人化,讲话稿是受"领导之命、单位之言"而撰写的,因为是一种代言写作,所以写作时要善于揣摩领导的意图,维护单位利益,依据领导的个性与风格来撰写。

(2)在表达手段上,演讲稿更注重艺术感染力,讲话稿更多是在讲,较少有表演的成分。

(3)在语言运用上,演讲稿运用多种表达方法,更注重口语化,讲话稿虽然也需要口语化,但更像是一种常规公文。

(二)演讲稿的特点

演讲是在公众面前就某一问题发表自己见解的口头语言活动。像演讲比赛、典礼致辞、会议发言、学术讲座、科研报告、竞选演说、法庭陈述等,都带有演讲的性质。因为演讲的内容、目的不同,所以演讲稿也具有不同的形态。总体来说,演讲稿的特征可以概括如下。

(1)以情动人,以理服人。演讲的目的在于打动听众,使听众对演讲者的观点或态度产生认可,所以演讲稿一定要具有说服力和感染力。很多著名的政治家都是很好的演讲者,他们往往借助于出色的演讲,为自己的政治生涯铺路。

(2)演讲稿的最终目的是用于演讲,它是有声语言,是书面化的口语。一方面要把口头语言变为书面语言,即化声音为文字,起到规范文字、有助于演讲的作用;另一方面,演讲稿要把较为正规、严肃的书面语言转化为易听、易明的口语,以便演讲。演讲稿的语言应适应演讲者的讲话习惯,其节奏应同演讲者的自然讲话节奏一致。

(3)演讲稿是为演讲服务的,不同的演讲有不同的目的、情绪,有不同的场合和不同的听众,为了充分展示演讲者的艺术才华,可以根据内容需要,采用多种叙述方式、修辞方法。

(三)演讲稿的作用

演讲稿具有以下作用。

(1)整理演讲者的思路,提示演讲的内容,限定演讲的速度。

(2)引导听众,使听众能更好地理解演讲的内容。

(3)通过对语言的推敲提高语言的表现力,增强语言的感染力。

(四)演讲稿的格式要求

1. 开头:抓住听众,引人入胜

演讲稿的开头,也叫开场白。开场白有两项任务:一是建立说者与听者的同感;二是打开场面,引入正题。好的演讲稿,一开头就应该用最简洁的语言、最少的时间,把听众的注意力吸引过来,这样才能达到出奇制胜的效果。

写好开场白的技术主要有以下几种。

(1)用几句诚恳的话同听众建立个人间的关系,获得听众的好感和信任。

(2)直接反映一种形势或将要讨论的问题,常用一件小事、一个比喻、一段个人经历引出主要的演讲内容。

(3)提出一些激发听众思维的问题,把听众的注意力集中到演讲上来。

(4)一开始就告诉听众自己将要讲些什么。

演讲稿的开头有多种写法,常用的主要有以下四种。

(1)开门见山,提示主题。一开始就进入正题,直接提示演讲的中心。

(2)介绍情况,说明根由。这样可以迅速缩短与听众的距离,使听众急于了解下文。

(3)提出问题,引起关注。根据听众的特点和演讲的内容,提出一些激发听众思考的问题,以引起听众的注意。

(4)饱含深情,意味深长。用饱含感情的语言开头,便于听众接受。

除了以上四种,还有悬念式、幽默式、双关式、抒情式等。

2. 主体:环环相扣,层层深入

1)层次

层次是演讲稿思想内容的表现次序,它体现着演讲者思路展开的步骤,也反映了演讲者对客观事物的认识过程。

演讲稿的结构层次是根据演讲的时空特点对演讲材料加以选取和组合而形成的。由于演讲是直接面对听众的活动,所以演讲稿的结构层次是听众无法凭借视觉加以把握的,而凭借听觉对层次进行把握又会受限于演讲的时间。

那么,怎样才能使演讲稿的结构层次清晰明了呢?根据听众以听觉把握层次的特点,显示演讲稿结构层次的基本方法就是在演讲中树立明显的有声语言标志,从而获得层次清晰的效果。演讲者在演讲中反复提出问题,并根据问题来阐述自己的观点,就能在结构上环环相扣,层层深入。此外,使用过渡句,或使用"首先""其次""然后"等词语来区别层次,也可以达到层次清晰的效果。

2)节奏

节奏,是指演讲内容在结构安排上表现出的张弛起伏。

演讲稿结构的节奏,主要是通过演讲内容的变换来实现的。演讲内容的变换,是指在一个主题思想所统领的内容中,适当地插入诗文等内容,以便听众的注意力既保持高度集中,又不会因为高度集中而产生兴奋性抑制。优秀的演说家几乎没有一个不擅长使用这种方法的。

演讲稿结构的节奏既要鲜明,又要适度。平铺直叙,固然会使听众紧张、疲劳,而内容变换过于频繁,也会造成听众注意力涣散。插入的内容应该为实现演讲的目的服务,而内容变换的频率应该根据听众的心理特征来确定。

3)衔接

衔接是指把演讲稿中的各个内容层次联系起来,使之具有浑然一体的整体感。由于需要适时地变换演讲内容,因而也就容易使演讲稿的结构显得零散。衔接是对结构松紧、疏密的一种弥补,它使内容层次的变换更为巧妙和自然,使演讲稿富有整体感,有助于演讲主题深入人心。

演讲稿结构衔接的方法主要是运用同两段内容、两个层次有联系的过渡句或过渡段。

3. 结尾:简洁有力,余音绕梁

结尾是演讲内容的自然收束。言简意赅、余音绕梁的结尾能够使听众精神振奋,并促使听众不断地思考和回味,而松散拖沓、枯燥无味的结尾只会使听众感到厌倦。演讲最好在听众兴趣达到高潮时果断收束,这是演讲稿结尾最为有效的方法。在演讲处于高潮的时候,听众大脑皮层高度兴奋,注意力和情绪都由此而达到最佳状态,如果在这种状态下突然结束演讲,那么保留在听众大脑中的最后印象就特别深刻。

演讲稿的结尾没有固定的格式,或对演讲要点进行简明、扼要的总结,或以号召性、鼓舞性的话收束,或抒发情感、展望未来,或以诗文名言以及幽默俏皮的话结尾,但一般原则是要给听众留下深刻的印象。

(五)撰写演讲稿的注意事项

撰写演讲稿时应注意以下几点。

(1)了解对象,有的放矢。演讲稿是讲给人听的,写演讲稿首先要了解听众对象,了解他们的思想状况、文化程度、职业状况,了解他们所关心和迫切需要解决的问题等。否则,不看对象,演讲稿写得再花工夫,听众也会感到索然无味,无动于衷,也就达不到宣传、鼓舞、教育和欣赏的目的。

(2)观点鲜明,感情真挚。演讲稿观点鲜明,显示着演讲者对一种理性认识的肯定,显示着演讲者对客观事物理解的精辟程度,能给人以可信性和可靠感。演讲稿观点不鲜明,就会缺乏说服力,就会失去演讲的作用。演讲稿还要有真挚的感情,这样才能打动人、感染人,有鼓舞性。演讲稿在表达上要注意感情色彩,把说理和抒情结合起来,既有冷静的分析,又有热情的鼓舞;既有所怒,又有所喜;既有所憎,又有所爱。当然,这种感情不应是"挤"出来的,而要发自肺腑,就像泉水喷涌而出。

(3)行文变化,富有波澜。构成演讲稿波澜的要素很多,有内容,有安排,也有听众的心理特征和认识事物的规律。如果能掌握听众的心理特征和认识事物的规律,恰当地选择材料,安排材料,就会使演讲在听众心里激起波澜。换句话说,演讲稿要写得有波澜,主要不是靠声调的高低,而是靠内容的有起有伏、有张有弛。

(4)语言流畅,深刻风趣。要把演讲者在头脑里构思的一切都写出来,让人们看得见,听得到,就必须借助语言这个交流思想的工具。语言运用得是好还是差,对撰写演讲稿影响极大。要想提高演讲稿的质量,就必须在语言的运用上下一番功夫。

（六）例文评析

为人民服务

（一九四四年九月八日）

毛泽东

我们的共产党和共产党所领导的八路军、新四军，是革命的队伍。我们这个队伍完全是为着解放人民的，是彻底地为人民的利益工作的。张思德同志就是我们这个队伍中的一个同志。

人总是要死的，但死的意义有不同。中国古时候有个文学家叫做司马迁的说过："人固有一死，或重于泰山，或轻于鸿毛。"为人民利益而死，就比泰山还重；替法西斯卖力，替剥削人民和压迫人民的人去死，就比鸿毛还轻。张思德同志是为人民利益而死的，他的死是比泰山还要重的。

因为我们是为人民服务的，所以，我们如果有缺点，就不怕别人批评指出。不管是什么人，谁向我们指出都行。只要你说得对，我们就改正。你说的办法对人民有好处，我们就照你的办。"精兵简政"这一条意见，就是党外人士李鼎铭先生提出来的；他提得好，对人民有好处，我们就采用了。只要我们为人民的利益坚持好的，为人民的利益改正错的，我们这个队伍就一定会兴旺起来。

我们都是来自五湖四海，为了一个共同的革命目标，走到一起来了。我们还要和全国大多数人民走这一条路。我们今天已经领导着有九千一百万人口的根据地，但是还不够，还要更大些，才能取得全民族的解放。我们的同志在困难的时候，要看到成绩，要看到光明，要提高我们的勇气，中国人民正在受难，我们有责任解救他们，我们要努力奋斗。要奋斗就会有牺牲，死人的事是经常发生的。但是我们想到人民的利益，想到大多数人民的痛苦，我们为人民而死，就是死得其所。不过，我们应当尽量地减少那些不必要的牺牲。我们的干部要关心每一个战士，一切革命队伍的人都要互相关心，互相爱护，互相帮助。

今后我们的队伍里，不管死了谁，不管是炊事员，是战士，只要他是做过一些有益的工作的，我们都要给他送葬，开追悼会。这要成为一个制度。这个方法也要介绍到老百姓那里去。村上的人死了，开个追悼会。用这样的方法，寄托我们的哀思，使整个人民团结起来。

【简析】

《为人民服务》是毛泽东主席于1944年9月8日在张思德同志追悼会上的讲话稿。张思德同志在陕西烧炭时，因炭窑倒塌而牺牲。当时，抗日战争正处在十分艰苦的阶段，有许多困难需要克服。毛泽东主席针对这一情况，讲述为人民服务的道理，号召大家学习张思德同志完全彻底为人民服务的精神，团结起来，打败日本侵略者。

二、欢迎词的写作

（一）欢迎词的概念

欢迎词，多用于礼仪场合，是为了表示热烈欢迎客人或新成员，主办方领导在座谈会、宴会、酒会等场合发表的热情、友好的讲话。

(二)欢迎词的格式要求

欢迎词的写作,应表现出对宾客的热烈欢迎之情,体现出迎客的诚意。欢迎词主要由标题、称呼、正文、署名等构成。

1. 标题

欢迎词的标题可以由欢迎场合或对象加文种构成,如《在校庆75周年纪念会上的欢迎词》,也可以直接用"欢迎词"三个字作为标题。

2. 称呼

面对宾客,宜用亲切的尊称,如"亲爱的朋友""尊敬的领导"等。

3. 正文

开头,对来访的客人或参加活动的人员,表示热烈欢迎。

主体部分,说明欢迎的情由,可叙述彼此的交往、情谊,说明交往的意义,并诚恳邀请对方提出批评与指导意见。对初次来访者,可多介绍本组织的情况。

最后,用敬语表示祝愿,如预祝客人的访问活动圆满成功。

4. 署名

用于讲话的欢迎词无须署名。若需要刊载,则应在标题下面或文末署名。

(三)例文评析

全面推进中非新型战略伙伴关系
——在中非合作论坛第四届部长级会议开幕式上的讲话

中华人民共和国国务院总理　温家宝

(2009年11月8日　沙姆沙伊赫)

尊敬的穆罕默德·胡斯尼·穆巴拉克总统阁下,尊敬的各位国家元首和政府首脑阁下,尊敬的非洲联盟委员会主席让·平阁下,各位代表团团长、部长和大使阁下,女士们、先生们:

来到美丽的海滨城市沙姆沙伊赫,与出席中非合作论坛第四届部长级会议的各位朋友畅叙友情、共商合作,我感到非常高兴。作为本次会议共同主席国的总理,我谨代表中国政府,对各位与会嘉宾表示热烈欢迎,对埃及政府为本次会议所做的精心准备和周到安排表示衷心感谢!

中非合作论坛创立九年来,一直发挥着引领和推动中非关系发展的重要作用,日益成为中非加深友谊的桥梁、加强合作的平台。特别是论坛北京峰会召开三年来,中非致力于共建政治上平等互信、经济上合作共赢、文化上交流互鉴的新型战略伙伴关系,开创了中非合作的新局面。

——政治互信不断增强。双方高层往来更加频繁、外交磋商与战略对话日趋密切,非洲国家在涉及中国核心利益问题上更加坚定地支持中方,中非在重大国际和地区事务中相互协调配合,维护和扩大了广大发展中国家的共同利益。

——经贸合作日益深化。2008年中非贸易突破千亿美元,同中国有贸易往来的非洲国家增加到53个;中国在非洲开工建设6个经贸合作区,中国企业到非洲国家落户增加到近1 600家,直接投资存量达到78亿美元;工程承包和劳务合作规模不断扩大,金融合作方兴未艾。

——中国扩大对非援助取得实效。中国在遭受国际金融危机冲击、自身面临不少困难的情况下,信守诺言,全面落实北京峰会的承诺,对非援助规模翻了一番,免除33国168笔债务已近尾声,总计50亿美元的优惠性质贷款近期将全部到位,首期10亿美元的中非发展基金如期启动。这些不仅促进了非洲自我发展能力建设,也为非洲国家应对国际金融危机的冲击发挥了积极作用。

——人文交流蓬勃开展。文教、卫生、人力资源培训等领域的交流与合作发展迅猛,中国为非洲国家培训各类人员年底以前将达到15 000人,青年、妇女、友好省市等领域的交往日趋频繁,进一步加深了相互理解和传统友谊。

女士们、先生们、朋友们,

近年来,迅速提升的中非关系、日益密切的中非合作,吸引了全世界的目光。在这里我想强调,中国不是近年来突然出现在非洲的,非洲也不是近年来才支持中国的。早在上世纪五六十年代,中非就在反帝、反殖、反霸的历史浪潮中并肩战斗,在振兴民族经济的艰辛历程中携手同行。坦赞铁路、援非医疗队、青年志愿者,是中国无私帮助非洲的生动例证;把中国"抬进"联合国、北京奥运圣火在非洲顺利传递、向四川汶川地震灾区热心捐款,是非洲人民对中国人民情谊的真实写照。中国政府和人民始终尊重非洲国家自主选择社会制度的权利,支持非洲人民探索适合本国国情的发展道路,坚信非洲完全有能力以非洲方式处理好自己的问题。中非经贸合作是建立在互利共赢、开放透明基础之上的,中国对非洲的支持和援助,过去没有、将来也永远不会附加任何政治条件。中国乐见其他国家和国际组织积极参与非洲的开发与建设,共同推动非洲的和平、发展与进步。

中非关系能够经受住国际风云变幻的考验,始终保持蓬勃发展的势头,患难与共、相互支持是基础;相互尊重、平等相待是核心;互利合作、共同发展是关键。当今世界正在经历空前的大变革、大调整,中非同属发展中国家,既面临着加快发展的难得的历史机遇,也面临着纷繁复杂的全球性挑战。双方进一步加强互利合作,有利于充分发挥各自优势,实现共同发展;有利于带动国际社会更加关注非洲,帮助非洲加快实现千年发展目标;有利于促进南南合作,提升发展中国家在国际政治、经济格局中的整体地位;有利于推动国际关系民主化和国际秩序公正化,建设持久和平、共同繁荣的和谐世界。

女士们、先生们、朋友们,

当前,与其他地区一样,非洲也面临着金融危机、气候变化等全球性问题的挑战。金融市场波动,经济大幅下滑,外资流入锐减,一些国家和地区出现动荡,实现联合国千年发展目标任务更加艰巨;受气候变化的影响,水旱灾害频繁、沙漠化加剧、物种减少、粮食减产、生态环境恶化,可持续发展面临严重威胁。

非洲人口占世界的1/7,是发展中国家最集中的大陆,非洲的发展,是实现世界经济发展不可或缺的组成部分。作为非洲真诚可靠的朋友,中国对非洲面临的困难和挑战感同身受。中国呼吁国际社会要增强紧迫感,更加切实有效地支持非洲发展。一是坚持落实千年发展目标的决心不动摇,措施不减弱,切实履行对非援助承诺,积极为非洲创造有利的国际经济、贸易、金融等外部条件。二是深刻认识非洲国家提高适应气候变化能力的迫切需要，理解和支持非洲国家的合理关切和诉求，把帮助非洲应对气候变化与提高可持续发展能力紧密结合起来，通过综合治理，促进非洲的全面协调发展。三是对非洲国家在应对粮食安全、能源安全、流行性疾病等其他全球性问题面临的特殊困难，给予更多理解、支持和帮助。

女士们、先生们、朋友们，

在新形势下，中国愿意和非洲国家不断深化各领域务实合作，全面推进中非新型战略伙伴关系。为此，我愿提出以下建议：

第一，加强战略协调，维护共同利益。保持高层交往势头，密切政治对话和磋商，就双方共同关心的重大全球性问题加强协调配合，提升发展中国家在国际体系中的发言权和代表性，共同推动国际政治经济秩序朝着更加公正合理的方向发展。中国将一如既往地在国际场合为非洲仗义执言，维护非洲国家的利益，同时与非洲国家加强应对全球性挑战策略和经验方面的交流，帮助非洲国家提高应对能力和自我发展能力。

第二，落实千年发展目标，改善非洲民生。发展经济、消除贫困、改善民生，是非洲国家的首要任务。中国将继续在力所能及范围内增加对非援助，减免非洲国家债务，优化对非援助结构，使援助项目进一步向农业、教育、医疗卫生、减贫、清洁饮用水等攸关民生的领域倾斜，帮助非洲尽早实现联合国千年发展目标。

第三，提升经贸合作，实现互利共赢。中非经济互补性很强，互利合作前景广阔。应大力发展中非贸易，尽快扭转今年双边贸易下滑态势，积极扩大非洲商品对华出口。中国鼓励更多企业赴非洲投资，引导中国企业更多承担社会责任，同当地人民和睦相处。要把对非经贸合作同技术转让结合起来，大力帮助非洲培训技术人员和管理人才。

第四，促进人文交流，巩固中非友好。中非都有着灿烂多姿的文化。双方应进一步加强文化交流和借鉴，鼓励双方举办各种文化节、艺术展和体育赛事，支持双方民间组织、新闻媒体、学术机构密切联系。中国将继续支持非洲发展教育、卫生、科技等社会事业，欢迎非洲各国参与上海世博会，充分展示非洲各领域的发展成果。

第五，拓宽合作领域，加强机制建设。中方愿加大对非洲和平安全事务的参与，增加对非洲一体化建设的支持，扩大同非洲区域性组织的合作。愿与非方共同努力，推进中非合作论坛机制建设，促进双方职能部门在论坛框架下开展合作，强化和扩展论坛对中非关系的促进和引领作用。

女士们、先生们、朋友们，

中国人民对非洲人民的感情是真诚的，中国对非洲发展的支持是实实在在的。今后不管世界风云如何变化，我们同非洲人民的友谊不会变，与非洲深化互利合作、实现共同发展的决心不会变，支持非洲经济社会发展的政策不会变。在今后三年，中国政府将采取八项新举措推进中非合作：

第一，倡议建立中非应对气候变化伙伴关系，不定期举行高官磋商，在卫星气象监测、新能源开发利用、沙漠化防治、城市环境保护等领域加强合作。中方决定为非洲援建太阳能、沼气、小水电等100个清洁能源项目。

第二，加强科技合作，倡议启动"中非科技伙伴计划"，实施100个中非联合科技研究示范项目，接收100名非洲博士后来华进行科研工作，并为其回国服务提供资助。

第三,增加非洲融资能力,向非洲国家提供100亿美元优惠性质贷款;支持中国金融机构设立非洲中小企业发展专项贷款,金额10亿美元。对非洲与中国建交的重债穷国和最不发达国家,免除截至2009年底对华到期未还的政府无息贷款债务。

第四,扩大对非产品开放市场,逐步给予非洲与中国建交的最不发达国家95%的产品免关税待遇,2010年年内首先对60%的产品实施免关税。

第五,进一步加强农业合作,为非洲国家援建的农业示范中心增加到20个,向非洲派遣50个农业技术组,为非洲国家培训2 000名农业技术人员,提高非洲实现粮食安全的能力。

第六,深化医疗卫生合作,为援非30所医院和30个疟疾防治中心提供价值5亿元人民币的医疗设备和抗疟物资,为非洲培训3 000名医护人员。

第七,加强人力资源开发和教育合作,为非洲国家援助50所中非友好学校,培训1 500名校长和教师;到2012年,向非洲提供的中国政府奖学金名额将增至5 500名;今后三年为非洲培训各类人才总计2万名。

第八,扩大人文交流,倡议实施"中非联合研究交流计划",促进学者、智库交往合作,交流发展经验,并为双方出台更好合作政策提供智力支持。

女士们、先生们、朋友们,

53年前,埃及成为非洲第一个与新中国建交的国家。中埃建交开启了中非关系的新纪元。今天,在埃及召开的中非合作论坛第四届部长级会议,将成为中非关系进一步发展的新起点。非洲有句谚语:独行可以走得快,结伴才能走得远。中国也有句谚语:路遥知马力,日久见人心。我相信,只要中非双方同心协力、开拓进取、平等互利,我们就完全能够抓住机遇、战胜挑战,中非新型战略伙伴关系就一定会迈上新的台阶,中非友谊与合作就一定会不断地结出更加丰硕的成果。

最后,预祝本届论坛部长级会议圆满成功!

【简析】

这是温家宝同志在中非合作论坛第四届部长级会议开幕式上,作为此次会议共同主席国的总理,代表中国政府所作的欢迎词。首先,向与会嘉宾表示热烈欢迎,向主办方表示感谢。然后,主体部分从中非合作论坛的新局面讲起,五次在"女士们、先生们、朋友们"的引领下,分别从成就、威胁、建议、举措、希望五个方面进行论述。最后,预祝本届论坛部长级会议圆满成功。通篇思路清晰,内容饱满,感情真挚,语言庄重得体。

三、欢送词的写作

(一)欢送词的概念

欢送词,是代表国家、政党,代表企事业单位、群众团体欢送国内外宾客时,或企事业单位、群众团体欢送要离去的同志时所使用的演讲稿。

欢送词所欢送的对象有以下几种。

(1)访问成功将要离去的来访宾客。
(2)学习或工作任务完成后将要离去的学者、科研工作者。
(3)将要去另一个地方、另一个单位工作而调离的同事。
(4)刚毕业将要离校跨入社会的学生。
(5)出国留学、工作的亲人、朋友或同事等。

欢送对象不同,欢送词的用语和内容也有所不同。

一般,主人致欢送词后,被欢送者应致答谢词。

(二)欢送词的格式要求

欢送词由标题、称呼、正文和落款组成。

1. 标题

欢送词的标题可以单独以文种表示,如《欢送词》,也可以由活动内容和文种共同构成。

2. 称呼

欢送词的称呼写在开头顶格处。外交活动中的欢送词,对主宾的称呼用全称,即姓名后加职位、职称,以示尊重;社交场合中的欢送词,对主宾的称呼一般不加职位、职务,以示亲密友好。有时,可以在被欢送者的姓名前加上"亲爱的""尊敬的"等修饰语。

3. 正文

欢送词的正文一般由开头、主体和结尾三部分构成。

开头通常应说明此时在举行何种欢送仪式,发言人是以什么身份代表哪些人向宾客表示欢送的。

主体部分,一般是回顾和阐述双方在合作或访问期间在哪些问题和项目上达成了一致的协议、取得了哪些有突破性的进展,陈述本次合作交流给双方所带来的益处,阐述其深远的历史意义。对于私人欢送词还应注意表达双方在合作期间彼此友谊的加深以及分别之后的想念之情。若为朋友送行,还要加上一些勉励的话。

结尾,再次向来宾表示真挚的欢送之情,并表达期待再次合作的心愿,祝愿客人归途一路平安。若是亲朋远行,尤其要表达希望早日团聚的惜别之情。

4. 落款

一般情况下,欢送词要在落款处署上致辞者的身份和姓名,并署上成文日期。

(三)拟写欢送词的注意事项

拟写欢送词前,一定要注意了解来宾来访期间的活动情况,以及访问所取得的进展(如交换了哪些意见,签署了什么样的协议,发表了什么样的联合声明,有哪些科技、贸易、文化及其他方面的合作)。熟悉了这些情况,欢送词就会写得内容丰富而准确。

欢送词一般要包括四个要素:一是对被欢送者的高度评价;二是对过去与之相处的时光的温馨回忆;三是自己真心实意的惜别之情;四是对被欢送者的美好祝福。以上四个要素,并非每一篇欢送词都要无一遗漏地包括在内。

(四)例文评析

刘华清在欢送驻港部队大会上的讲话

(1997年6月30日)

驻香港部队全体官兵同志们：

遵照中央军委江泽民主席的命令，你们就要雄赳赳、气昂昂地进驻香港，担负起香港防务的神圣使命。在这庄严的时刻，我代表党中央、中央军委，代表全军官兵，向同志们表示热烈的欢送和亲切的慰问！

香港回到祖国的怀抱，五星红旗和香港特别行政区区旗在这块土地上庄严升起，百年民族耻辱终于洗雪，香港将从此开辟历史的新纪元。这是中国人民一百多年来前赴后继、英勇斗争的结果，是中华民族振兴的历史丰碑，是本世纪具有深远影响的重大事件。此时此刻，全党全军全国各族人民，包括广大的港澳台同胞、海外侨胞，无不欢欣鼓舞，扬眉吐气。

香港顺利回归祖国，是邓小平同志"一国两制"构想的胜利，是以江泽民同志为核心的党的第三代中央领导集体坚持"一国两制"方针，成功推进香港回归的胜利。这一伟大胜利，生动体现了中华民族强大的凝聚力和创造力，象征着我国的综合国力正日益强盛，中国人民正以崭新的面貌自立于世界民族之林。

香港顺利回归祖国，实行"一国两制"、"港人治港"、高度自治，保持长期繁荣稳定，将有力地促进祖国统一大业和社会主义现代化建设，将为国际社会解决类似历史遗留问题提供一个成功范例，将对维护亚太地区以及世界的和平与稳定发挥重要作用。

中国人民解放军进驻香港，是中国政府对香港恢复行使主权的重要标志，是维护国家主权和安全，保持香港繁荣稳定的重要保证。驻香港部队是具有光荣传统的部队组建起来的，曾经屡建战功，英雄辈出。组建以来，坚持高标准，严要求，艰苦创业，团结奋斗，精心做好进驻的各项准备工作，取得了出色的成绩。现在，驻香港部队即将开赴香港，祖国和人民对你们寄予厚望。

希望你们坚定不移地贯彻邓小平同志"一国两制"的伟大构想，增强维护香港繁荣稳定的使命感和责任感。深入学习邓小平建设有中国特色社会主义理论，结合实际深刻理解"一国两制"构想的重大意义，把官兵的思想真正统一到"一国两制"的方针上来。认真执行中央关于处理香港问题的一系列方针政策，坚决服从命令，听从指挥，忠实履行防务职责，为香港的繁荣稳定贡献力量。

希望你们牢记全心全意为人民服务的宗旨，忠于党，忠于祖国，忠于人民，忠于社会主义。深入地开展爱国主义教育，增强民族自尊心和自豪感，激发广大官兵献身国防事业的政治热忱。继续保持谦虚谨慎、不骄不躁的作风，尊重香港特别行政区政府，尊重香港的社会制度和生活方式，热爱香港人民，时时处处维护香港人民的利益，以实际行动赢得香港人民的拥护和爱戴。

希望你们坚持从严治军，依法履行职责，严守纪律，秋毫无犯。严格遵守香港特别行政区基本法和驻军法，严格遵守香港特别行政区的法律法规，处处依法办事。认真落实我军条令条例和规章制度，加强部队管理，保持高度稳定和集中统一。自觉执行三大纪律八项注意，做到军容严整，文明礼貌，充分展示我军优良的作风和奋发向上的精神面貌。

希望你们切实加强精神文明建设,引导官兵树立高尚的道德情操。发挥我军政治工作的优势,保持部队官兵政治上的坚定和思想道德上的纯洁。教育官兵树立正确的世界观、人生观和价值观,艰苦奋斗,淡泊名利,无私奉献,大力弘扬正气,抵制歪风邪气,确保部队能够经受住特殊环境和复杂情况的考验,永葆人民军队的政治本色。

希望你们大力加强军事训练,强化官兵全面素质。深入贯彻新时期军事战略方针,居安思危,常备不懈。认真学习高科技知识,熟练掌握手中武器装备,打牢技术战术基础。根据香港防务和驻军特色,增强训练的针对性,提高部队合成作战能力和在各种复杂情况下遂行任务的能力。

我相信,驻香港部队一定能够按照邓小平新时期军队建设思想和江主席关于军队建设的一系列重要论述,继承和发扬人民军队的优良传统,始终保持我军威武之师、文明之师的良好形象,不负重托,不辱使命,圆满完成各项任务,让党中央、中央军委放心,让全国人民放心。

祝同志们顺利进驻香港,为祖国和人民再立新功!

【简析】

这是刘华清在驻港部队进驻香港前所作的欢送词。开头部分向驻港部队的同志们表示热烈的欢送和亲切的慰问。主体部分,先讲述香港回归祖国的重大意义,以彰显部队进驻香港的重要性,然后向驻港部队官兵提出希望。结尾部分祝同志们顺利进驻香港,为祖国和人民再立新功。层次分明,内涵丰富,语言庄重得体,感情热烈真挚,将对驻港部队的欢送之情与殷切希望由衷地表达了出来。

四、贺词的写作

(一)贺词的概念

贺词就是祝贺之词,常用于重大节日、重要会议、宴请招待等场合,是表示良好祝愿的一种文书。撰写贺词应充满热情,向他人表示热情洋溢的祝贺,同时,撰写贺词应对他人的成就给予肯定。

(二)贺词的格式要求

1. 标题

贺词的标题中可写明制发机关与祝贺对象的名称,如《××大学致××××学会第九届学术年会的贺词》,也可以只写"贺词"二字。

2. 称呼

顶格写明祝贺的对象。

3. 正文

开头写明祝贺的缘由,并表示敬意、祝贺或感谢。

主体部分,因场合不同,具体内容有所不同。祝贺事业,多用于会议开幕、重大工程开工典礼、某些活动剪彩仪式等场合,也可用于外事活动、友好往来之中,如祝对方事业成功,双方友谊增进;祝酒,常用于招待贵宾的场合。

结尾,再次表示祝贺,也可表示鼓励与希望。

(三)例文评析

共同推进人类和平与发展的崇高事业

——胡锦涛发表 2008 年新年贺词

女士们,先生们,同志们,朋友们:

新年的钟声即将敲响,2008年就要到来了。在这个充满希望的美好时刻,我很高兴通过中国国际广播电台、中央人民广播电台和中央电视台,向全国各族人民,向香港特别行政区同胞和澳门特别行政区同胞,向台湾同胞和海外侨胞,向世界各国的朋友们,致以新年的祝福!

2007年,世界发生了新变化,中国也取得了新进步。中国各族人民万众一心,继续推动全面建设小康社会进程。中国的综合国力进一步增强,人民生活进一步改善。中国人民加强同各国人民的交流合作,积极致力于国际热点问题的妥善解决,努力推动建设持久和平、共同繁荣的和谐世界。两个多月前,中国共产党召开了第十七次全国代表大会,描绘了在新的时代条件下继续全面建设小康社会、加快推进社会主义现代化的宏伟蓝图。中国各族人民正以自己的勤劳和智慧,为谱写美好生活新篇章进行着新的奋斗。

2008年,对中国人民来说,是十分重要的一年。我们将隆重纪念改革开放30周年。1978年开始的改革开放,是决定当代中国命运的关键抉择,使社会主义中国的面貌发生了历史性变化。我们将坚定不移地高举中国特色社会主义伟大旗帜,深入贯彻落实科学发展观,继续解放思想,坚持改革开放,发展社会主义市场经济,发展社会主义民主政治,发展社会主义先进文化,继续以改善民生为重点加强社会建设,努力使全体人民学有所教、劳有所得、病有所医、老有所养、住有所居,促进社会和谐。我们将坚持"一国两制"、"港人治港"、"澳人治澳"、高度自治的方针,同广大香港同胞、澳门同胞一道,共同维护香港、澳门长期繁荣稳定。我们将坚持"和平统一、一国两制"的基本方针,牢牢把握两岸关系和平发展的主题,始终不渝地为两岸同胞谋福祉、为台海地区谋和平,坚决维护国家主权和领土完整。

当前,国际形势总体上保持稳定,同时全球经济失衡加剧,国际安全形势更加复杂,人类面临诸多难题和挑战。共同分享发展机遇,共同应对各种挑战,推进人类和平与发展的崇高事业,是各国人民的共同愿望。借此机会,我愿重申,中国将高举和平、发展、合作旗帜,始终不渝走和平发展道路,始终不渝实施互利共赢的开放战略,继续致力于推进国际关系民主化,推动经济全球化朝着均衡、普惠、共赢方向发展,促进人类文明交流互鉴,呵护人类赖以生存的地球家园,维护世界和平稳定。

此时此刻,我们深深挂念世界各地身受战火、贫困、疾病、灾害煎熬的人们。中国人民深切同情他们的遭遇,愿尽已所能帮助他们早日摆脱困境。我们衷心希望各国人民自由、平等、和谐、幸福地生活在同一个蓝天之下,共享人类和平与发展的成果。

2008年,第二十九届夏季奥运会和残奥会将在北京举办。我们将以最大的热情、尽最大的努力,让这届奥运会和残奥会成为增进中国人民同世界各国人民相互了解和友好合作的盛会。我们热忱欢迎各国体育健儿来中国参加奥运会和残奥会,也热忱欢迎各国朋友来中国观看奥运会和残奥会。

最后,我从北京祝大家在新的一年里幸福安康!

【简析】

这是胡锦涛同志在 2008 年到来之际发表的新年贺词。贺词开头,致以新年的祝福。主体部分,先讲述 2007 年的基本情况,然后说明 2008 年的基本任务,并特别针对北京奥运会和残奥会表示热烈的欢迎。结尾,再一次表示祝福。层次清晰,内涵深刻,感情真挚,用语庄重。

五、答谢词的写作

(一)答谢词的概念

答谢词,是指在特定的公共礼仪场合,主人致欢迎词或欢送词后,客人所发表的对主人的热情接待和关照表示谢意的讲话。答谢词也指客人在必要的答谢活动中所发表的感谢主人的盛情款待的讲话。答谢词是一种最高级的致谢形式,它有情有声,声情并茂,能够最充分、最有效地表达谢意。在外交、社交活动日趋频繁的当代社会,答谢词发挥着越来越重要的作用。

答谢词分为两种:一是"谢遇型"答谢词,即用来答谢别人的招待的致辞,它常用于宾主之间,既可用于欢迎仪式上与欢迎词相对应,也可用于欢送仪式、告别仪式上与欢送词相对应;二是"谢恩型"答谢词,即用来答谢别人的帮助的致辞,它常用于捐赠仪式上。

(二)答谢词的格式要求

答谢词的写作重点在于表达出对主人的热情好客的感谢之情。

开头,应先向主人致以感谢之意。

主体,先是用具体的事例,对主人所做的一切安排给予高度评价,对主人的盛情款待表示衷心的感谢,对访问取得的收获给予充分肯定,然后,谈自己的感想和心情,比如,颂扬主人的成绩和贡献,阐述访问成功的意义,讲述对主人的美好印象等。

结尾,再次表示感谢,并对双方关系的进一步发展表示诚挚的祝愿。

任务实施

1. 江苏厚生机电有限公司举行十周年庆典,邀请政府部门、行业协会、兄弟公司的贵宾前来参加,请代董事长拟写一份欢迎词。

2. 某单位为纪念五四运动六十周年,举办以"激扬 青春"为主题的演讲比赛,请你写一份演讲稿。

3. ××学校 2012 年毕业典礼召开在即,需要一名毕业生代表在大会上致感谢词。请以这名代表的身份写一篇致谢词。要求:文体规范,语言得体,字数在 250 字左右;文中不得出现与考生相关的信息,如涉及校名、人名等,请用××代替。(2012 年江苏省专转本考试语文试卷)

任务四　条据的写作

知识目标
◆理解条据的概念、分类、格式与写法。
能力目标
◆提高对条据相应工作情景的理解与分析能力；
◆通过对条据格式要求的学习，能够熟练进行条据的写作。
素质目标
◆培养学生的简约意识及准确处理问题的能力。

课程思政点
◆借条写作中的法律意识。

任务引入

江苏厚生机电有限公司业务部助理张莉，上班期间，突然感到身体不适，到公司诊所检查后，发现患有急性肠胃炎，请代为拟写一则请假条。

任务分析

本任务是条据的写作。通过对借条、收条、留言条等条据的知识介绍，要求学习者掌握各种条据写作的格式要求与注意事项。

相关知识

一、条据的概念与分类

条据是在公私事务中写条人交给对方的书面凭据，用于日后核销或备忘。

条据可分为两种：一种是凭证式条据，主要有借条、欠条、收条、领条等；另一种是函件式条据，主要有请假条、留言条等。所谓函件式条据，是指格式近似信函，但又不完全等同于信函的条据。

二、条据的格式与写法

1. 凭证式条据的格式与写法

凭证式条据通常由标题、正文、署名和日期组成。

凭证式条据一般要写上"收条""借条"等字样作为标题，既扼要地提示内容，又便于归类保管。

紧靠标题的下一行空两格开始写正文。凭证式条据的开头有较为固定的惯用语,一般为"今借到""今领到""今收到"等。如涉及钱物,要写明数量,数字一般用大写,即壹、贰、叁、肆、伍、陆、柒、捌、玖、拾、佰、仟等。数字如有写错的情况,改正后必须加盖印章,或重写一张。

在正文的右下方写明制件人姓名,如是单位,除写明单位名称外,还应写明经办人姓名,然后再下移一行写明时间。

2. 函件式条据的格式与写法

函件式条据主要包括请假条、留言条等,它实际上是一种简短的书信。请假条的正文,一般由请假原因、拟请假期限、请求语三部分组成。请假分为病假和事假等,病假最好附上医院证明,事假要有确切的说明。

三、拟写条据的注意事项

拟写条据时,应注意以下几点。

(1)条据一般属于说明性文体范围,其四要素,即写给谁、什么事、谁写的、什么时间写的,都要写清楚。

(2)是否要写致敬语,应视条据类型、内容和写作对象而定,不可随便处理。

(3)条据应用蓝、黑钢笔或毛笔书写,一般不能用红色笔写。重要内容如有改动,应加盖印章。

(4)条据的正文部分与署名之间的空白不能留得太大,否则,容易被持据人补写其他内容。

四、例文评析

1. 借条

借 条

今借到××中学凳子叁拾把,作为表彰大会之用,会后立即归还。特立此据。

××居委会
经办人:李四
二〇〇八年九月四日

【简析】

这是一则借条。所借的物品及其数量,用大写汉字,以防篡改。借用理由清楚确切。归还时间不够确切,所谓的"立即",不如用一个限制性时间,即会后多长时间内归还。

2. 欠条

欠 条

原借张三同志人民币伍佰元整,已归还叁佰元整,尚欠贰佰元整,一个月内还清。特立此据。

黄丽花
二〇〇〇年三月八日

【简析】

这是一则欠条。原借数目、已还数目、未还数目,清楚明白,数量用大写汉字,不容易篡改。归还日期,明白确切。

3. 代收条

代 收 条

今收到宣传科所借投影仪一台,经检查,没有损坏。

院办 张 强
一九九七年四月六日

【简析】

这是一则代收条。代别人收取物品时,应保证物品的质量完好无缺,数量准确无误。

4. 请假条

请 假 条

张老师:

今天早上,我突然腹泻。经校医院医生检查是急性肠胃炎,医生建议休息三天(3月12日至3月14日)。敬请批准。

学生:王 亮
二〇〇九年三月十一日

【简析】

这是一则请假条。请假,应使用礼貌的称呼。请假理由应当合理、具体、明白,不能只写"事假""病假"。请假时间,即起止时间,应确切明白。应注意事前请假,事后销假。

5. 留言条

留 言 条

李华:

今天下午我来找你,有重要事情商量,不巧你不在办公室,还有要事不能久等。明日上午九时再来,请在办公室等我。

王 刚
二〇一〇年六月七日

【简析】

这是一则留言条。在某些场合,需要做出某些说明,而具体负责人不在,可以使用留言条。留言事情应交代清楚。

任务实施

1. 学生郭栋的父亲病重住院，他家里让他向学校请假三天回去探望。请代郭栋拟写一则请假条。

2. 马老师因公差要去天津，向学院财务处借 3 000 元作为出差费用，回来后将按规定报销。请代马老师拟写一则借条。

3. 王芳的同学李江早上跑步时扭伤了脚，王芳要陪她去医院，可王芳原先答应吴敏上午去看电影，于是，王芳给吴敏留条，将时间改为晚上。请以王芳的名义给其同学吴敏写一张留言条。

模块八 求职文书的写作

任务一 求职信的写作

知识目标
◆ 理解求职信的概念;
◆ 掌握求职信的格式要求与写作的禁忌事项。

能力目标
◆ 提高对求职信相应工作情景的理解与分析能力;
◆ 掌握求职信的格式要求与写作的禁忌事项,能够熟练进行求职信的写作。

素质目标
◆ 培养学生良好的职业素养与过硬的职业技能。

课程思政点
◆ 大学生职业发展规划。

任务引入

达·芬奇的求职信

1482年,31岁的达·芬奇离开故乡佛罗伦萨,来到米兰。他给当时米兰的最高统治者、米兰大公鲁多维柯斯弗查写了封求职信,希望谋得一个军事工程师的职位。这封求职信就是著名的《致米兰大公书》。

尊敬的大公阁下:

来自佛罗伦萨的作战机械发明者达·芬奇,希望可以成为阁下的军事工程师,同时求见阁下,以便面陈机密:

一、我能建造坚固、轻便又耐用的桥梁,可用来野外行军。这种桥梁的装卸非常方便。我也能破坏敌军的桥梁。

二、我能制造出围攻城池的云梯和其他类似设备。

三、我能制造一种易于搬运的大炮,可用来投射小石块,犹如下冰雹一般,可以给敌军造成重大损失和混乱。

四、我能制造出装有大炮的铁甲车,可用来冲破敌军密集的队伍,为我军的进攻开辟道路。

五、我能设计出各种地道,无论是直的还是弯的,必要时还可以设计出在河流下面挖地道的方法。

六、倘若您要在海上作战,我能设计出多种适宜进攻的兵船,这些兵船的防护力很好,能够抵御敌军的炮火攻击。

此外,我还擅长建造其他民用设施,同时擅长绘画和雕塑。

如果有人认为上述任何一项我办不到的话,我愿在您的花园,或您指定的其他任何地点进行试验。

向阁下问安!

达·芬奇

米兰大公收到此信后不久,就召见了达·芬奇。在短暂的面试后,正式聘用达·芬奇为军事工程师,待遇十分优厚。

任务分析

求职信是求职者写给用人单位的信,目的是让对方了解自己、相信自己、录用自己,它是一种私人对公并有求于公的信函。从某种程度上讲,求职信就是将自己推荐给用人单位的"求爱信"。在求职信的写作中,关键是如何让用人单位相信你是那一个最合适的人选。

相关知识

一、求职信的概念

求职信,又称求职函、求职书,是求职者向用人单位介绍自己的自身情况、实际才能,以得到重视和获得面试机会的专用书信。

多数用人单位都会要求求职者先寄送求职材料,他们通过求职材料对众多求职者有了大致的了解后,再确定面试或面谈人选。因此,求职信写得是好还是坏将直接关系到求职者是否能进入下一轮的角逐。

二、求职信的作用

求职信具有以下作用。

(1)使招聘单位进一步感受到求职者"鲜活"的形象。

(2)使招聘单位进一步感受到求职者的诚意。

(3)增加获得面试机会的概率。

三、求职信的格式要求

1. 称呼

在第一行顶格写招聘单位的名称或负责人的姓名,不要写"尊敬的领导",因为这一看就知道是通用版本,最好写"尊敬的张总经理""尊敬的李部长"等针对性称呼。

求职信不同于一般的私人书信,所以称呼要恰当。

2. 正文

另起一行,空两格开始写求职信的正文。正文内容较多,一般包括以下四个部分。

(1)表示问候。一般写"您好"就可以,不需要过多的客套话。

(2)写明求职的原因。要直截了当地说明从哪里得到有关信息以及写此信的目的,如"我叫李民,现年22岁,男,是一名财会专业的大学本科毕业生。我从报纸上看到贵公司拟招聘一名专职会计人员的消息,不胜喜悦。以本人的水平和能力,我冒昧地毛遂自荐,相信贵公司一定会慧眼识人,使我有幸成为贵公司的一名会计人员。"这一部分是正文的开端,也是求职的开始,介绍有关情况要简明扼要,对所求的职务,态度要明确,而且要吸引用人单位有兴趣将信读下去。

(3)写清楚对所求的职务的看法,并对自己的能力做出客观的评价,这是求职的关键。要着重介绍对应聘有利的条件,要特别突出自己的优势和"闪光点",以使对方信服,如"我于1996年7月毕业于××××学院财会专业,毕业成绩优秀,曾在省级会计大赛中获奖,在金融杂志上发表过多篇学术论文。在有关材料上看到关于贵公司的情况介绍后,我喜欢贵公司的工作环境,钦佩贵公司的敬业精神,赞赏贵公司在经营、管理上的一整套切实可行的规章制度。我十分愿意到这样的环境中去艰苦奋斗,更愿为贵公司贡献我的学识和力量。我相信,经过努力,我可以做好这份工作。"写这一部分的内容时,语言要中肯,恰到好处,态度要谦虚诚恳,不卑不亢,要让用人单位留下深刻的印象,进而相信求职者有能力胜任此项工作。

(4)表示希望和请求。向用人单位提出希望和请求,如"希望您能为我安排一个与您见面的机会""盼望您的答复"或"敬候佳音"等。这一部分属于求职信的收尾部分,要适可而止,不要苛求对方。

3. 祝颂语

一般写"此致敬礼",也可以根据具体情况选择其他合适的祝颂语。

4. 署名和日期

求职者的姓名和成文日期写在信的右下方,姓名前面不必加任何表示谦虚的限定语,以免让对方看轻你,成文日期要年、月、日俱全。

5. 附件

附件是为求职信提供支撑的具体材料,主要包括简历和某些证书的复印件等。

简历分为表格式与条目式两种。简历的项目主要包括姓名、出生日期、民族、婚姻状况、政治面貌、身高、体重、毕业院校、专业、学历、学位、外语与计算机水平、工作经历(或者实践经历)、兴趣爱好、联系方式等。无论是哪一种形式的简历,都不需要面面俱到地讲述,可以根据自身情况与求职岗位的具体要求,选择对自己有利的项目来填写。

证书主要包括学历证书、学位证书、英语与计算机等级证书、资格证书等能够说明自身优势的证书。证书也要有所选择,不必面面俱到。

四、求职信写作的禁忌事项

1. 自吹自擂，炫耀浮夸

求职是一个自我推销的过程。搞"推销"，就要有包装，但是，过分吹嘘反而会给人"华而不实"的感觉，会让人对你的真实能力产生怀疑。在求职信中，只能搞"适度推销"，尽量避免使用"一定""第一""绝对""肯定""完全可以""保证"这一类词语。

2. 不够自信，过于谦虚

适度的谦虚是一种美德，也会使对方产生好感，但是过分谦虚，故意贬低自己，也是不行的，会让人觉得你这个人什么都不行，这样就白白断送了面试的机会。求职者应当在求职信中强调自己的强项，即使不可避免地要说明自己的弱项，也没有必要那么坦率。

3. 罗列不相干的信息

许多人会在求职信中概括他们的兴趣，比如阅读、旅行和滑雪等。其实，这些最好在与目标工作有关联的时候加入。例如，求职者所求的是一份滑雪教练的工作，那么他或她就可以提到乡间滑雪的兴趣。

4. 逻辑混乱，条理不清

有的人写求职信想到哪写到哪，没有提纲，没有计划，没有主题，逻辑性和层次感都很差，这就降低了阅读者对求职者写作能力、逻辑思维能力的认同，让人觉得起码他做文字工作不行。缺乏条理的文字还容易让人产生厌倦感、疲劳感，从而忽略信中的一些重要信息。这是求职信写作的一大禁忌。

5. 过短或过长

一般来讲，求职信最好不要超过一页，但刻意把求职信压缩在一页纸上，就会失去给人深刻印象的机会。反之亦然，如果求职者用几页纸写不相干的经历，也会让阅读者很容易就觉得无聊。写求职信时，应当试着问自己"这些陈述会让我得到面试的机会吗？"然后，仅仅保留那些答案是"会"的信息。

6. 语气过于主观

招聘单位大都喜欢待人处世比较客观与实际的人，因而求职者在求职信中应尽量避免使用"我认为""我觉得"以及"我想"之类的字样。

五、例文评析

求 职 信

尊敬的章校长：

  您好！

  我是南京师范大学文学院 2006 届硕士研究生，专业为中国现当代文学。我在贵校网站上看到了公开招聘教师的信息。我怀着对贵单位的仰慕冒昧地向您毛遂自荐，请多多提携！

在曲阜师范大学本科学习期间，我系统地学习了基础知识，始终勤奋向上，各门功课都取得了优异的成绩，并通过了大学英语六级考试。我深知现代社会对人才提出了更高的要求。我曾在学生会锻炼，培养了较好的组织协调能力和人际交往能力。本科毕业后我继续攻读硕士研究生。

通过研究生三年的勤奋苦读和导师的谆谆教导，我终于成为一个德、智、体全面发展的优秀研究生。研究生期间，我认真钻研专业，锻炼和提高英语能力，广泛涉猎哲学、政治、历史等相关学科。同时，我担任了导师的助教，协助和参与导师的科研项目。我虽年轻但不幼稚，虽淳朴但不呆板，虽自信但不骄傲。深厚的专业知识和吃苦耐劳的品格，使我能较好地胜任您所提供的工作。然而，我也深知扎实的专业知识和丰富的社会实践仅是昨日的成绩，在未来的日子里，我将会不断求索，努力完善自我。

机遇总是留给有准备的人的，因此我一直准备着，努力着，期待您的发现和赏识。感谢您在繁忙中给予我的关注。期盼您的回音。谢谢！

此致

敬礼！

×××

2007年1月12日

【简析】

这是一封求职信。称呼，是具有针对性的称呼，而不是通用的"尊敬的领导"，表现出对收信人的尊重。正文以"您好"开始，不另加其他客套用语，是为了避免语义的重复和过多的客套，给人以谄媚之感。然后，分两部分介绍大学本科与研究生两个阶段的学习经历与成绩，说明自身优势，为获得面试机会和应聘成功提供重要的砝码。结束语，表示对收信人的感谢，不卑不亢，落落大方。此外，祝颂语及署名等部分，基本符合求职信的格式要求与礼仪规范。

任务实施

1. 2010年4月5日，《金陵晚报》刊载一则招聘信息：江苏中航公司招聘具有本科以上学历的人员5名，其中办公室主任助理1名、日语翻译1名、秘书1名、公关部公关员2名。请你以本科毕业生的名义撰写一封自荐信。要求：文体规范，语言得体，不超过300字；文中不得出现与考生有关的信息，如确需使用学校名称、本人姓名等，请用"××"代替。（2010年江苏省专转本考试语文试卷）

2. 某报业集团面向高校毕业生招聘文字编辑，请根据职位要求，结合自身情况，写一封300字左右的求职信。要求：内容充实，文体规范，语言得体；文中不得出现与本人相关的信息，如涉及校名、人名等用××来代替。（2019年江苏省专转本考试语文试卷）

任务二　求职简历的写作

知识目标
◆ 理解求职简历的概念；
◆ 掌握求职简历的格式要求。
能力目标
◆ 提高对求职简历相应工作情景的理解与分析能力；
◆ 掌握求职简历的基本知识，能够熟练进行求职简历的写作。
素质目标
◆ 培养学生的传播意识与准确有效的信息传播能力。

课程思政点
◆ 学生的职业选择与职业发展。

任务引入

央视曾报道，2013年全国有699万高校毕业生，北京、上海签约率不足三成。《无锡商报》载，南京林业大学计算机专业的朱同学从2012年11月开始找工作，参加了十几次招聘会，虽然其他条件都符合，但是用人单位还是以不招女生为由拒收她的简历。朱同学的求职经历虽然是一个比较特殊的案例，但是我们从中可以看出求职者所面临的求职困境。求职困境的出现，一方面与全球经济危机宏观背景下人力资源过剩有密切关系，另一方面与求职者在求职过程中使用的方法不当有关。

任务分析

一般情况下，求职简历经常与求职信配合使用。求职信与求职简历是求职者获得面试机会的"敲门砖"。求职简历的写作，也要注意求职者与用人单位的招聘职位的匹配度。

相关知识

一、求职简历的概念

求职简历，是求职者将自己与所应聘职位紧密相关的个人信息经过分析整理并清晰、简要地表述出来的求职资料，同时也是招聘者决定是否给予其面试机会的依据性材料，是当下经济社会中常用的应用文体。

提高求职简历写作的有效性，是提高求职成功率的第一步。然而，很多求职者仅仅把求职简历当成一种平常的个人履历，不加选择，也不进行整理，一股脑地将全部信息呈现给招聘者,这样必然会造成招聘者阅读的困难,从而降低求职的成功率。

小思考

请问:求职简历与求职信有何关系?二者各有何侧重?

二、求职简历的格式要求

求职简历基本上由求职意向、基本信息、教育状况、工作经历(或实践经历)、自我评价等方面的信息构成。这些信息,并非要面面俱到,而是要根据用人单位的招聘意愿、招聘原则或其他隐形要求来做合理的选择,扬长避短,以便更准确、明白地将求职信息传播出去。

1. 求职意向

求职意向是求职者基于职业生涯规划的目标或意向,主要是说明"我要做什么"。有了明确的求职意向,才能在求职过程中有的放矢。求职意向属于必写的要素,可以为用人单位提供参考。

求职应当具有针对性,书写求职意向应当尽可能明确、集中,并与自己的专业、兴趣、工作经验相一致。需要注意的是,切忌写入过多没有丝毫关联的求职意向。如果期望有更多的职位选择,可以制作多份求职简历,每份简历中写出一个或几个相关的求职意向。

2. 基本信息

基本信息主要包括姓名、性别、年龄、民族、身高、体重、政治面貌、婚育状况、健康状况、社会关系、籍贯、家庭住址、邮编、电话、照片等。

一般情况下,必写的要素有姓名、性别、出生年月、联系方式等,这是用人单位最为关注与求职者不能回避的基本信息。求职者即使达不到用人单位的性别与年龄要求,也不能回避。联系方式是求职者获得信息反馈的重要通道,必须准确告知联系地址、邮政编码、电话等信息。

婚育状况如何表述,要视具体情况而定。基于女性员工婚假、怀孕、产假、哺乳假及其他生理与心理因素的考量,用人单位在选择女性员工时通常比较慎重。已婚已育,基本除去了用人单位招聘女性员工的担忧,属于女性求职者的必写要素。已婚未育,或者是到了一般的婚育年龄而未婚,属于女性求职者的不写要素。刚毕业的女性求职者,在申请秘书及其他文职岗位时,可以说明未婚的状况。其实,基于其带来的责任感与稳重感,已婚已育也是男性求职者的必写要素。

除非用人单位有明确的要求,民族、身高、体重、健康状况、政治面貌、籍贯、社会关系等属于可写可不写的要素,要视具体情况而定。一般情况下,若是身高与体重基本达到了形象好的要求、健康状况良好、政治面貌比较进步,可以选择来写;反之,基于扬长避短的考虑,可以选择不写。若是用人单位在这些方面有明确的要求,如用人单位在招聘前台文员、公关秘书等职位时,有身高、体重等方面的要求,则不能回避,必须准确地表述。若用人单位的性质属于政府机关、事业单位或国有企业,则政治面貌属于必写要素。若是应聘营销类职位,则可以说明自己的社会关系以及建立良好人际关系的能力。

3. 教育状况

教育状况一般说明自己的毕业院校、所学专业、专业知识与技能、荣誉证书等方面的信息。尤其是应届大学毕业生，一般要准确、细致地说明自己的教育状况，以弥补自己在工作经验方面的缺少或匮乏。

条件优良的用人单位，在招聘过程中大多会出现供过于求的局面。基于对招聘成本的考虑，大多数用人单位会在教育状况方面设置一些门槛。当然，更多的用人单位在招聘过程中趋于理性，并不过度看重求职者的教育状况，而是强调与招聘职位相匹配的实际工作能力。

与招聘职位对口的教育背景及专业，可以从某种层面说明求职者的专业知识与技能，属于必写的要素。若是毕业院校和所学专业与招聘职位的要求有一定的差距，可以选择不写。

应届毕业生普遍缺乏工作经验，可以说明专业知识与技能的专业课程与证书属于必写的要素。在专业课程方面，按照与招聘职位关系的紧密程度来排序。在技能方面，等级较高的技能（大学英语六级、计算机二级以上、普通话二级甲等以上）必须说明等级，可以体现求职者的技能水平；等级较低的技能可以选择模糊说明，不要直接说明等级，如"能够熟练地进行英语交流与表达"。在荣誉证书方面，校级以上的重要荣誉（三好学生、优秀学生干部等）必须写明，等级较低的荣誉不写，若不加分辨，会给人过度注重荣誉的不良感觉。

4. 工作经历（或实践经历）

工作经历（对于应届毕业生来说，主要指实践经历）事关工作经验，是用人单位最为看重的信息。工作经历一般由工作年限、工作时间段、单位、职务、业绩、离职原因等方面构成。要注意几个方面的问题：①并非所有的工作经历都会带来应聘职位所需要的相关工作经验，要仔细地分析与甄别；②工作经历的写作，力求客观、真实，以防用人单位致电以前的单位询问；③工作单位的变化切忌过于频繁，否则，会被用人单位认为忠诚度不足，难以安心工作。

工作年限是用人单位判断求职者是否具备岗位资格的重要条件之一，是必写的要素。工作时间段、单位、职务以及业绩，是说明求职者是否具备相关工作经验的重要依据，所以求职者必须尽量详细地描述相应工作时间段的工作内容与岗位职责。切忌使用空洞的描述，应更多地运用具体的实例或者数据等来展示工作业绩。离职原因属于可写的范畴，一般在面试时会被询问到，若写，可以从进修、职业发展等方面来描述，切忌以薪酬低、经常加班等因素来说明。

应届毕业生没有相关工作经验，需要着重说明自己的实践经历。与应聘职位相关的实践经历，要充分说明何时在何地做何事，承担何种职务，锻炼并形成了何种能力。切忌为了凑数，生硬地把一些无关紧要的经历表述出来。

5. 自我评价

自我评价是自我意识的一种形式，即主体对自己的思想、愿望、行为和个性特点的判断和评价。正确地认识与评价自我，有利于准确地进行职业定位与职业规划，有利于合理地处理个人与社会的关系，以更好地在工作中发挥自己的作用。准确、适当的自我评价，锦上添花,能够帮助用人单位迅速判断求职者与应聘职位之间的匹配度,从而增加求职者获得面试机会的可能性,反之,则画蛇添足,影响用人单位对求职者的判断。

自我评价应当概括叙述自己的工作技能与综合素质,突出自己的职业特征,强调自己与应聘职位的匹配度。切忌空洞地描述大众化的工作能力与兴趣爱好,如"本人具有较强的组织、协调与语言表达能力,团队合作意识较强""本人喜欢阅读、旅游"等,而是要列出与应聘职位相匹配的工作能力、兴趣爱好。

三、从信息传播的有效性看当下求职简历写作的误区

求职简历的写作与投递,实际上就是一种发生在求职者(传者)与招聘者(受者)之间的信息传播行为。从信息传播的有效性角度来考察求职简历的写作,可以为更好地提高应聘的成功率提供一种实现路径。

人们需要信息的目的不在于信息本身与其外在形式,而是希望通过对信息的接受与把握,降低自己对于外在世界认知的不确定性,进而适应和把握外在世界,提高自己的生存能力和把握能力。一个完整、有效的传播过程,是指传者尽可能地选择有效的信息进行传送,受者在接受的过程中,也尽可能地选择对自己真正有用的有效信息和能转化为实际意义的信息,从而达到最佳的传播效果。求职简历的写作与投递实际上就是一种发生在求职者和招聘者之间的信息传播行为。求职者从招聘现场、网络、报纸等不同渠道获得招聘信息,通过求职简历把个人信息传播给招聘者,从而获得面试机会进而被录用。求职者一方面要对招聘信息进行分析,找出个人与招聘职位的契合点;另一方面,要对个人信息进行分析、整理,有选择地把信息传播给招聘者。

从应聘成功率的角度讲,信息传播的有效性的最大问题就是信息的品质。招聘,是社会组织为了生存和发展的需要,根据人力资源规划和工作分析确定人员需求数量和质量,通过多种方式寻找、吸引那些有能力、有兴趣到本单位任职的人员,并运用科学的甄选方法挑选出适宜人员予以录用的过程。招聘信息中一般会呈现出确定的人员需求信息,包括招聘目标和要求,即招聘"有能力""有兴趣""适宜"的员工。在求职简历的写作中,求职者应找到个人信息与招聘信息的契合点,这样,求职简历才会对招聘者的决策(是否给予面试机会或录用)产生积极的影响。

信息的无限制增加,并不一定能使受者更好地接受有效信息,过多的无用信息反而会对真正有价值的少量信息产生干扰。很多求职者,特别是应届毕业生,在求职简历的写作中,恨不得把所有与自己有关的信息都放进去,比如应聘"档案管理"类工作,却在"兴趣爱好"中写着"爬山、游泳、音乐",在"社会实践"中写着"做过促销员、服务员"。这种情况下,信息量的增加(无用信息的增加),并没有使传播效果好转,反而产生了逆转倾向,招聘者会认为求职者没有很好的逻辑思维与分析能力,认为求职者与招聘职位的匹配度不高,从而不给予面试的机会。

信息传播的无序性,会造成信息传播的有效性的降低。在求职简历的写作上,对招聘者的决策产生积极影响的信息,是有效信息;对招聘者的决策产生一般影响的信息,是一般信息;对招聘者的决策产生消极影响的信息,是没有实际意义的信息,是"垃圾信息"。建立一个合理、有序的信息传播秩序,使招聘者在最短的时间内分辨出信息的层次和重要

性，从而找到对求职者有实际意义的那部分信息，对提高应聘的成功率至关重要。

信息噪音的大量出现，会对有实际意义的信息造成污染，从而降低信息传播的有效性。除了前面所讲的与应聘职位无关的信息外，格式的混乱、错别字、信息的重复、不必要的格言警句、虚假信息等都属于求职简历信息噪音的范畴。尽量减少信息噪音的出现，可以使信息传播更加顺畅，从而提高信息传播的有效性。

不同媒介对同一内容的复制，必然会造成信息的泛滥，从而降低信息传播的有效性。一方面，很多求职者使用网络上的简历模板，从而使得简历写作千篇一律，难以显示个体的独特性，也难以提高求职者对于应聘职位的匹配度。另一方面，求职者在应聘不同职位时，采用"一本通天下"的方式，不加选择地使用同一简历，这也会降低求职者对于应聘职位的匹配度。简历模板的使用与"一本通天下"的方式，也会让招聘者觉得求职者没有创新能力、不重视应聘职位、懒惰、没有诚意。

四、求职简历写作的注意事项

1."最适合的就是最好的"：突出与应聘职位的匹配度与契合点

求职简历是求职者与招聘者建立联系的桥梁，是求职者通向正式职位的"敲门砖"，也是招聘者决定是否给予面试机会或录用与否的重要评价工具。求职简历不是个人经历的简单介绍，更重要的意义在于表明自己与应聘职位匹配、契合，证实自己与目标职位的需求相符合，向招聘者传达自己能够胜任此工作的信息。在求职简历的写作过程中，应该着重强调个人经历与职位需求的关系，不必过分拘泥于和应聘职位无关的内容，通篇应该表达和印证一个观点——我是最适合这个公司与这个职位的。

从这个角度来讲，如下几种简历投递方式是不可取的。

（1）好高骛远型。一些求职者盲目崇拜知名企业或热门职位，不考虑自己的专业特长是否与名企的招聘需求相匹配，就盲目投递简历。最热门的职位不一定是最适合自己的职位，知名企业也不一定是安身立命之所，关键是要明白一点——"最适合的就是最好的"。

（2）漫无目的型。一些求职者求职目标不明确，投递简历时抱着"撞大运"的心态，凡与个人专业、兴趣沾边的职位都想去试试。

（3）稀里糊涂型。不清楚招聘单位的情况或职位的具体职责要求就急着投递简历。

2."最简洁的就是最有效的"：注重简洁明确，以便招聘者尽快找到有效信息

首先，切勿让过多的"垃圾信息"占据招聘者的视野，从而降低应聘信息的有效性。与应聘职位关联不大的信息、对招聘者决策产生消极影响的信息，要尽可能舍弃。比如"身高、体重、视力"等信息，应聘职位没有明确要求，而自身情况又不是特别理想，就不必列出。其次，用简洁的语言把求职意向与个人特点表达出来，切忌堆砌辞藻，力求内容集中明确，语言简洁明快，篇幅短小精悍。

3."最重要的就是最前面的"：建立合理、有序的信息传播秩序

把最重要的信息放在最前面。求职简历的逻辑顺序一般是这样的：基本信息（姓名、性别、出生年月、籍贯、婚姻状况、健康状况、身高、体重、视力）—基本能力（外语水平、计算机水平、职业技能）—学习经历—工作经历（或实践经历）—培训经历—兴趣爱好—自我评价。但并不是所有的求职简历都需要具备这些要素,要视自身情况与应聘职位要求而定。

4."最单一的就是最失败的":突出简历的个性化特征

求职简历虽有模版可以套用,但如果千篇一律,则难以体现求职者的优势。求职者可以制作个性化简历,但不是盲目地求新求异。一些求职者在求职简历中放入个性化的艺术照,就是不明智的选择。应聘企业策划类职位时,不妨运用高科技手段制作一段自我展示的视频,从而突出求职者的广告策划能力,并实现一定的广告效应。

5."最规范的就是最实用的":降低信息噪音对有效应聘信息的污染

格式的混乱、错别字、信息的重复、不必要的格言警句、虚假信息、空洞的词汇等都属于求职简历信息噪音的范畴。如有的求职简历,既有"出生年月",又有"年龄",明显是信息的重复。在自我评价中写"组织能力强""团队合作意识强""责任感强"等空洞的格式化词语,不如在通过具体的实例说明自己的工作经验和能力。

五、例文评析

求职简历

姓　　名	李琳	性　　别	女
出生年月	1995年7月	籍　　贯	江苏扬州
民　　族	汉族	健康状况	良好
婚姻状况	未婚	联系电话	188××××××××
毕业院校	淮海职业技术学院	所学专业	文秘
主修课程	秘书职业概论、秘书写作、秘书实务、会议组织与活动策划、文书与档案管理、秘书心理学、管理学等		
技能证书	大学英语四级、会计上岗证、秘书职业资格证、计算机一级		
社会实践	2013—2014年寒假期间　参加社会实践,认真完成社会实践报告,对档案管理有较深刻的理解		
兴趣爱好	写作、阅读		
自我评价	1.能够熟练运用Office,会使用复印机、传真机等,能够采用计算机网络技术传送文档,会使用图片处理软件处理和加工图片。 2.专业课比较扎实,文笔较好,能够胜任报告撰写和计划制订等文字工作。 3.性格开朗、活泼,擅长与人沟通,可以处理好人际关系,对待工作认真负责、积极主动,能够吃苦耐劳		

【简析】

这是一份求职简历,基本上符合求职简历的格式要求。结构合理,表述准确。

任务实施

假设你现在正打算应聘江苏厚生机电有限公司的文员,请拟写一份求职简历。

任务三　求职面试自我介绍的写作

> **知识目标**
> ◆理解求职面试自我介绍的概念与写作要求。
> **能力目标**
> ◆提高对求职面试自我介绍相应工作情景的理解与分析能力；
> ◆掌握求职面试自我介绍的基本知识，能够熟练进行求职面试自我介绍的写作。
> **素质目标**
> ◆培养学生的临场应变与知识迁移能力。
>
> **课程思政点**
> ◆习近平总书记自我介绍说："我是人民的勤务员。"

任务引入

当你去公司面试时，你往往先被要求的就是"请先介绍介绍你自己"。自我介绍看似简单，其实并不简单，求职者一定要慎重对待，它是求职者突出优势和特长，展现综合素质的好机会。自我介绍表现得好，会给人留下良好的第一印象。自我介绍时，要掌握以下几个原则。

(1)开门见山，简明扼要，一般最好不要超过三分钟。
(2)实事求是，不可吹得天花乱坠。
(3)突出长处，但也不要隐瞒短处。
(4)所突出的长处要与应聘的职位有关。
(5)善于用具体、生动的实例来证明自己，说明问题，不要泛泛而谈。
(6)介绍完之后，要问招聘者还想知道什么关于自己的事情。

为了表达更流畅，面试前应做些准备。由于招聘者的喜好不同，要求自我介绍的时间也就不同，所以最明智的做法应是分别准备一分钟、三分钟、五分钟的自我介绍，以便面试时随时调整。

任务分析

求职面试自我介绍是一种特殊的演讲稿。本任务要求重点掌握求职面试自我介绍写作的要求。

相关知识

一、求职面试自我介绍的概念

求职面试是在特定场景中以招聘者与求职者的面对面交谈为主要手段，评价求职者的能力素质的一种考试活动。求职面试是对求职者能否胜任拟聘岗位进行评价与判断的关键阶段。面试开始时，招聘者一般会要求求职者用三分钟左右的时间做自我介绍。求职面试自我介绍是一种特殊的演讲稿。

好的开始是成功的一半，短短几分钟的自我介绍非常关键，很大程度上影响着招聘者给予的评价。自我介绍看似简单，其实是一个非常复杂与重要的环节，它还影响着面试的气氛以及招聘者后续的提问。它并非只是简单地对个人基本信息与经历做总结，还需要求职者理解招聘者的面试需求及评价重点。

小思考

2013年11月，习近平来到湖南西部贫困的十八洞村。不识字也不会说"官话"的苗族大妈石爬专把习近平迎入家中，非常客气地问习近平："怎么称呼您？"习近平自我介绍："我是人民的勤务员。"

对于总书记的自我介绍，你是如何理解的？

二、求职面试自我介绍写作的原则

1. 明确招聘者与求职者的需求及关系

招聘者在面试时，判断与评价的原则主要是"有能力""有兴趣"及"适宜"等。招聘者主要希望通过求职者的自我介绍考察如下几方面的内容：第一，考察自我介绍内容与简历内容是否冲突；第二，考察求职者的逻辑思维能力、语言表达能力、总结概括能力；第三，考察求职者现场的感知能力与把控能力；第四，考察求职者的自我认知能力与价值取向；第五，考察求职者是否能准确理解问题，并考察其时间掌控能力。

许多求职者不明所以，以为把自己说成一朵花，就可以赢得招聘者的"注意"与"芳心"。其实不然，这样只会事倍功半，严重影响招聘者的判断与评价。求职者首先要认清自我，明确自身掌握的专业知识与技能，了解自己的特长与兴趣爱好，特别要准确判断自己的优点和缺点。然后，在此基础上，制订清晰的职业生涯规划，知道自己"能做什么"，"想做什么"。最后，明确招聘者与求职者的需求及关系，准确把握招聘者希望通过自我介绍获取的信息，明确自身与应聘职位之间的匹配度，这样才能做到有的放矢，有效地展示自我。

2. 重点寻找求职者与应聘职位的匹配度及契合点

求职者必须理解招聘者需要的并不一定是"最好的"，而是"最适合"的，所以，求职者应寻找自身与应聘职位之间的匹配度与契合点。自我介绍时，求职者的"有能力""有兴趣"与"适宜"都是基于对应聘单位及应聘职位的准确把握与理解。

3. 准确理解自我介绍与求职简历的关系

求职者已经提交过求职简历,为何还要进行自我介绍呢?其实,自我介绍是求职者在纸面外最能呈现能力素养的一个地方。如果说求职简历是获取面试机会的"敲门砖",自我介绍则是通过面试发现与评价人才的"试金石"。自我介绍并非对求职简历的简单重复,而是要抓住重点,突出求职者与应聘职位的匹配度与契合点,补充说明求职简历中没有详细说明的职业生涯中与应聘职位相关的工作经验。

三、求职面试自我介绍写作的要求

1. 内容合理,注重简明扼要与重点突出

一般情况下,求职者要合理利用这三分钟左右的自我展示时间,展示自身良好的形象。面面俱到地列举荣誉与成绩,显得拖沓、琐碎,也会给招聘者过于重视荣誉的不良印象。求职者应列出自身与应聘职位紧密相关的信息,注重简明扼要与重点突出。比如,应聘专业技能要求较高的职位,最好面试前了解该职位的要求,自我介绍时适时显露出自己具有这方面的专业知识与技能,不需要特别强调其他方面;应聘市场营销类的职位,可以强调自己具备开拓创新能力、人际交往能力。

2. 逻辑清晰,注重表达的条理性

在求职者自我介绍的过程中,招聘者不仅看其"讲什么",也关注其"怎么讲"。从其"怎么讲",可以看出求职者的逻辑思维能力、语言表达能力、总结概括能力,也可以看出其表达的条理性。因此,求职者自我介绍时对职业发展要有清晰的认识,要注意区分学习期、成长期与成熟期,重点讲述自己在成熟期是如何工作并获取何种工作经验的。

四、拟写求职面试自我介绍的注意事项

1. 忌说不懂装懂的话

自我介绍完了不代表这一问题就结束了,求职者所提供的信息可能会成为招聘者继续追问的材料。没有认真研究过或者不了解的信息,就不要说,切忌画蛇添足,不懂装懂,使自己在后续面试中露出马脚。当然也可以锦上添花,为后续面试留下伏笔。自我介绍时,由于时间限制,求职者难以将职业经历中的闪光点以及与应聘职位的契合点完全说完,因此,求职者可以把"线头"抽出来说,主动引导招聘者追问,变被动为主动。

2. 忌说似是而非的话

自我介绍时忌说似是而非的话,不能张冠李戴、以假乱真、模棱两可。忌讳把岗位职责当作个人成绩来介绍,而是要说明自己是通过何种方式、利用何种资源完成工作并取得成绩的。忌讳把团队成绩当作个人功劳来说,而是要说明自己在团队活动中扮演着何种角色并如何开展工作。忌讳介绍背景而不介绍自己,而是要说明自己在这个背景下所获取的经验与能力。

3. 忌说毁前捧后的话

出于对应聘职位的重视及其带来的紧张情绪,许多求职者在自我介绍时会贬低前一

个任职单位,吹捧应聘单位。只有合理地说明自己对前一个任职单位的评价与对应聘单位的期待,既不过度贬低前者,也不过分吹捧后者,不卑不亢,点到为止,才能恰当、合理地讲述职业转换的动机。

4. 忌说自吹自擂的话

自我介绍,不是自我标榜,也不是自吹自擂,不要把自己吹得天花乱坠,而是要用事实说话,用数据说话,真实客观,有一说一,否则,招聘者不仅不会轻易相信,还有可能认为求职者的自我认知能力及职业操守有问题。事实胜于雄辩,用事实或数据来说明问题,比空谈理念或说一堆道理要好。比如,表达自己业务能力强,可以用确切的数据来证明。

五、例文评析

以下是某文秘专业出身从事过人力资源管理工作的求职者在应聘工会工作时的自我介绍。

我大学学习的专业是汉语言文学(文秘方向)。秘书的一个重要职责就是当好领导的参谋与助手,从而搭起一座联系领导和下属的桥梁。其实,在我国,工会工作者也需要搭起一座联系政府、企业与职工的桥梁,从而实现一个三赢的局面。

毕业后,我主要从事人力资源管理工作。从总体上讲,不管是招聘、培训、考核,还是薪酬、社保以及组织员工旅游和参加文娱活动等,其主要表现形式都是"与人打交道"。每一个鲜活的个体,都有不同的思想和行为,都有自己的合理诉求。为了更好地做好人力资源管理工作,我积极地与企业领导和员工进行沟通、交流,锻炼了我的人际交往与沟通能力。工会工作与人力资源管理工作有着很多相似之处,都需要"与人打交道"。

我觉得,做好工会工作,还要认真学习党和国家的一系列关于工会工作的方针与政策,使自己的工作更具理论性和政策水平。

若是能得到各位领导的垂青,我将会认真对待我的工作。诚然,在工作中,也会遇到各种各样的问题,我将会向前辈们请教学习,认真总结分析,不断地提高自己,从而更好地完成本职工作。

【简析】

这位求职者是文秘专业出身,并从事过人力资源管理工作,他在应聘工会工作时,讲到了文秘专业、人力资源管理工作与工会工作的相似之处在于"与人打交道",比较准确地找到了其专业技能、工作经验与应聘职位的契合点。

任务实施

假设你应聘江苏厚生机电有限公司的文员,现在已经进入到面试环节,请准备一个三分钟左右的自我介绍。

附　录

党政机关公文处理工作条例

第一章　总则

第一条　为了适应中国共产党机关和国家行政机关（以下简称党政机关）工作需要，推进党政机关公文处理工作科学化、制度化、规范化，制定本条例。

第二条　本条例适用于各级党政机关公文处理工作。

第三条　党政机关公文是党政机关实施领导、履行职能、处理公务的具有特定效力和规范体式的文书，是传达贯彻党和国家的方针政策，公布法规和规章，指导、布置和商洽工作，请示和答复问题，报告、通报和交流情况等的重要工具。

第四条　公文处理工作是指公文拟制、办理、管理等一系列相互关联、衔接有序的工作。

第五条　公文处理工作应当坚持实事求是、准确规范、精简高效、安全保密的原则。

第六条　各级党政机关应当高度重视公文处理工作，加强组织领导，强化队伍建设，设立文秘部门或者由专人负责公文处理工作。

第七条　各级党政机关办公厅（室）主管本机关的公文处理工作，并对下级机关的公文处理工作进行业务指导和督促检查。

第二章　公文种类

第八条　公文种类主要有：

（一）决议。适用于会议讨论通过的重大决策事项。

（二）决定。适用于对重要事项作出决策和部署、奖惩有关单位和人员、变更或者撤销下级机关不适当的决定事项。

（三）命令（令）。适用于公布行政法规和规章、宣布施行重大强制性措施、批准授予和晋升衔级、嘉奖有关单位和人员。

（四）公报。适用于公布重要决定或者重大事项。

（五）公告。适用于向国内外宣布重要事项或者法定事项。

（六）通告。适用于在一定范围内公布应当遵守或者周知的事项。

（七）意见。适用于对重要问题提出见解和处理办法。

（八）通知。适用于发布、传达要求下级机关执行和有关单位周知或者执行的事项，批转、转发公文。

（九）通报。适用于表彰先进、批评错误、传达重要精神和告知重要情况。

（十）报告。适用于向上级机关汇报工作、反映情况，回复上级机关的询问。

（十一）请示。适用于向上级机关请求指示、批准。

（十二）批复。适用于答复下级机关请示事项。

（十三）议案。适用于各级人民政府按照法律程序向同级人民代表大会或者人民代表大会常务委员会提请审议事项。

（十四）函。适用于不相隶属机关之间商洽工作、询问和答复问题、请求批准和答复审批事项。

（十五）纪要。适用于记载会议主要情况和议定事项。

第三章　公文格式

第九条　公文一般由份号、密级和保密期限、紧急程度、发文机关标志、发文字号、签发人、标题、主送机关、正文、附件说明、发文机关署名、成文日期、印章、附注、附件、抄送机关、印发机关和印发日期、页码等组成。

（一）份号。公文印制份数的顺序号。涉密公文应当标注份号。

（二）密级和保密期限。公文的秘密等级和保密的期限。涉密公文应当根据涉密程度分别标注"绝密""机密""秘密"和保密期限。

（三）紧急程度。公文送达和办理的时限要求。根据紧急程度，紧急公文应当分别标注"特急""加急"，电报应当分别标注"特提""特急""加急""平急"。

（四）发文机关标志。由发文机关全称或者规范化简称加"文件"二字组成，也可以使用发文机关全称或者规范化简称。联合行文时，发文机关标志可以并用联合发文机关名称，也可以单独用主办机关名称。

（五）发文字号。由发文机关代字、年份、发文顺序号组成。联合行文时，使用主办机关的发文字号。

（六）签发人。上行文应当标注签发人姓名。

（七）标题。由发文机关名称、事由和文种组成。

（八）主送机关。公文的主要受理机关，应当使用机关全称、规范化简称或者同类型机关统称。

（九）正文。公文的主体，用来表述公文的内容。

（十）附件说明。公文附件的顺序号和名称。

（十一）发文机关署名。署发文机关全称或者规范化简称。

（十二）成文日期。署会议通过或者发文机关负责人签发的日期。联合行文时，署最后签发机关负责人签发的日期。

（十三）印章。公文中有发文机关署名的，应当加盖发文机关印章，并与署名机关相符。有特定发文机关标志的普发性公文和电报可以不加盖印章。

（十四）附注。公文印发传达范围等需要说明的事项。

（十五）附件。公文正文的说明、补充或者参考资料。

（十六）抄送机关。除主送机关外需要执行或者知晓公文内容的其他机关，应当使用机关全称、规范化简称或者同类型机关统称。

(十七)印发机关和印发日期。公文的送印机关和送印日期。

(十八)页码。公文页数顺序号。

第十条 公文的版式按照《党政机关公文格式》国家标准执行。

第十一条 公文使用的汉字、数字、外文字符、计量单位和标点符号等,按照有关国家标准和规定执行。民族自治地方的公文,可以并用汉字和当地通用的少数民族文字。

第十二条 公文用纸幅面采用国际标准 A4 型。特殊形式的公文用纸幅面,根据实际需要确定。

第四章 行文规则

第十三条 行文应当确有必要,讲求实效,注重针对性和可操作性。

第十四条 行文关系根据隶属关系和职权范围确定。一般不得越级行文,特殊情况需要越级行文的,应当同时抄送被越过的机关。

第十五条 向上级机关行文,应当遵循以下规则:

(一)原则上主送一个上级机关,根据需要同时抄送相关上级机关和同级机关,不抄送下级机关。

(二)党委、政府的部门向上级主管部门请示、报告重大事项,应当经本级党委、政府同意或者授权;属于部门职权范围内的事项应当直接报送上级主管部门。

(三)下级机关的请示事项,如需以本机关名义向上级机关请示,应当提出倾向性意见后上报,不得原文转报上级机关。

(四)请示应当一文一事。不得在报告等非请示性公文中夹带请示事项。

(五)除上级机关负责人直接交办事项外,不得以本机关名义向上级机关负责人报送公文,不得以本机关负责人名义向上级机关报送公文。

(六)受双重领导的机关向一个上级机关行文,必要时抄送另一个上级机关。

第十六条 向下级机关行文,应当遵循以下规则:

(一)主送受理机关,根据需要抄送相关机关。重要行文应当同时抄送发文机关的直接上级机关。

(二)党委、政府的办公厅(室)根据本级党委、政府授权,可以向下级党委、政府行文,其他部门和单位不得向下级党委、政府发布指令性公文或者在公文中向下级党委、政府提出指令性要求。需经政府审批的具体事项,经政府同意后可以由政府职能部门行文,文中须注明已经政府同意。

(三)党委、政府的部门在各自职权范围内可以向下级党委、政府的相关部门行文。

(四)涉及多个部门职权范围内的事务,部门之间未协商一致的,不得向下行文;擅自行文的,上级机关应当责令其纠正或者撤销。

(五)上级机关向受双重领导的下级机关行文,必要时抄送该下级机关的另一个上级机关。

第十七条 同级党政机关、党政机关与其他同级机关必要时可以联合行文。属于党委、政府各自职权范围内的工作,不得联合行文。

党委、政府的部门依据职权可以相互行文。

部门内设机构除办公厅(室)外不得对外正式行文。

第五章　公文拟制

第十八条　公文拟制包括公文的起草、审核、签发等程序。

第十九条　公文起草应当做到：

(一)符合党的理论路线方针政策和国家法律法规,完整准确体现发文机关意图,并同现行有关公文相衔接。

(二)一切从实际出发,分析问题实事求是,所提政策措施和办法切实可行。

(三)内容简洁,主题突出,观点鲜明,结构严谨,表述准确,文字精练。

(四)文种正确,格式规范。

(五)深入调查研究,充分进行论证,广泛听取意见。

(六)公文涉及其他地区或者部门职权范围内的事项,起草单位必须征求相关地区或者部门意见,力求达成一致。

(七)机关负责人应当主持、指导重要公文起草工作。

第二十条　公文文稿签发前,应当由发文机关办公厅(室)进行审核。审核的重点是：

(一)行文理由是否充分,行文依据是否准确。

(二)内容是否符合党的理论路线方针政策和国家法律法规；是否完整准确体现发文机关意图；是否同现行有关公文相衔接；所提政策措施和办法是否切实可行。

(三)涉及有关地区或者部门职权范围内的事项是否经过充分协商并达成一致意见。

(四)文种是否正确,格式是否规范；人名、地名、时间、数字、段落顺序、引文等是否准确；文字、数字、计量单位和标点符号等用法是否规范。

(五)其他内容是否符合公文起草的有关要求。

需要发文机关审议的重要公文文稿,审议前由发文机关办公厅(室)进行初核。

第二十一条　经审核不宜发文的公文文稿,应当退回起草单位并说明理由；符合发文条件但内容需作进一步研究和修改的,由起草单位修改后重新报送。

第二十二条　公文应当经本机关负责人审批签发。重要公文和上行文由机关主要负责人签发。党委、政府的办公厅(室)根据党委、政府授权制发的公文,由受权机关主要负责人签发或者按照有关规定签发。签发人签发公文,应当签署意见、姓名和完整日期；圈阅或者签名的,视为同意。联合发文由所有联署机关的负责人会签。

第六章　公文办理

第二十三条　公文办理包括收文办理、发文办理和整理归档。

第二十四条　收文办理主要程序是：

(一)签收。对收到的公文应当逐件清点,核对无误后签字或者盖章,并注明签收时间。

(二)登记。对公文的主要信息和办理情况应当详细记载。

(三)初审。对收到的公文应当进行初审。初审的重点是：是否应当由本机关办理,是否符合行文规则,文种、格式是否符合要求,涉及其他地区或者部门职权范围内的事项是否已经协商、会签,是否符合公文起草的其他要求。经初审不符合规定的公文,应当及时退回来文单位并说明理由。

(四)承办。阅知性公文应当根据公文内容、要求和工作需要确定范围后分送。批办性公文应当提出拟办意见报本机关负责人批示或者转有关部门办理;需要两个以上部门办理的,应当明确主办部门。紧急公文应当明确办理时限。承办部门对交办的公文应当及时办理,有明确办理时限要求的应当在规定时限内办理完毕。

(五)传阅。根据领导批示和工作需要将公文及时送传阅对象阅知或者批示。办理公文传阅应当随时掌握公文去向,不得漏传、误传、延误。

(六)催办。及时了解掌握公文的办理进展情况,督促承办部门按期办结。紧急公文或者重要公文应当由专人负责催办。

(七)答复。公文的办理结果应当及时答复来文单位,并根据需要告知相关单位。

第二十五条 发文办理主要程序是:

(一)复核。已经发文机关负责人签批的公文,印发前应当对公文的审批手续、内容、文种、格式等进行复核;需作实质性修改的,应当报原签批人复审。

(二)登记。对复核后的公文,应当确定发文字号、分送范围和印制份数并详细记载。

(三)印制。公文印制必须确保质量和时效。涉密公文应当在符合保密要求的场所印制。

(四)核发。公文印制完毕,应当对公文的文字、格式和印刷质量进行检查后分发。

第二十六条 涉密公文应当通过机要交通、邮政机要通信、城市机要文件交换站或者收发件机关机要收发人员进行传递,通过密码电报或者符合国家保密规定的计算机信息系统进行传输。

第二十七条 需要归档的公文及有关材料,应当根据有关档案法律法规以及机关档案管理规定,及时收集齐全、整理归档。两个以上机关联合办理的公文,原件由主办机关归档,相关机关保存复制件。机关负责人兼任其他机关职务的,在履行所兼职务过程中形成的公文,由其兼职机关归档。

第七章 公文管理

第二十八条 各级党政机关应当建立健全本机关公文管理制度,确保管理严格规范,充分发挥公文效用。

第二十九条 党政机关公文由文秘部门或者专人统一管理。设立党委(党组)的县级以上单位应当建立机要保密室和机要阅文室,并按照有关保密规定配备工作人员和必要的安全保密设施设备。

第三十条 公文确定密级前,应当按照拟定的密级先行采取保密措施。确定密级后,应当按照所定密级严格管理。绝密级公文应当由专人管理。

公文的密级需要变更或者解除的,由原确定密级的机关或者其上级机关决定。

第三十一条 公文的印发传达范围应当按照发文机关的要求执行;需要变更的,应当经发文机关批准。

涉密公文公开发布前应当履行解密程序。公开发布的时间、形式和渠道,由发文机关确定。

经批准公开发布的公文,同发文机关正式印发的公文具有同等效力。

第三十二条　复制、汇编机密级、秘密级公文,应当符合有关规定并经本机关负责人批准。绝密级公文一般不得复制、汇编,确有工作需要的,应当经发文机关或者其上级机关批准。复制、汇编的公文视同原件管理。

复制件应当加盖复制机关戳记。翻印件应当注明翻印的机关名称、日期。汇编本的密级按照编入公文的最高密级标注。

第三十三条　公文的撤销和废止,由发文机关、上级机关或者权力机关根据职权范围和有关法律法规决定。公文被撤销的,视为自始无效;公文被废止的,视为自废止之日起失效。

第三十四条　涉密公文应当按照发文机关的要求和有关规定进行清退或者销毁。

第三十五条　不具备归档和保存价值的公文,经批准后可以销毁。销毁涉密公文必须严格按照有关规定履行审批登记手续,确保不丢失、不漏销。个人不得私自销毁、留存涉密公文。

第三十六条　机关合并时,全部公文应当随之合并管理;机关撤销时,需要归档的公文经整理后按照有关规定移交档案管理部门。

工作人员离岗离职时,所在机关应当督促其将暂存、借用的公文按照有关规定移交、清退。

第三十七条　新设立的机关应当向本级党委、政府的办公厅(室)提出发文立户申请。经审查符合条件的,列为发文单位,机关合并或者撤销时,相应进行调整。

第八章　附则

第三十八条　党政机关公文含电子公文。电子公文处理工作的具体办法另行制定。

第三十九条　法规、规章方面的公文,依照有关规定处理。外事方面的公文,依照外事主管部门的有关规定处理。

第四十条　其他机关和单位的公文处理工作,可以参照本条例执行。

第四十一条　本条例由中共中央办公厅、国务院办公厅负责解释。

第四十二条　本条例自 2012 年 7 月 1 日起施行。1996 年 5 月 3 日中共中央办公厅发布的《中国共产党机关公文处理条例》和 2000 年 8 月 24 日国务院发布的《国家行政机关公文处理办法》停止执行。

参考文献

[1] 徐中玉. 应用文写作[M]. 3版. 北京:高等教育出版社,2007.
[2] 杨文丰. 现代应用文书写作[M]. 4版. 北京:中国人民大学出版社,2011.
[3] 姬瑞环,张虹. 公文写作与处理[M]. 4版. 北京:中国人民大学出版社,2014.
[4] 孙汝建,韦志国. 秘书写作[M]. 大连:大连理工大学出版社,2012.
[5] 邱小林,章克昌. 应用文写作[M]. 北京:中国人民大学出版社,2004.
[6] 孙莉,邱平. 实用应用文写作[M]. 北京:北京交通大学出版社,2006.
[7] 梅松华. 现代应用文写作[M]. 北京:北京大学出版社,中国农业大学出版社,2010.
[8] 张芹玲. 应用文写作教程[M]. 北京:高等教育出版社,2009.
[9] 任文贵,杭海路. 应用文写作词典[M]. 北京:人民日报出版社,2004.
[10] 罗时华,傅克斌. 实用文体写作教程[M]. 北京:科学出版社,2009.
[11] 张金英. 应用文写作基础(文秘专业)[M]. 北京:高等教育出版社,2007.
[12] 秦桂英,陈泽春. 文化礼仪应用写作[M]. 北京:中国人民大学出版社,1994.
[13] 方蔚林. 现代广告写作[M]. 北京:中国人民大学出版社,1998.
[14] 眭达明. 秘书生活[M]. 南昌:江西出版集团,江西人民出版社,2009.
[15] 金常德. 新编高职高专应用文写作[M]. 2版. 北京:清华大学出版社,2012.
[16] 施新. 秘书写作[M]. 杭州:浙江大学出版社,2010.
[17] 李展,温昊. 秘书写作实务[M]. 北京:北京大学出版社,2010.
[18] 陈耀南. 应用文概说[M]. 香港:波文书局,1977.
[19] 张仁青. 应用文[M]. 台湾:文史哲出版社,1992.
[20] 郝全梅. 秘书应用写作[M]. 上海:华东师范大学出版社,2013.
[21] 王永春. 从信息传播的有效性看求职简历的写作[J]. 应用写作,2010(8):33-35.
[22] 王永春. 从招聘效果的评价看招聘启事的写作[J]. 应用写作,2012(9):24-25.
[23] 王永春. 面试时如何作自我介绍[J]. 秘书,2014(6).
[24] 王永春. 切勿把单位总结与单位负责人总结混为一谈[J]. 办公室业务,2014(2):16.
[25] 王永春. 规范境遇下的公文标题拟制规范[J]. 应用写作,2014(6):11-13.
[26] 王永春. 谈谈发文机关代字编制的问题[J]. 领导之友,2014(12):46-48.